本书得到国家自然科学基金项目"基于三维激光扫描的山区公路边坡灾害变形监测与危险性评价方法研究"（51808327）和山东省自然科学基金项目"公路边坡灾害–孕灾环境互馈机制与危险性区划方法研究"（ZR2019PEE016）的资助。

公路自然灾害风险评价实例研究

尹 超　李仲波　李树枫　张溪轩　著

科学技术文献出版社

·北京·

图书在版编目（CIP）数据

公路自然灾害风险评价实例研究 / 尹超等著. —北京：科学技术文献出版社，2023.8
　ISBN 978-7-5235-0375-1

　Ⅰ.①公… Ⅱ.①尹… Ⅲ.①道路工程—地质灾害—评价—研究—中国 Ⅳ.① U418.5

中国国家版本馆 CIP 数据核字（2023）第 110847 号

公路自然灾害风险评价实例研究

策划编辑：张　闯　杨　然　　责任编辑：韩　晶　　责任校对：张永霞　　责任出版：张志平

出　版　者	科学技术文献出版社	
地　　　址	北京市复兴路15号　邮编 100038	
编　务　部	（010）58882938，58882087（传真）	
发　行　部	（010）58882868，58882870（传真）	
邮　购　部	（010）58882873	
官 方 网 址	www.stdp.com.cn	
发　行　者	科学技术文献出版社发行　全国各地新华书店经销	
印　刷　者	北京厚诚则铭印刷科技有限公司	
版　　　次	2023年8月第1版　2023年8月第1次印刷	
开　　　本	787×1092　1/16	
字　　　数	257千	
印　　　张	15.75　彩插14面	
书　　　号	ISBN 978-7-5235-0375-1	
审　图　号	淄S（2023）004号	
定　　　价	59.00元	

版权所有　违法必究

购买本社图书，凡字迹不清、缺页、倒页、脱页者，本社发行部负责调换

前　言

随着"十四五"规划的不断深入，公路建设也在持续发展，"十四五"规划中提出，国家公路网规划总规模约46.1万km，由国家高速公路网和普通国道网组成。其中，国家高速公路网约16.2万km，未来建设改造需求约5.8万km；普通国道网约29.9万km，未来建设改造需求约11万km。截至2021年底，国家高速公路已建成约12.4万km，在建约1万km，待建约2.8万km。国家公路网的快速发展，有力支撑了国家重大战略的实施，同时公路作为交通基础设施和生命线工程在推动区域经济发展、加强各区域间的联系和交流等方面起到了纽带和桥梁作用，对地区经济发展和社会生活稳定起着至关重要的作用。

由于我国地域广阔，自然条件差异明显，各类自然灾害频发，公路在建设和运营过程中遇到了一系列的灾害问题，给国家造成了巨大的经济损失。以汶川地震为例，震后通往灾区的道路一度中断，公路损毁极其严重，直接经济损失约612亿元。同时，洪水、雪灾及泥石流等其他自然灾害也给公路的建设造成了严重的威胁，据统计，仅由洪水造成的公路经济损失每年均在100亿~200亿元这个数量级，且一直有上升的趋势。

鉴于此，中华人民共和国交通部（现中华人民共和国交通运输部）从2006年开始实施"干线公路灾害整治工程"，旨在进一步贯彻落实"以人为本，以车为本"的公路建设新理念，坚持科学发展观，构建和谐社会，全面提高山区干线公路抗灾能力，保障公路畅通，提高公路行业公共服务能力与社会公众对公路行业的认同感。为此，本书作者近年来针对公路自然灾害风险的问题开展了大量研究工作，并将成果整理成书，为提升我国公路自然灾害评价研究水平做出贡献。

本书共计两篇。第1篇由第1~5章组成，针对目前我国地震灾害多发及地震对公路危害严重的现实，以公路地震灾害为研究对象，开展平原区路堤地震灾害风险评价研究，并在归纳总结国内外公路地震灾害风险评价研究成果的基础上，以西安—宝鸡高速公路（简称"西宝高速公路"）为例，进行了西宝高速公路研究区域和近场区地震地质和地震活动性评价，按照风险评价的理论和步骤，针对平原区公路开展了地震危险性、路堤震害易损性和风险评价研究，旨在全面认识路堤遭受地震灾害的危险程度和抗震薄弱部位，达到减少公路地震灾害损失，实现人、车、路和自然环境和谐友好的目的。

第 2 篇由第 6~9 章组成。各类自然灾害发生的同时，也对公路、桥涵、隧道等交通基础设施的正常运行造成了严重的威胁，每年造成公路、桥梁的直接经济损失巨大，针对上述问题，本篇对其他公路自然灾害进行了评价，分别为陕西省干线公路雪灾风险评价、基于频率比法和改进贝叶斯网络的博山区滑坡敏感性评价、基于滑坡分类和改进卷积神经网络的滑坡敏感性区划及 GIS 支持下基于卷积神经网络的公路边坡灾害空间预测。

本书是课题组的共同研究成果。全书由尹超统稿，李仲波协助及整理书稿。第 1~7 章由尹超执笔，第 8 章由李仲波执笔，第 9 章由李树枫、张溪轩执笔。

本书是在国家自然科学基金项目"基于三维激光扫描的山区公路边坡灾害变形监测与危险性评价方法研究"（51808327）和山东省自然科学基金项目"公路边坡灾害 – 孕灾环境互馈机制与危险性区划方法研究"（ZR2019PEE016）的资助下完成的。

由于著者水平有限，疏漏在所难免，欢迎广大读者批评指正。

著者

2023 年 4 月

目 录

第1篇 平原区路堤地震灾害风险评价

第1章 概述 ·· 003
 1.1 研究的背景及意义 ··· 003
 1.2 国内外研究现状 ·· 009
 1.3 主要研究内容 ··· 031

第2章 西宝高速公路地震活动性评价 ································· 033
 2.1 西宝高速公路沿线区域概况 ······································ 033
 2.2 研究区域地震地质评价 ··· 035
 2.3 研究区域地震活动性评价 ·· 038
 2.4 近场区地震地质与地震活动性分析 ····························· 047
 2.5 本章小结 ·· 051

第3章 西宝高速公路地震危险性评价 ································· 052
 3.1 概述 ··· 052
 3.2 西宝高速公路地震危险性评价模型的建立 ···················· 054
 3.3 西宝高速公路地震危险性评价 ·································· 068
 3.4 本章小结 ·· 078

第4章 路堤地震灾害易损性评价 ······································ 079
 4.1 概述 ··· 080
 4.2 路堤震害实例分析 ·· 083
 4.3 路堤震害等级划分和损伤参数选取 ···························· 089

4.4　西宝高速公路典型路堤三维有限差分模型的建立 ……………………… 096
4.5　基于 Flac^{3D} 的路堤 IDA 分析 ………………………………………………… 100
4.6　路堤震害易损性评价 ……………………………………………………… 109
4.7　本章小结 …………………………………………………………………… 125

第 5 章　路堤地震灾害风险概率评价 ………………………………………… 127
5.1　路堤震害风险概述 ………………………………………………………… 127
5.2　基于 Monte Carlo 方法的路堤震害风险评价 …………………………… 130
5.3　基于地震危险性曲线的路堤震害风险评价 ……………………………… 140
5.4　路堤震害风险评价结果的讨论 …………………………………………… 146
5.5　路堤震害风险可接受度和处置对策 ……………………………………… 150
5.6　本章小结 …………………………………………………………………… 153

第 2 篇　其他公路自然灾害评价

第 6 章　陕西省干线公路雪灾风险评价 ……………………………………… 157
6.1　概述 ………………………………………………………………………… 157
6.2　陕西省干线公路雪灾危险性评价 ………………………………………… 158
6.3　陕西省干线公路雪灾承灾体易损性 ……………………………………… 161
6.4　陕西省干线公路雪灾风险评价 …………………………………………… 163
6.5　本章小结 …………………………………………………………………… 165

第 7 章　基于频率比法和改进贝叶斯网络的博山区滑坡敏感性评价 ……… 166
7.1　概述 ………………………………………………………………………… 167
7.2　研究区域和滑坡数据库 …………………………………………………… 168
7.3　滑坡致灾因子分析 ………………………………………………………… 173
7.4　基于 BN 的博山区滑坡敏感性评价 ……………………………………… 181
7.5　本章小结 …………………………………………………………………… 186

第 8 章　基于滑坡分类和改进卷积神经网络的滑坡敏感性区划 …………… 188
8.1　概述 ………………………………………………………………………… 188
8.2　滑坡致灾因子与类型分析 ………………………………………………… 190

8.3 滑坡致灾因子分析 ································· 192
8.4 基于改进 CNN 的博山区滑坡敏感性区划 ······················ 207
8.5 本章小结 ······································ 215

第9章 GIS 支持下基于卷积神经网络的公路边坡灾害空间预测 ············ 217
9.1 概述 ······································· 217
9.2 博山区公路边坡灾害调查 ······························· 218
9.3 博山区公路边坡灾害空间预测模型 ························· 219
9.4 灾害空间预测结果 ································· 224
9.5 灾害空间预测结果分析 ······························· 226
9.6 结论 ······································· 229

参考文献 ·· 230

第1篇 平原区路堤地震灾害风险评价

本篇针对目前我国地震灾害多发及地震对公路危害严重的现实,以公路地震灾害为研究对象,开展平原区路堤地震灾害风险评价研究,旨在全面认识路堤遭受地震灾害的危险程度和抗震薄弱部位,达到减少公路地震灾害损失,实现人、车、路和自然环境和谐友好的目的。

本篇在归纳总结国内外公路地震灾害风险评价研究成果的基础上,以西安—宝鸡高速公路(简称"西宝高速公路")为例,进行了西宝高速公路研究区域和近场区地震地质和地震活动性评价,按照风险评价的理论和步骤,针对平原区公路开展了地震危险性、路堤震害易损性和风险评价研究,取得了以下研究成果:

(1) 通过对西宝高速公路的现场调查和资料收集,分析了西宝高速公路的基本概况及沿线区域的地形地貌、气象条件、水文地质和地震区划概况。将路线沿线区域划分为研究区域和近场区,分析了研究区域和近场区的地震活动构造和历史地震概况,并对研究区域和近场区的地震地质条件和地震活动性进行了评价。

(2) 在地震灾害影响因素分析的基础上,选取地震动峰值加速度(PGA)作为公路地震危险性评价指标,建立了包括研究区域地震区带划分、震源机制模型和地震发生预测模型的概率性地震危险性评价模型,并确定了震源机制模型中的 a、b 值、震级上限 M_u、起算震级 M_0、地震年平均发生率 ν_{M_j} 和地震空间分布函数 f_{i,M_j} 等地震动参数。在 PGA

衰减关系、地震危险性概率计算方法和场地地震动影响分析的基础上，进行了西宝高速公路地震危险性分析计算，基于 ArcGIS10.0 软件，绘制了西宝高速公路地震危险性分区图。结果显示：西宝高速公路沿线区域跨越Ⅶ度和Ⅷ度基本烈度区，评价结果略高于我国第四代地震区划图，这是与目前渭河断陷盆地地震活跃的现实是一致的。

（3）选取理论性震害易损性评价方法对西宝高速公路 K1074+520 处路堤进行易损性评价，通过分析路堤震害的成因、分类和影响因素，将路堤震害划分为基本完好、轻微损伤、中等损伤、严重损伤和毁坏 5 级并选取路堤顶面横向最大位移率（ε_{max}）和路堤顶面最大沉降率（ζ_{max}）作为震害损伤参数。在确定路堤填土、土基和挡土墙各项力学参数的基础上，依托 Flac^{3D} 软件，建立了无支挡结构和有支挡结构路堤的三维有限差分模型。选取美国太平洋地震工程研究中心（PEER）提供的 15 条地震动记录作为增量动力分析（IDA）的输入，得到了一系列（IDA，ε_{max}）和（IDA，ζ_{max}）样本，采用回归分析得到 IDA 与 ε_{max} 和 ζ_{max} 的统计关系，假设 ε_{max} 和 ζ_{max} 服从对数正态分布并对其进行概率性地震需求分析（PSDA），计算了一定 PGA 作用下无支挡结构和有支挡结构路堤发生各等级震害的概率并绘制了震害易损性曲线。

（4）分析了风险的定义和应对策略，将路堤震害风险定义为未来一段时间内，路堤发生各等级震害的概率，并给出了路堤震害风险的表达式。通过研究场地地震烈度的概率分布和地震烈度与 PGA 的转换关系，建立了场地 PGA 的概率分布模型，通过对场地未来 50 年内 PGA 的抽样，采用 Monte Carlo 方法对无支挡结构和有支挡结构路堤的震害风险进行了计算。根据西宝高速公路地震危险性评价结果，通过回归方法拟合了研究场地的地震危险性曲线，推导了采用危险性曲线方法计算路堤震害风险的公式，通过该公式计算了无支挡结构和有支挡结构路堤在未来 50 年内发生各等级震害的概率，在此基础上，分别提出了 Monte Carlo 方法和危险性曲线方法计算路堤震害风险的工作内容和适用范围。根据路堤在未来 50 年内发生毁坏的概率，将路堤震害风险划分为高风险、中等风险和低风险 3 级，确定了路堤震害风险可接受度，即高风险是不可接受的，中等风险和低风险是可接受的，从规划控制、编制应急预案、物资和装备储备及工程防护 4 方面提出了路堤震害风险处置对策。

第1章 概述

1.1 研究的背景及意义

1.1.1 研究的背景

公路作为重要的交通基础设施和"生命线"工程，在推动地区经济发展、维护社会和谐稳定以及抢险救灾中具有重要作用，尤其是在我国西部地区，经济尚不发达，地区之间的沟通联络手段还相对落后，公路的作用就更加突出。"十四五"以来，我国公路建设的成绩主要体现在：①公路通车总里程持续增长，公路网密度不断加大；②公路等级结构进一步优化，路面技术等级普遍提高；③基本公共服务能力和支撑城镇化发展的能力显著提升；④公路基础设施建设继续向西部地区和山区倾斜，基本建成了综合交通运输体系。国家公路网规划总规模约46.1万km，由国家高速公路网和普通国道网组成，其中国家高速公路约16.2万km（含远景展望线约0.8万km），普通国道约29.9万km。截至2021年底，国家高速公路已建成12.4万km、在建约1万km、待建约2.8万km，分别占77%、6%和17%。此外，随着交通量的增长，预计未来约有3万km繁忙路段需要扩容改造。普通国道目前有一级公路约5.9万km、二级公路约15.6万km、三级公路约4.7万km、四级公路约2.2万km、等外及无路路段约1.5万km，二级及以上公路占比约为72%、三级和四级公路占比约为23%，等外及无路路段占比约为5%。预计未来约有11万km普通国道需要建设和改造。

进入21世纪，世界上强震频发，2004年12月26日的印度尼西亚苏门答腊9.3级地震（震中坐标：3.3°N，95.8°E）、2008年5月12日的汶川8.0级地震（震中坐标：31.0°N，102.5°E）、2010年2月27日的智利8.8级地震（震中坐标：35.8°S，72.7°W）、2011年3月11日的东日本9.0级地震（震中坐标：38.1°N，142.6°E）都造成了重大的人员伤亡和经济损失，给人们留下了惨痛的记忆。其中，印度尼西亚苏门答腊地震及其引发的海啸波及斯里兰卡、孟加拉国、印度、印度尼西亚、泰国、马来西亚、缅甸、新加坡、索马里、坦桑尼亚、塞舌尔、南非、肯尼亚和马达加斯加等 14 个国家和地区，共造成超过 29.2 万人死亡或失踪，超过 51 万人受伤，是 21 世纪以来波及范围最广、经济损失最严重、造成死亡（失踪）人数最多的单次自然灾害。

我国是受地震灾害影响最严重的国家，1556 年 1 月 28 日的陕西华县 8.0 级地震共造成超过 83 万人死亡，是有历史记载以来死亡人数最多的地震。20 世纪以来，地震已造成我国超过 60 万人死亡或失踪，近百万人受伤或致残，经济损失不计其数，一次造成超过 10 万人死亡或失踪的巨灾就有 3 次。与此同时，作为一种线状构造物，公路建筑在地壳表面，往往长达成百上千千米，沿线有不同的地震构造条件、地震活动性和地震动衰减特性，极易受到不同等级地震灾害的威胁。

以汶川地震为例，震后通往灾区的道路一度中断，公路损毁极其严重。汶川地震共有 10 个极重受灾县（市），41 个重受灾县（市、区），186 个一般受灾县（市、区），其中，四川省 100 个、甘肃省 32 个、陕西省 36 个、重庆市 10 个、云南省 3 个、宁夏回族自治区 5 个，总面积近 13.2 万 km²，总人口约 2123 万。地震灾区范围内共有公路 62 671 km，其中，二级及以上公路 4594 km，占 7.3%；三级公路 5011 km，占 8.0%；四级公路和等外公路 53 069 km，占 84.7%。地震中公路受损 31 412 km，占公路总里程的 50.1%，直接经济损失约 612 亿元，如表 1.1 所示。

表 1.1 汶川地震公路损失状况

类别		四川	甘肃	陕西	总计
受损状况	总里程/km	45 897	8809	7965	62 671
	受损里程/km	24 103	5518	1791	31 412
	所占比例/%	52.5	62.6	22.5	50.1
国省干线受损状况	总里程/km	4712	1059	250	6038
	受损里程/km	1970	413	39	2422
	所占比例/%	41.8	39.0	15.6	40.11
其他公路受损状况	总里程/km	41 185	7750	7715	56 633
	受损里程/km	22 133	5105	1752	28 990
	所占比例/%	53.74	65.9	22.8	51.2

1995 年的日本阪神地震（Kobe Earthquake）造成生命线工程总经济损失超过 1000 亿美元，地震区 6 条铁路均遭到严重破坏，许多高架桥倒塌或部分倒塌，阪神

第1章 概述

高速公路神户线和大阪—东京新干线共有611个桥墩遭到破坏,破坏率达52%,其中,约150个已不可修复,重建率达13%。在阪神地震中,公路破坏的主要原因有:①地震产生地裂缝,地基土被震密、固结导致路基路面不均匀沉降;②地基土在地震作用下液化,承载力丧失,土体体积减缩,产生喷砂冒水现象,导致路基塌陷和裂缝的产生;③路基附近断层导致的破坏;④基础连接部位失效,桥墩、桥台破坏导致的桥梁破坏。除此之外,墨西哥城地震(Mexico City Earthquake)、美国加州洛马普列塔地震(Loma Prieta Earthquake)、美国北岭地震(Northridge Earthquake)、中国台湾集集地震(Chichi Earthquake)、中国玉树地震、鲁甸地震以及尼泊尔大地震(Nepol Earthquake)等也给震区内的公路交通设施带来了严重危害,如表1.2所示。

表1.2 部分大地震对公路的危害状况

序号	发生时间	发生地点	震中坐标	震级	公路受损状况
1	1985年9月19日	墨西哥城	19.4°N, 99.1°W	8.1	市区内交通瘫痪,部分桥梁整体倒塌,土体液化和喷沙冒水导致的路基震害普遍,软弱土层上的路基震害明显比坚硬土层上的路基震害严重,公路边坡滑塌也时有发生,导致多条道路中断
2	1989年10月17日	加州洛马普列塔区	37.0°N, 121.9°W	6.9	市区内多处道路因燃气爆炸严重受损,1座高架桥坍塌,边坡滑塌、路基沉陷和路面裂缝十分普遍
3	1994年1月17日	洛杉矶北岭地区	34.2°N, 118.5°W	6.6	震中30 km内的2条高速公路无法通行,市区内部分高架桥严重受损,部分路基因土体液化破坏失效
4	1999年9月21日	中国台湾集集镇	23.7°N, 120.8°E	6.8	台铁集集线严重扭曲,部分路段被大量土石覆盖,山区公路边坡次生灾害十分严重,崩滑体压埋公路导致的断道十分普遍
5	2010年4月14日	青海省玉树县	33.0°N, 96.8°E	7.1	G214、S308多处路基沉陷、路面坍塌。玉树县结古镇附近10余座大、中型桥梁不同程度破坏,主要表现为拱顶、隔板、桥墩、桥台等产生裂缝,个别桥基下沉
6	2014年8月3日	云南省鲁甸县	27.1°N, 103.3°E	6.5	S101天生桥—牛栏江段K45+000~K46+150因桥梁震害中断,塌方量约3万m^3,王火公路中断
7	2015年4月25日	尼泊尔博克拉	28.1°N, 84.7°E	8.1	G318聂拉木—日喀则段长40 km的路段发生落石和塌方,道路双向中断,塌方量约1000 m^3。中尼公路聂拉木—樟木段被地震引发的山体滑坡阻断

根据形成原因和发生时间的不同，地震对公路的危害可以分为两类。

1）地震本身对公路的危害。从能量的角度看，地震是地壳岩层受力后快速破裂错动引起的，地震发生的过程就是能量释放的过程，这些能量一方面会伴随岩层的摩擦、断裂等转化为热能；另一方面会以机械能的形式直接作用于地表。强烈的地震动使路基坍塌、滑移，路面开裂，桥梁垮塌，隧道衬砌破坏等。此类震害一般发生在地震瞬间到震后 1~2 d 的时间内，据不完全统计，约 90% 的公路经济损失是由此类震害造成的，本篇仅对此类震害进行研究。

2）地震次生地质灾害对公路的危害。地震有时虽不能直接引起公路破坏，但由于地震可能引起山体松动并提供大量松散堆积物，在降雨等诱发条件作用下，极易导致崩塌、滑坡和泥石流等次生地质灾害，从而对公路造成影响。此类震害在震后 1~2 d 到震后数年内均有可能发生，例如，2010 年、2011 年和 2013 年汛期，汶川地震极震区均发生了严重的泥石流灾害，造成了巨大损失，其中 2010 年 8 月 13 日发生在四川省绵竹市清平乡的泥石流造成了 7 人遇难、7 人失踪、33 人受伤，被严重损毁的 S303 线南华隧道段在灾后 17 天的 8 月 31 日才彻底抢通。

虽然地震对公路的影响十分严重，但地震对公路的影响存在明显的差异，这种差异体现在两个方面。

1）不同地区的地震活动程度不同，导致公路震害存在明显的区域性差异。地震的发生区域具有相对集中的特点，世界上绝大多数地震都发生在 60°N~60°S 的广大地区，南极和北极地区极少有地震发生。人们把全球地震易发区划分为 3 条巨大的地震带：环太平洋地震带、地中海—印度尼西亚地震带和大洋中脊地震带，全世界约 80% 的浅源地震、90% 的中源地震、几乎所有的深源地震和 80% 的地震能都发生在这 3 条地震带上。

中国大陆及周缘地区大尺度板内地震的空间分布同样具有显著的不均匀性，这是由两方面的原因决定的：①中国大陆被环太平洋地震带和地中海—印度尼西亚地震带所夹峙，处于特殊的地震环境中；②青藏高原继续隆起的大背景使中国大陆近期的地震活动非常频繁。统计分析表明，中国的地震集中发生在 4 个区域：大陆西部及邻近的中亚地区（帕米尔高原—天山—南西伯利亚—贝加尔湖地区）、大陆西部及邻近的南北地震区（越南—缅甸—中国—蒙古地区）、华北地区（31°N~42°N 地区）、东南沿海地区（19°N~25°N 地区）。

除历史地震状况外，我国的地壳形变、活动断裂分布和潜在震源区划分等也能体现潜在地震发生的空间不均匀性。中国大陆西部的活动断裂以压性和压扭性为主，反映了自南向北的挤压，中国大陆东部的活动断裂以张性和扭性为主，西部的断裂

第1章 概述

活动明显高于东部地区,这也客观说明了中国大陆西部地区的潜在地震危险性远大于东部地区。

事实上,我国地震活动的强弱程度不仅在大尺度空间范围内表现出差异性,即使是在小范围内,地震灾害的发生也存在较大的区别,这也客观决定了地震对公路危害的区域性差异。

2)地震强度相同的地区,公路的破坏程度取决于公路的抗震能力。在地震强度相同的地区,不同的路段仍会表现出不同的震害现象,这与公路抗震能力的差异性密切相关。例如,在同一烈度区内,汶川地震的公路破坏比例比唐山地震平均低10%~20%,其原因是:1976—2008年的32年中,我国修建的公路大都采取了抗震措施,公路的抗震能力得到了显著提高,如表1.3所示。

表1.3 唐山地震与汶川地震公路震害对比

地震烈度区		X度以上区	IX度区	VIII度区
公路受损比例/%	唐山地震	82.35	69.67	39.16
	汶川地震	73.84	56.43	28.52

根据钟剑等人的研究,在相同地震作用下,减震支座斜拉桥的地震反应比普通斜拉桥小30%~50%,因此,国内外的很多重要桥梁,如日本的名港中央大桥,美国的金门大桥,中国的汕头海湾二桥、卢浦大桥和苏通大桥等都设置了减震支座。刘志强等通过分析美国、日本和法国的现行桥梁抗震规范和桥梁震害实例,说明了桥梁结构、地基和支座的抗震设计对桥梁安全的重要作用。事实上,除桥梁结构外,路基的震害程度与路基的抗震能力同样密切相关,根据马洪生等人的研究,在汶川地震中,路基破坏主要发生在IX~XI度烈度区,且无支挡结构路基比有支挡结构路基的破坏程度更加严重,这都说明了公路的抗震能力是影响公路震害程度的重要因素之一。

1.1.2 研究的意义

公路在地震作用下的破坏取决于公路所在场地的地震强度和公路的抗震能力两方面。对于新建公路,为了使公路能够抵抗一定强度的地震,必须采取一定的抗震措施,而选取何种抗震设防水准,就成为进行公路抗震设计的重要工作,一个基本的原则是:对于经常发生地震且强度较大的地区,应采取较高的抗震设防水准;对于不经常发生地震且强度不大的地区,可以采用较低的抗震设防水准。对于已建公路，工程抗震也应从两方面入手，一是了解沿线区域发生地震的可能性和地震强度的大小；二是了解已有公路的现今抗震能力和抗震薄弱部位。由此可见，无论是新建公路还是改建公路，抗震工作的关键是解决以下几个问题：地震危险性评价、公路震害易损性评价以及两者的结合——公路震害风险评价。

1）地震危险性评价。地震危险性评价是从自然环境因素出发的，即研究公路沿线区域遭受地震灾害的危险程度，包括地震发生的可能性和地震的强度两方面。由于地震的发生受多种因素控制，发震机理复杂，地震发生的时间、空间和强度等特征很难被精确预测，另一方面，在特定的时间和空间条件下，地震的发生表现出某种概率统计特征，即地震的震级、发生数量和地震动参数等都可以用某种概率分布函数表征，因此，可以采用概率方法对地震危险性进行评价。

2）公路震害易损性评价。公路震害易损性评价是从公路自身属性出发的，即评价不同路段在一定地震动作用下显示出的破坏形态和使用功能的降低程度。我国对公路震害易损性评价的研究主要集中于桥梁和隧道工程，尤其是高烈度山区的桥梁工程，且以震害调查分析为主，针对填方路堤的研究很少，几乎没有可供借鉴的实例和经验。路堤震害易损性评价应从路堤高度、边坡坡率、地面坡度、路堤填土的工程性质和力学参数等因素入手研究路堤的抗震能力。

3）公路震害风险评价。地震危险性和公路震害易损性分别表征自然环境因素和公路自身因素对公路震害的影响，但在公路震害评价和抗震设计中，一般需要明确某一场地的特定公路在地震作用下的综合性能表现，即研究地震对公路破坏的综合效应，这一工作需要将地震危险性评价和公路震害易损性评价结合起来进行，即公路震害风险评价。

西宝高速公路位于关中平原，路堤是最常见的构筑物，具有"量大面广"的特点，本研究以西宝高速公路为例，进行平原区公路地震危险性、路堤震害易损性和风险评价研究，具有以下重要意义：

1）可以明确西宝高速公路沿线区域的地震危险性，揭示典型路堤在地震作用下的破坏规律和损伤概率，从而提高公路日常养护的针对性以及公路抗震减灾工程的可靠性和科学性，保障公路的正常服务水平和应有使用寿命。

2）本研究虽然以西宝高速公路为例进行研究，但提出的理论和方法也可应用于平原区的其他公路。一方面，对于类似地区的已建公路，公路地震危险性、路堤震害易损性和风险评价方法具有适用性；另一方面，对于类似地区的新建公路，研究成果可以明确路线走廊带的地震危险性和路堤在不同等级地震作用下的性能表现，从而为公路的规划、路堤横断面形式的选择以及路堤抗震设计提供依据。因此，本

第1章 概述

研究对减少公路地震灾害的经济损失和社会影响，保障人民生命财产安全和提升我国公路抗震能力具有重要意义，具有广阔的推广应用前景。

3）本研究以公路沿线区域的地震地质环境和历史地震活动性评价为基础，可以明确公路工程建设与区域环境之间的关系，为保证工程建设与自然环境的和谐友好提供理论基础，具有较高的社会效益和环境效益。

1.2 国内外研究现状

1.2.1 地震危险性评价研究现状

（1）国外研究现状

20世纪初，美国、日本和意大利等工业化水平较高的国家多次遭受了地震灾害的影响，造成了巨大的经济损失和人员伤亡，这促使人们开始对地震现象和地震灾害展开系统的和全面的研究，但是受科技水平的限制，这一时期的地震工作仅限于对已发地震的震级、强度和烈度的测定和定量表述，是对震后灾害评估和制定应急对策服务的，还不存在震前的地震危险性评价和地震预测研究。

20世纪30年代，美国出现了基于定数法的地震危险性评价研究。定数法存在的主要问题是在判定地震发生区域上采用了地震发生时间、空间都是均匀分布的假定，这一假定在较小尺度的高烈度区域内是符合地震发生实际的，但在较大的空间尺度上不能体现地震发生的空间差异性。

1961年，日本学者金井清（Kiyoshi Kanai）研究了地震动参数的衰减特性，通过分析日本、中国和西伯利亚地区数十次地震的地震动参数和地震烈度分布图，首次建议采用震级和震中距的简单函数建立地震动峰值加速度（Peak Ground Acceleration，简称PGA）的衰减关系。

美国学者Cornell于1968年首先提出了概率性地震危险性分析（Probabilistic Seismic Hazard Analysis，简称PSHA）方法。数十年的理论研究和工程实践已使PSHA成为世界范围内地震危险性分析最常用的方法。在经典的PSHA方法中，潜在震源区的地震活动性模型通常满足3个基本假定：①潜在震源区的地震震级分布满足截断的古登堡—里克特关系；②潜在震源区的地震发生满足空间均匀分布；③潜在震源区的地震发生时间满足泊松分布。

震源机制（Earthquake Mechanism）是震源区在地震发生时的力学过程，震源机制模型的建立是地震危险性评价的关键问题之一。最初的震源机制模型主要是点源模型和断层—破裂模型，近30年来，科学家们对这两个模型进行了很多改进，主要有Savy的非齐次泊松模型和Parwardhan的半马尔科夫过程模型等。其中，非齐次泊松模型的突出特点是假定地震的年平均发生次数是随时间变化的；半马尔科夫过程模型假定地震的发生是一个马尔科夫随机过程，而地震发生状态变化的时间间隔是一个随机变量。

1992年7月19—24日在西班牙马德里召开的第十届世界地震工程大会对地震危险性评价和地震区划给予了充分重视，系统总结了过去10多年世界范围内地震危险性评价研究取得的巨大成就，很多学者也在会上提出了前瞻性建议和观点。例如，美国的Lucy博士提出了一种可以体现大断裂带上地震空间相关性和时间随机状态转移特征的模型，该模型将断裂划分成若干特征段，并假定所有断层段应力积累速度相同，将该模型应用于圣安德烈斯断层北段的地震危险性评价中，对各级地震期望发生次数的估计取得了较好的结果；印度学者加拉各什通过研究剪切应变能的空间分布，提出了用剪切应变能作为地震危险性的标志，通过对南加州和北天山的数值分析结果表明，强震震中分布与剪切应变能较高的区域一致。

2006年，印度学者Sitharam和Anbazhagan介绍了班加罗尔地区最大可信地震（MCE）的确定和合成加速度时程图的生成，并利用考虑区域地震构造参数的合成地震模型生成了相应震级的加速度时程（地震动）和响应加速度谱。

2010年，印度学者Lyubushin和Imtiyaz将估计地震峰值加速度的最大值及其在未来100年时间间隔内的概率分布分位数的简单程序应用于印度领土，该方法基于贝叶斯网络，仅考虑地震加速度值不确定性的影响。

2010年，西班牙学者Benito等从峰值地面加速度和光谱加速度的角度对安达卢西亚（西班牙南部）进行了概率地震危险性评价，并提出了岩土工程分类和放大因子，在此基础上绘制了新的危险图。

2012年，印度学者Nath和Thingbaijam以印度新的概率地震危险性分析（PSHA）为例，开展了相应的基础研究，包括印度次大陆的孕震源区划和地震活动性建模，全国场地条件评估以及在区域背景下的地震动预测方程的适宜性测试。

2015年，德国学者Bora等提出了基于经验傅里叶谱和持续时间模型的地震危险性分析的响应谱地震运动预测方程（GMPE），该GMPE可以根据不同的地震条件进行调整，并且不会受到与响应谱域调整相关的实际问题的影响。

2016年，法国学者Yepes等在利用概率地震危险性分析对地震震源区进行建模的过程中，对厄瓜多尔复杂的地球动力学提出了新的观点，并根据提出的新构造方案对19个震源带进行了建模，结果表明新的方案可以更好地定义与地震构造模型对

第1章 概述

应的大陆源区的几何形状和边界。

2017年，美国学者Stewart等提出了在适当的周期范围内用地震危险性分析中非遍历场地响应替换半经验地震动模型中的位点项的程序，同时考虑土壤非线性的影响，以及它们对OpenSHA中实现的危险曲线和均匀危险谱的影响。

2017年，意大利学者Valentini等使用两类地震源，第一类地震源涉及活动断层；第二类地震源涉及网格点地震活动，并在此基础上进行敏感性测试，确定了两个地震源模型得出的地震率对危险结果的影响，并确定了断层与分布式地震活动的相对贡献。

2019年，意大利学者Ebrahimian等采用最先进的方法和新的数据库在那不勒斯市西部地区（意大利南部）进行概率地震危险性分析（PSHA），并强调了在考虑场地放大影响的情况下执行特定地点的PSHA的重要性。

2019年，英国学者Tromans等采用部分非遍历σ模型，通过部分遍历站点间变异性项进行调整，使用等效线性随机振动理论进行场地响应分析，并使用蒙特卡罗模拟明确纳入地面属性中的可变性，最终得到将参考岩层的危害与场地放大因子卷积获得的核电站场址的概率地震危险性评估结果。

2020年，印度尼西亚学者Irsyam等使用2017年开发的地震运动预测方程（GMPE）和逻辑树进行地震危险性分析，获得了新的地震危险图。新的地震危险图明确了活动断层和板内地震活动以及俯冲巨推力对地震危险性分析的影响。

目前，国外对地震危险性评价的研究还在不断深入。由美国太平洋地震工程研究中心（Pacific Earthquake Engineering Research Center，简称PEER）发起的NGA计划走在了当前地震危险性评价研究的前沿。NGA-west是该计划针对美国西部地区特定的地震地质条件建立的危险性评价框架体系，采用该体系获得的地震危险性分区图作为美国西部地区地震预报的基础资料发挥了重要作用，但由于地震动衰减规律和发震构造等因素存在区域性差异，针对美国西部的NGA-west在中国的适用性还有待研究，不太适合在我国大范围工程应用。

（2）国内研究现状

我国的地震危险性评价是从20世纪50年代开始的，最初使用的是确定性地震危险性评价方法。地震区划是根据国家抗震设防的需要，按照一定时期内各地可能遭受的地震危险程度对国土进行划分，以图件的形式展示地区间潜在地震危险性的差异，是反映地震危险性评价结果的一种方法。新中国成立以来已经编制了四代地震区划图，其中前三代地震区划图为地震烈度区划图，第四代地震区划图为地震动参数区划图。

1957 年，中国科学院地球物理研究所的李善邦采用确定性方法，根据地震地质条件和地震烈度的区域差异性，借鉴戈尔什可夫版苏联地震烈度区划图的成功经验，编制了第一代《中国地震烈度区划图》，该图将全国划分为Ⅴ度区、Ⅵ度区、Ⅶ度区、Ⅷ度区和≥Ⅸ度区。

第一代地震烈度区划图的编制开创了我国地震区划工作的先河，为我国的结构抗震和城市规划提供了重要参考，但受基础资料和编图方法的限制，该图揭示的我国地震发生规律与实际状况存在一定差别，例如，高烈度地震区的面积较大，而一些低烈度区却发生了强烈地震（1966 年河北邢台地震发生在Ⅵ度区内）。

鉴于此，邓启东于 1976 年根据确定性方法，结合我国历史地震发生状况，编制了第二代《中国地震烈度区划图》。该图按照地震烈度的区域性差异把全国划分为 <Ⅵ度区、Ⅵ度区、Ⅶ度区、Ⅷ度区、Ⅸ度区和≥Ⅹ度区。

1982 年，章在墉和陈达生在二滩水电站坝区的地震危险评价中，首次在国内使用了 PSHA 方法，实现了我国地震危险性评价理论和实践的重要突破，此后该方法在我国得到了广泛的应用。

我国现行的地震危险性评价方法是在 PSHA 的理论基础上，结合我国地震活动时空不均匀性的特点形成的"考虑地震时空不均匀性的概率性地震危险性评价方法"，简写成 CPSHA（C 代表 China）。该方法最突出的特点可以概括为：①以考虑地震带未来地震活动水平趋势预测的地震活动性参数反映地震活动的时间不均匀性；②以地震带及潜在震源区划分及其地震活动性的差异来反映地震活动的空间不均匀性。

1989 年，沈建文等提出了经验点椭圆模型，该模型假定多数地区的等震线为狭长状，并以一系列长轴具若干优势取向的同心同轴椭圆描述地震影响场，经验点椭圆模型可以减少点源模型和断层—破裂模型的系统误差。

1990 年，我国根据 CPSHA 方法编制了第三代《中国地震烈度区划图》，该图依据我国 50 年内一般场地条件下可能遭受的超越概率 10% 的最大地震烈度，把全国划分为 <Ⅵ度区、Ⅵ度区、Ⅶ度区、Ⅷ度区、≥Ⅸ度区 5 个级别的烈度区。该版地震区划图是我国首次采用概率方法编制的地震区划图，与以往区划图相比，该图中高烈度区的面积大为减少且评价精度大幅提高，但我国仍有 41% 的国土、一半以上的城市位于地震基本烈度Ⅶ度或Ⅶ度以上地区，Ⅵ度及Ⅵ度以上地区占国土面积的 79%。

1992 年，高孟潭引入了一个具有均匀和各态历经特性的辅助随机场，并采用空间分布样本均值估计了该随机场的集平均值。基于以上理论，分别采用 15 年和 50

第1章 概述

年的历史地震资料检验了1990年版地震区划图所采用的地震年平均发生率。结果表明，该地震区划图所使用的数据基本合理但略偏于保守。

1998年，闻学泽指出了时间相依的活动断裂分段地震危险性评价中存在的一些不完善之处，并以此为基础改进了相应的概率性地震危险性评价模型与方法。

1999年，陈颙等根据最大震级的概念和核函数的基本思想，提出了一种新的确定最大震级的方法，通过利用不同方法确定的最大震级进行地震危险性评价结果的对比分析，发现采用该方法进行地震危险性评价是可行的，评价结果可以一定程度上反映地震空间分布的分形特征。

1999年，刘杰等根据一些地震未发生在已知断层上且已有地震危险性分析所需的地质、地震和地壳形变资料难于得到的现实，发展了一种基于面源模型、利用地震活动资料进行全球地震危险性分析的简化方法，并根据该方法编制了全球地震危险性图，将该图与已存在的地震危险性图进行对比研究，结果表明该方法具有极高的实用价值。

2001年，应国家地震标准化委员会要求，胡聿贤等根据经济和社会发展对工程安全的需求，以及科学技术进步的推动，编制了第一部强制性国家标准《中国地震动参数区划图（GB 13806—2001）》，即我国第四代地震区划图，包括《中国地震动峰值加速度区划图》《中国地震动反应谱特征周期区划图》《地震动反应谱特征周期调整表》。第四代地震区划图采用地震动参数作为表征地震动强度的指标，不再采用地震烈度。

2007年，李颖等利用编制第四代地震区划图的基本资料和临近区域的地震安全性评价结果，根据当地的 PGA 衰减规律和1970年以来的仪器记录地震资料，对湖南省中南部地区进行了地震危险性评价研究。结果显示：与第四代地震区划图相比，PGA 超过 0.05 g 的区域显著增大。

2007年，李云珠对重庆市主城区进行了 2 km×2 km 的均匀网格划分，得到了666个网格控制点，在此基础上进行了概率性地震危险性评价和不确定性评价，并统计分析了土层厚度和场地自振周期对水平 PGA 的影响。

2012年，赵泽贤等根据地震动记录的地形效应及地域频谱特征对重大工程地震危险性的影响，为地震危险性评价提供了具有地域特性的地震动参数，并在陇南地区武都—罐子沟高速公路的地震危险性评价中进行了应用。

2013年，陈鲲分别分析了基岩场地上罕遇 PGA、稀遇 PGA 与基本 PGA 的比值 K_1、K_2 的统计特征和空间分布规律，并对 K_1 和 K_2 的极值所对应的地震环境进行了研究。

2013年，潘华等阐述了我国尚未发布的第五代地震区划图的编制过程，指出该地震区划图与以往地震区划图的最本质区别在于采用了地震易发区的3级划分方案。

2013年，熊山铭等通过对汉中—宁强高速公路沿线8个钻孔资料的分析，采用土体动力参数分析方法，结合近年的地震破坏统计资料，对汉中—宁强高速公路沿线区域进行了地震小区划研究。

随着社会经济的快速发展，广大人民群众对地震安全需求不断提高，按照《中华人民共和国防震减灾法》的规定，2015年，高孟潭等对第四代地震动参数区划图进行了更新，编制了强制性国家标准《中国地震动参数区划图（GB 18306—2015）》，即我国第五代地震区划图，其中包括《中国地震动峰值加速度区划图》和《中国地震动加速度反应谱特征周期区划图》。新的区划图相较于第四代区划图，采用了新的三级潜在震源区的划分原则，使得潜在震源的划分更加科学合理，同时创新性地提出了符合我国地震资料和活动性特点的地震活动性模型，重新核定了全国地震带的b值和年平均发生率，确保了中强地震以及大地震的发生率不会被低估。

2015年，李昌陇等使用新的大地震发震构造的断层震源模型和时间相依的地震活动性模型，并与第五代地震动参数区划图提出的潜在震源区模型进行对比，对巴颜喀拉块体东部重新进行了概率地震危险性分析。

2016年，刘景奎等基于第五代地震动参数区划图，依据钻孔数据对研究区进行工程地质分区，再选取计算特征点计算获取了场地土层反应分析结果，最后编制了西咸新区地震动参数小区划图。

2017年，刘方斌等利用1970年以来沿聊考断裂带及周边50 km范围内的地震数据，分别运用最大似然法和最小二乘法对研究区进行b值计算，并借助时间相依的地震潜势概率评估方法，对鲁西南聊考断裂带地震危险性及地震活动性进行了分析。

2018年，尹凤玲等基于分层半无限空间黏弹性地球模型计算了自1833年嵩明M 8.0地震以来，红河断裂带上及其周边共25次强震由于同震应力阶变、震后黏滞松弛和震间构造应力加载的综合作用，以及红河断裂带上库仑应力变化的演化过程。

2018年，姚琪等尝试将非线性摩擦有限元方法应用到区域地震危险性评价中，模拟计算了大凉山次级块体及周边地区主要断层的摩擦行为，并将断层节点破裂与7级以上历史地震的时空演化进行对比，结果表明，模拟结果与历史地震有较好的相关性。

2019年，邓世广等基于泊松分布的危险区背景地震概率预测和单项预测方法的历史预测效能，采用贝叶斯定理计算得到单项预测方法的短期或年度地震危险概率

第1章 概述

预测结果，进而采用综合概率方法，给出基于多种单项预测方法的短期或年度地震危险概率预测结果。

2019年，邱君等应用水压致裂法获得了江苏省东海县新王庄村钻孔的地应力状态，同时利用东海县中国大陆科学钻探主孔声发射法和钻孔崩落法获取的地应力数据，综合分析研究了郯庐断裂带苏鲁界的地应力积累水平和地震危险性。

2021年，田晓、郑洪艳基于断层三维运动模型和改进的灰色关联度方法研究了川滇地区主要活动断裂的运动特征及地震危险性。

2022年，李兵等通过对测量双石—大川断裂带两侧各布置的1个钻孔（深度分别为1000 m和500 m）所获得的水压致裂地应力测量资料进行分析，并结合Byerlee定律的稳定性分析和已有强震前的应力测量资料进行类比，揭示了大邑地震空区内1000 m深度范围内的地应力剖面，为全面评估地震空区地震危险性提供了全新数据。

2022年，尹迪等以摩尔—库仑破裂准则作为判断地震发生的条件，通过大量Monte Carlo随机试验得到5000种初始应力场模型，初步得到了川滇地区2017年九寨沟地震后的地震危险性概率分布。

2022年，朱琳等基于分层黏弹性流变模型计算了青藏高原北部1900年以来的强震对祁连—海原断裂带的库仑应力加载，并在此基础上对祁连—海原断裂带西段的木里—江仓断裂和托莱山断裂以及中段的金强河—老虎山断裂的地震危险性进行了分析。

2023年，赵宜宾等基于广义极值（GEV）分布模型对地震危险性的评价做了系统的阐述，给出了机理明晰的重现期和重现水平的定义及相关的地震危险性评价指标，并利用所建立的GEV分布模型，对巴颜喀拉块体中部的地震危险性在宏观上做了比较全面的阐述。

在地震危险性评价中，研究场地或研究区域是整个自然环境中具有某种特定地理属性的部分区域，评价结果也属于研究场地或区域的地理属性信息，因此，可以根据国内外通用的做法，将地理信息系统（Geography Information System，简称GIS）与地震危险性评价相结合，对评价结果进行整合，以更加直观、简便的方法实现对地震危险性评价结果的处理、查询和应用。国内外很多学者对此进行了研究，取得了很多卓有成效的成果。

1995年，我国的谢礼立等开创性的将GIS应用于地震危险性评价中，基于GIS和人工智能技术（Artificial Intelligence，简称AI）开发了地震构造信息系统（Seismic Tectonic Information System，简称STIS）和地震危险性智能辅助评估系统（Seismic Hazard Evaluation System，简称 SHES），从而大大提高了我国区域地震危险性评价的工作效率。次年，陶夏新等将 STIS 和 SHES 应用于太原—临汾地区的地震区划中，并根据误差向后传播原理建立了地震烈度衰减规律。

2005 年，刘莉针对工程抗震设计的迫切要求，以广东省为例，基于 GIS 提出并建立了便于广大工程设计人员应用的"设计地震动参数查询系统"（Query System for Design Seismic Parameters，简称 QSDSP）。

2006 年，张宝一等通过 MAPGIS 二次开发编写了地震危险性评价程序，提出了基于 GIS 的概率性地震危险性分析方案，并以三峡坝区某工程场地为例对程序进行了测试，提高了地震危险性评价的可操作性。

2007 年，陈鲁皖基于 GIS 建立了研究区域活断层灾害预测评价系统，通过模糊综合评价法与 GIS 集成，完成了活断层地质灾害的评价与预警。

2011 年，李燕杰等利用 Sufer 和 ArcGIS 软件对区域钻孔资料进行了集成，构建了包括土层厚度、波速分布和地下水分布等地质要素在内的地下三维空间模型，在每一场地分区内，选取若干个典型钻孔进行一维土层地震反应分析，获得了整个计算区域的地表地震反应分析结果。

2011 年，田勤虎等基于 ArcGIS 平台，开发了西安市地震小区划数据管理系统，提出了该系统应具备的基本功能和系统的基本框架，并对概念模型设计、逻辑模型设计、物理模型设计等关键环节进行了数据库详细设计。

2014 年，刘艳辉以青藏高原东南缘为研究对象，以 ArcGIS 和 VS2010、SQL Server 2008 为平台，集成活动构造、地震地质和国家基础地理信息，建立了区域活断层空间数据库，实现了空间图形数据和属性数据的交互查询。

2018 年，李昌珑等利用鄂尔多斯块体周缘活动断层的滑动速率、历史地震、古地震等资料，建立了考虑大地震发生率的时间非平稳性质和大地震危险性近断层分布特征的地震危险性模型，并计算了鄂尔多斯块体周缘未来 30 年Ⅷ度地震动的超越概率分布图。

2020 年，李俏等基于第五代中国地震动参数区划图的基本原理和技术原则，结合盘锦、海城、营口地区场地条件特征，采用基于地形坡度的方法对场地条件进行分类，确定场地地震动影响系数，得到了盘锦、海城、营口地区基于区域场地条件的地震危险性分布图。

2020 年，阮杰、邱鹏总结了水库诱震的主要特点和诱震机理，并通过对诱震机理的分析，同时结合 BP 神经网络算法建立了一个比较完善的水库诱震危险性评价模型。

第1章 概述

2020年，程佳文等基于对特大强震的风险性考虑，使用全球地震模型Open Quake软件，建立了川滇地区地震危险性预测新模型，并在Open Quake模型中加入地震动预测方程，计算出了川滇地区的PGA分布图。

2021年，蒋锋云等基于正交各向异性理论的介质弱化模型来模拟断层的变形行为，将平行断层面方向的剪切模量和周围介质剪切模量的比值作为反演参数，以海原—六盘山断裂附近现今GPS观测地壳水平运动速度场作为约束，通过构建三维有限元模型，采用遗传算法，反演了海原—六盘山断裂平行断层面的剪切模量分布。进一步结合研究区域构造特征和断层附近地震定位结果分析了海原—六盘山断裂带现今强震危险性。

2022年，梅伟等采用Open Quake软件计算方法，定量表征了场地效应对概率地震危险性分析结果的影响，并针对玉溪地区，开展了考虑场地效应的PSHA分析，生成了基于基岩场地和实际场地的玉溪市50年超越概率10%的地震动峰值加速度和0.5 s反应谱加速度危险分布图。

综上所述，概率性地震危险性评价是我国标准规定的地震危险性评价方法，CPSHA考虑了我国地震发生空间和时间的不均匀特征，已广泛应用于重要工程场地的地震危险性评价中，显示了独特的优势。但是，以往的公路地震危险性评价多是针对重要桥梁、隧道等单个场地进行的，服务于公路工程的、基于GIS的区域地震危险性评价较少。

1.2.2 公路震害易损性评价研究现状

（1）国外研究现状

1985年，美国应用技术协会（American Applied Technology Council，简称ATC）基于专家意见对震害易损性进行了开创性研究，构建了美国加州地区桥梁结构的震害易损性曲线（ATC-13）。美国保险行业中广为应用的地震风险评估模型多用此方法进行易损性评价，如美国RMS Inc、Air World和EQE Cat等公司推出的地震风险评估专家系统均属此类。

1997年，美国联邦紧急事务管理署（Federal Emergency Management Agency，简称FEMA）开发了基于地震动参数的地震风险评估软件HAZUS99，作为评估地震造成破坏和损失的有力工具，为政府决策提供了有效依据。目前，HAZUS-MH为其最新版本，该版本涵盖了地震、飓风、洪水等自然灾害的风险评估。其中，地震灾害易损性评估子系统基于建筑物的物理损伤进行，可以针对单个重要建筑物，也可以针对一批构造体型大致相同的建筑群进行。

1999 年，法国学者 Basz 通过统计 1994 年美国北岭地震的桥梁震害损伤数据，采用逻辑回归方法建立了桥梁结构的经验性震害易损性曲线。

2000 年，美国学者 Shinozuka 假设易损性曲线可以表示为双参数对数正态分布函数，并基于 1995 年日本阪神地震中观测到的桥梁损伤数据，通过最大概率方法计算了桥梁结构的震害易损性曲线。

2000 年，美国学者 Feng 等采用两种不同方法计算得到了桥梁结构的地震响应，并通过 Monte Carlo 模拟法检验了桥梁的震害易损性曲线。

2001 年，日本学者 Yamazaki 和 Karim 将桥墩简化为单自由度动力系统，选择阪神地震和北岭地震的地震动记录进行非线性地震时程分析，以 Park-Ang 为指标建立了震害易损性曲线。

2002 年，美国斯坦福大学的 Vamvatsikos 博士和 Cornell 共同提出了增量动力分析（Incremental Dynamic Analysis，简称 IDA）的概念，并对 IDA 分析的理论依据、计算步骤和应用范围进行了详细说明。此后，IDA 分析迅速成为了全世界范围内震害易损性评价最常用的方法，可以说，IDA 方法的出现是震害易损性评价中具有里程碑意义的事件。

2004 年，美国学者 Hwang 和刘晶波在考虑地震危险性、场地条件和结构参数不确定性的基础上，对美国中东部受新马德里（New Madrid）地震带影响的高速公路混凝土连续梁桥进行了震害易损性评价，并给出了易损性曲线。

2004 年，美国学者 Choi 等给出了常见于美国中部和东南部四种典型桥梁的易损性曲线，并做出对比，结果表明，易损性最高的桥梁类型是多跨简单支承桥和多跨连续钢梁桥，易损性最低的桥梁类型是多跨连续预应力混凝土梁桥。

2007 年，美国学者 Nielson 和 Roches 考虑了桥梁主要部件（如柱子、轴承和桥台）对其整体桥梁系统易损性的贡献，并利用概率工具直接从单个组件易损性估计整个桥梁系统的易损性，研究表明，桥梁作为一个系统比任何一个单独的组件易损性都更高。

2009 年，韩国学者朴俊南等针对无筋砌体低层建筑提出了一种结构建模方法以及开发了一组相关易损性曲线，并与 HAZUS 的易损性曲线进行比较，提高了美国中部和南部地区重要设施地震风险评估的准确性和有效性。

2009 年，美国学者 Choe 等为锈蚀作用下钢筋混凝土桥梁的地震易损性需求建立了新的概率模型，该模型将原始桥梁概率模型扩展为时变氯离子侵蚀概率模型，并将需求模型与现有能力模型相结合，得到桥梁在使用期间的地震易损性分析。

2010 年，美国学者 Ghosh 和 Padgett 提出了桥梁随时间变化的地震易损性格式的

第 1 章 概述

制定,以及对老化和恶化这两种情况在易损性建模中的潜在影响的新见解,包括未研究的多组分劣化的联合影响。

2010 年,意大利学者 Buratti 和 Savoia 采用具有随机块效应的响应面(RS)模型,通过考虑结构参数和地震影响的不确定性,评估了钢筋混凝土(RC)框架结构的地震易损性能力。

2015 年,美国学者 Yang 等基于非线性时程分析、概率地震评估以及针对美国中部和东南部的一种斜直桥建立的三维数值桥梁模型,建立了包含一系列地震动下桥梁几何和材料不确定性参数的概率地震需求模型,并根据易损性桥梁构件开发了相应的易损性曲线集。

2015 年,意大利学者 Casotto 等首先对建筑类型进行随机抽样,然后通过 Pushover 分析建立建筑物的若干个损伤极限状态,并对其在一组地震烈度度量水平下各损伤状态的累积百分比进行回归分析,得到易损性函数的统计参数,最后建立了针对意大利钢筋混凝土预制工业建筑的地震易损性模型。

2015 年,美国学者 Mangalathu 等提出了一种基于概率地震需求模型的协方差分析的分组技术,通过协方差分析识别重要的属性相关参数,创建不同的桥梁分组,并对加利福尼亚州的四座混凝土箱梁桥进行分析,验证了该方法能更好地估计各种桥梁类别的地震易损性。

2016 年,印度学者 Ghosh 和 Sood 开发了一种针对劣化公路桥梁地震易损性分析的方法,该方法考虑了钢筋混凝土柱在氯化物的侵蚀下的实际点蚀劣化和时变容量的分布,并利用三维有限元桥梁模型的非线性时程分析,评估了桥梁柱子因劣化对桥梁构件以及系统的地震响应和易损性分析的影响。

2018 年,美国学者 Wang 等提出了一种使用人工神经网络计算易损性曲线的方法,该方法将人工神经网络预测的不确定性分解为偶然性和认识性成分,研究了人工神经网络预测不确定性对易损性曲线的影响。

2019 年,美国学者 Kiani 分析了训练样本大小以及不平衡数据集对机器学习模型性能的影响,提出了一种基于机器学习模型推导地震易损性曲线的方法。

2022 年,美国学者 Forcellini 和 Alzabeebee 使用 OpenSees 进行了先进的非线性动态三维有限元分析,研究了岩土工程隔震(GSI)对桥梁的易损性影响,结果表明,GSI 降低了对桥梁柱子的抗震影响,但是对桥台的影响似乎不那么显著。

2023 年,波兰学者 Kazemi 和 Jankowski 提出了利用机器学习(ML)算法来预测钢筋混凝土(RC)建筑物的地震易损性曲线,并训练 ML 算法来构建 RC 建筑物地震易损性和风险评估的预测模型,结果表明,所提出的预测模型具有更高的性能,同时与实际曲线完美拟合。

鉴于全世界范围内交通系统震害的日益严重，人们对传统的抗震设计方法进行了深刻反思。1986 年美国加州交通部和联邦高速公路管理署提出了基于性能的抗震设计（Performance-based Seismic Design，简称 PBSD）的概念和理论框架，该方法的基本思想是根据设计对象所在场地遭受地震作用的不确定性和抵抗地震作用的不确定性，使设计对象在不同强度地震作用下表现出的性能水准满足不同的功能要求，主要包括 3 个步骤：

① 根据设计对象的用途、所处位置、重要程度及使用者的特殊要求，明确设计对象的抗震性能目标；

② 根据以上性能目标，选用合适的建筑形式、工程材料和施工工艺等进行抗震设计；

③ 若设计对象的抗震性能不能满足要求，则返回第一步调整性能目标，或直接返回第二步重新设计。

PBSD 可以根据抗震设防水准和地震危险性水平，将震害损伤控制在可接受的范围内，其基本思想与震害易损性评价类似。

PBSD 的基本思想提出后，日本、美国的众多学者对其进行了深入研究，例如，在阪神大地震后，日本于 1997 年修订了桥梁设计规范，修订后的规范特别强调桥梁整体的抗震性能，并明确规定对支座和防落梁装置等进行基于性能的抗震设计。

2004 年，美国学者 Berry 针对钢筋混凝土墩柱的弯曲破坏模式，以墩顶漂移率作为判别指标，以 5 个性能等级为破坏界限，推导了 2 种破坏状态目标位移的计算公式，提出了基于性能的钢筋混凝土桥梁抗震设计方法。

2008 年，希腊学者 Fragiadakis 和 Papadrakakis 提出了一种基于非线性响应历史分析的全自动设计方法，用于钢筋混凝土（RC）结构的最优抗震设计，该算法充当搜索引擎，能够在成本和性能方面找到最有效的设计，可以显著降低直接施工成本。

2009 年，加拿大学者 Riahi 等提出了一种基于性能的抗震设计模型，该模型能够模拟典型受限砌体（CM）墙其响应受剪切变形控制的地震行为，经过验证，所提出的模型很好地模拟了 CM 墙的抗震行为，其特性符合模型的假设。

2011 年，英国学者 Hajirasouliha 等通过将材料从结构的强到弱重新分配，直至达到均匀变形或破坏的状态，获得了更有效的设计，结合实例可以证明该方法在控制钢筋混凝土框架结构性能参数和改善结构性能方面非常有效，可以有效应用于钢筋混凝土框架结构基于性能的抗震设计中。

2014 年，伊朗学者 Kaveh 和 Nasrollahi 基于带电系统搜索优化的方法，提出了

第1章 概述

一种基于性能的钢框架优化抗震设计，并研究了文献中的两个数值实例，结果表明，与传统设计方法相比，该方法的结构抗震性能得到了显著改善。

2015年，伊朗学者Gholizadeh提出了一种基于性能的结构优化抗震设计的有效方法，其中优化任务通过改进的萤火虫算法实现，并利用了一种新的神经网络模型来预测抗震设计的结果。

2016年，英国学者Lu等针对柔性基础结构开发了一种考虑土—结构相互作用（SSI）的基于性能的抗震设计方法，并利用强度折减系数考虑SSI和结构屈服，为柔性基础结构的抗震设计确定了最佳荷载模式。

2017年，美国学者Camacho等提出了一种新的时域动态载荷可靠性分析方法，该方法结合一阶可靠性法（FORM）和中心复合设计抽样方案，成功开发了统一的基于性能的抗震设计（PBSD）程序。

2021年，美国学者Filiatrault等提出了一种基于直接位移的非结构单元抗震设计，该方法适用于附着在支撑结构中单个位置且损坏是过度位移造成的非结构单元，并通过非线性动态时程分析对设计方法进行了评估。

2022年，加拿大学者Todorov和Billah提出了一种基于数据驱动的机器学习（ML）方法，用于识别桥墩的抗震性能极限状态，并使用网格搜索算法和交叉验证对模型进行了优化，提高了模型的预测能力。

2022年，印度学者Badal和Sinha提出了一种基于性能的多目标建筑类型抗震设计框架，该框架采用了考虑地震需求和结构容量不确定性的明确概率方法，实现了针对多个性能指标的抗震设计，并结合规定性设计方法推导出满足不同目标风险空间的风险导向安全系数（RTSF）。

2022年，美国学者Deb等为加利福尼亚州的普通标准桥梁（OSB）制定一个严格的基于性能的抗震设计/评估框架，该框架的基础是一种更新的基于全概率性能的地震工程（PBEE）评估方法，并对4个OSB试验床及其风险导向进行分析，评估其显著性。

2023年，加拿大学者Osman等针对GFRP钢筋混凝土桥梁柱进行损坏量化，使用漂移比作为基于性能的抗震设计方法所需的工程参数，并建立了GFRP钢筋混凝土桥梁柱的漂移比极限状态和相应的强度。

（2）国内研究现状

汶川地震以前，我国对震害易损性评价的研究寥寥无几，仅有的个别研究也是采用拟静力法或Push-over方法进行，很少有采用国际先进的IDA方法进行的研究。例如：2004年杜鹏采用概率矩阵分析方法，研究了钢筋混凝土梁式桥的群体震害易损性，对于部分特别重要的桥梁，对结构有限元计算模型进行了 Push-over 分析，并采用 Matlab 的人工神经网络工具箱对上述分析结果进行了验证，得到了较好的结果。

2006 年，王克海、李茜提出了基于模态分析的 Push-over 方法，该方法不仅考虑了高阶振型的影响，又消除了其他次要振型的干扰。

汶川地震以后，我国专家根据各种结构物的震害数据，进行了大量的经验性震害易损性评价，其中具有代表性的研究有：2012 年陈力波等为了评估汶川地区公路桥梁系统的地震风险，采用修正后的汶川地震动参数衰减模型，对桥址处的 PGA 进行了估算，并基于汶川地震桥梁震害调查，建立了桥梁的经验性震害易损性评价模型。

2010 年，周颖等详细分析了 IDA 分析方法的计算内容和工作步骤，并用该方法评估了某高层混合结构的抗震性能，分析结果可以为高层混合结构的基于性能的抗震设计提供依据，也可以为 IDA 分析在复杂结构中的应用提供参考。

2011 年，何铭基、吴轶分别分析了有无耗能腋撑的钢筋混凝土转换框架结构的易损性曲线，结果发现，在相同地震动强度作用下，耗能腋撑可以有效降低结构的震害程度，防止结构发生局部和整体倒塌。

2012 年，吴文朋等以高烈度山区高墩大跨桥梁为例，选取 15 条地震动记录进行了 IDA 分析，得到了桥墩各截面在地震作用下的响应曲线包络图，以结构的破坏准则为基础，计算了桥梁高墩不同等级震害的发生概率，结合概率失效计算方法，形成了桥梁系统的震害易损性曲线。

2013 年，郑凯锋等又根据汶川地区典型简支梁桥的震害特点，通过回归分析建立了地震动强度与桥梁构件地震需求之间的关系。由于经验性震害易损性评价的应用范围存在较大的局限，国内更多的学者将目光投向了结构的理论性震害易损性评价，尤其是大型桥梁和高层钢筋混凝土建筑的易损性评价。

2013 年，李建军以 RC 隔震连续梁桥为研究对象，采用基于性能的概率性抗震设计的基本理论对桥梁结构各构件和桥梁体系的抗震性能进行了分析，并分别基于云图法、RBFNN 方法及 SVM 方法研究了结构的易损性。

2013 年，陈力波通过 OpenSees 软件建立了汶川地区典型三跨简支连续梁桥的三维有限元模型，分别采用 IDA 方法和概率性地震需求分析（Probabilistic Seismic Demand Analysis，简称 PSDA）方法进行了结构的易损性评价，并对两者的评价结果进行了对比，分别提出了改进建议。

2014 年，卓卫东、曾武华选取Ⅲ类场地的 2390 条地震动记录，对 8 座规则桥

第1章 概述

梁进行了多达 382 400 次地震动力反应分析，考察了各地震需求参数在地震动作用下的概率分布特征。结果表明：选用阻尼比为 5%、与结构基本周期对应的谱加速度作为地震动强度指标时，结构需求参数基本符合对数正态分布。

2015 年，宁超列基于概率密度演化理论，通过引入随机地震动模型获得了某一场地在一定时期内遭遇不同地震动强度的超越概率，解决了地震易损性评价中选择地震动记录的关键问题，获得了工程结构在遭遇不同超越概率地震作用时，结构性能达到各极限状态的超越概率。

2017 年，赵人达等基于性能抗震设计思想，以桥墩的位移延性比作为性能量化指标，采用 IDA 分析方法计算 20 条人工拟合地震波作用下的地震响应，并基于可靠度理论进行对数回归拟合分析，最终获得公路连续梁桥的地震易损性曲线。

2018 年，孔宪京等将 IDA 法引入到高面板堆石坝安全评价领域，建立了高面板堆石坝地震破坏性能评价方法，并建议了高面板堆石坝各评价指标的破坏等级划分标准，根据各性能参数的地震易损性曲线，分析了大坝在不同强度地震作用下发生破坏的概率。

2019 年，刘国庆等引入 IDA 法，提出了基于损伤系数指标的隧洞结构抗震性能评估方法，并针对某隧道工程进行实例分析，结果表明在以地震动的随机性为基础上，该方法能较直观地反映结构的破坏状态。

2019 年，梁辉在考虑地震作用和坝基岩体内控制性滑动块体滑裂面力学参数不确定性的基础上，建立高混凝土坝—地基系统整体有限元模型，分别对混凝土重力坝和拱坝开展了混凝土坝—地基体系整体稳定地震易损性分析，并构建了基于概率的混凝土坝—地基体系整体稳定的抗震安全评价的初步框架。

2019 年，王东明、高永武建立了同时考虑地震危险性和地震易损性不确定性的地震风险评估模型，并基于不同结构极限破坏状态对应的损失比，获得每一种结构的地震经济损失风险曲线，在此基础上，用地震风险一致概率为控制点，得到城市建筑群总的地震经济损失风险曲线组合。

2020 年，梁黄彬、谢强提出一种结合图论、故障树和成功路径的系统分析方法，并在变电站的有向图逻辑模型基础上，以能正常输出的线路数量作为变电站的性能评价指标，结合设备层面的地震易损性曲线，利用蒙特卡洛模拟实现对变电站系统层面的地震易损性分析。

2022 年，陆军等将区域地震动衰减规律与设备易损性分析过程结合，得到设备在地震作用下的震损概率与震级大小和震中距的关系，进一步提出了区域电网内变电站设备损毁情况的震前风险评估与震后快速评估方法。

2022年，孙路、李廷辉选择地震动峰值加速度作为地震动参数，双参数对数正态分布作为易损性函数，利用极大似然估计得到桥梁结构易损性曲线，建立了桥梁结构在地震作用下的概率易损性模型，并结合桥梁结构发生某一种破坏状态时的损失比，建立了桥梁结构的平均损失率模型。

2022年，郝伟、宋宁宁提出了一种将桥梁地震灾害损失评估技术和损失量化指标生命年理论相结合的方法，并以桥梁地震易损性方法为基础，对高烈度区铁路梁式桥地震灾害损失进行了全面评估，结果表明，该方法较传统经济损失评估方法在损失结果对比方面具有一定的优越性。

2023年，林天成等基于IDA法和易损性分析法，以一典型六层RC框架结构为研究对象，进行不同主余震作用下RC框架结构不同性能状态下超越概率的对比分析，进一步研究RC框架结构在主余震作用下的易损性。

2023年，陈晋男等提出了一种装配式地铁车站结构抗震性能指标限值的标定方法，然后基于IDA分析方法建立了不同类别场地内双层三跨装配式地铁车站结构的地震易损性曲线，并对其不同性能状态的损伤概率进行了评估。

2023年，邱大鹏等基于IDA法，探究了水平向地震以及水平向与竖向地震联合作用下大型地下框架结构地震响应的IDA曲线，揭示了竖向地震对结构不同危险位置响应的影响规律，并以层间位移角与层间梁柱转角作为性能评价指标，得到了单向和双向地震分别作用下结构的地震易损性曲线。

21世纪初，PBSD的基本思想引入我国后，众多学者对其进行了研究，取得了较好的成果。2009年朱晞等结合反应谱法和基于位移的设计方法的优点，提出了一种适用于以弯、剪变形为主的中、低高桥墩基于性能的抗震设计方法。

2009年，刘章军、李杰运用随机过程的正交展开方法，将地震动加速度过程表示为由10个左右的独立随机变量调制的确定性函数的线性组合形式，结合概率密度演化方法和等价极值事件的基本思想，研究了非线性结构的抗震可靠度分析问题。

2010年，陆本燕等将钢筋混凝土桥墩在地震作用下的性能表现分为正常使用、暂时使用、修复后使用、生命安全和防止倒塌5个性能水平，选取桥墩位移角作为衡量抗震性能的指标，提出了各性能水平对应的桥墩位移角限值。

2011年，邢国华等建立了钢筋混凝土桥梁的抗震性能指标与抗震性能水平的对应关系，通过对国内外127处桥梁震害经验的研究，验证了该对应关系的合理性，可以应用于钢筋混凝土桥梁的基于性能的抗震设计。

2012年，王克海等提出了桥梁抗震设计的"一可三易（可控、易检、易修、易换）"原则，并阐述了孔跨布置的选择理念、桥墩抗剪能力的计算过程及双层抗震

第1章 概述

挡块的构造措施。

2013年，吴文朋等以三跨规则连续梁桥为例，采用集中参数模型、简化模型和精细化模型分别进行了结构的非线性动力时程分析。结果表明，采用精细化模型计算的结果能更准确地反映桥梁结构的多种非线性响应，更好地适用于基于性能的桥梁抗震设计。

2014年，王克海等参考美国和日本的桥梁抗震设计方法，根据我国中小跨径桥梁采用板式橡胶支座进行抗震消能的特点，建议采用支座摩擦滑移和设置防落梁装置的多道设防、分级耗能的桥梁抗震设计方法。

2014年，李慎和苏明周提出了基于性能的偏心支撑钢框架结构抗震设计方法，该方法以结构的侧移和失效模式作为性能目标，可以预测和控制结构在不同等级地震作用下的非弹性变形状态。

2015年，陈亮等对一座钢筋混凝土连续梁桥进行IDA分析，得出在PBSD中如采用能量工程需求参数，则必须考虑到所选地震波的持时均值、离散度及其概率分布均要符合工程场地实际的地震危险性的结论，并针对基于全概率理论的PBSD，提出了一种能够考虑持时均值、离散度及其概率分布影响的实际地震波优化选择方法。

2015年，门进杰等以钢筋混凝土柱—钢梁组合框架结构体系为研究对象，建立了该组合框架结构在不同性能水平下的指标量化值，并采用层间位移角验算和塑性铰状态判断相结合的方法作为该结构的性能抗震设计。

2016年，鲁亮等以一个三层三跨钢筋混凝土框架为例，选用3条波进行动力时程分析，模拟结构遭遇罕遇地震的动力响应。结果表明，受控摇摆式钢筋混凝土框架结构在罕遇地震作用下，最大层间位移角满足设计要求的性能目标，验证了基于性能抗震设计方法的有效性。

2016年，吴函恒等以4榀钢框架—预制混凝土抗侧力墙板结构足尺试件为研究对象，提出了5个性能水平的失效判别标准以及基于位移的抗震性能设计方法和设计步骤，确定了钢框架—预制混凝土抗侧力墙板装配式结构体系的基于性能的抗震设计方法。

2018年，梁岩等采用基于性能的抗震设计方法，考虑典型耐久性环境的影响，以及时变地震作用，探讨了基于性能的耐久性损伤钢筋混凝土构件时变抗震设计方法，并给出了典型耐久性环境下，构件抗震设计时的最小配筋率和最小配箍率调整系数，以及不同抗震等级下的相对受压区高度在不同设计使用年限内的限值要求。

2018年，聂桂波等基于IDA的全过程分析方法，以网格结构为基础建立数值模型，研究网格结构在强震下的抗震性能，为基于性能的空间网格结构抗震设计方法的建立奠定了基础。

2021年，樊春雷等提出了菱形网格支撑框架结构的基于性能的抗震设计方法，并通过动力时程分析与传统的交叉支撑框架两种方法对12层的菱形支撑框架结构进行分析，结果表明，通过PBSD法设计的支撑结构满足性能要求。

综上所述，理论性震害易损性评价已经非常成熟，仅在个别细节问题上存在差异。2008年汶川地震中，公路和建筑物的震害十分严重，地震易损性评价得到了很大进步，然而，已有的研究多集中于桥梁、大坝和钢筋混凝土结构，对在地震中同样遭受严重震害的路堤易损性评价则鲜有报道，尤其是高烈度平原区路堤的震害易损性评价是亟待解决的工程问题，对其进行研究具有一定的紧迫性。

1.2.3 公路地震风险评价研究现状

（1）国外研究现状

1953年，位于美国密执安州的一个通用汽车工厂发生严重火灾，造成超过5000万美元损失，是美国历史上损失最为严重的15起火灾之一。这一事件使美国各级政府、企业和保险公司开始重视灾害的风险评价与管理工作，经过几十年的发展，美国形成了如图1.1所示的美国自然灾害风险评价与管理框架。

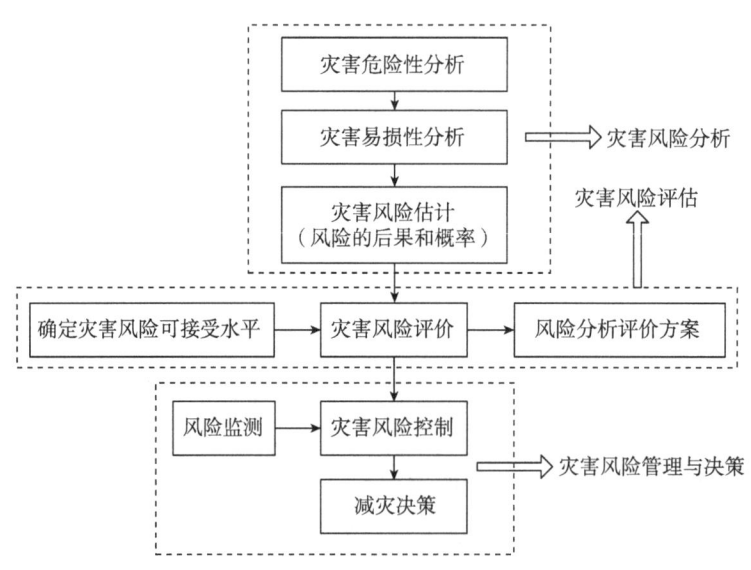

图1.1 美国自然灾害风险评价与管理框架

1974年，法国制定了多个国家级的地震风险评估项目，这些项目由国土和环境管理局资助，涉及从规范和标准的编制到行政管理机构的地震应急反应等广泛的

第1章 概述

领域。

1987年,美国政府提出了一项针对地震灾害的综合性国家研究项目:国家减轻地震危险性项目(NEHRP)。该项目实施以来,在地震危险性和风险性评估以及推动防灾减灾事业的发展中发挥了重要作用。1996年由NEHRP下属的4个局和其他12个合作部门发起了另一项先进的战略研究项目:国家地震损失减轻项目(NEP),到2000年,NEP已为美国多个指定城市提供了地震区划图。

第十届世界地震工程大会提出可以将地震风险SR(Seismic Risk)表示为某一场地或某一地区在未来一定时间内因地震产生的社会或经济后果超过某一规定值的概率,如式(1.1)所示。

$$SR = HD \cdot VB \cdot VL \eqno(1.1)$$

式中:HD为地震危险性(Seismic Hazard);VB为建筑物与设备的易损性,通过对场地或地区内建筑物、交通和通讯设备等进行整体震害易损性评价得到;VL以建筑物或设备在地震中损失的价值占总价值的百分比加以定义,它表示某一水平的地震危险性所能造成的震害损失程度;符号"·"代表卷积。

20世纪末以来,一些致力于减轻地震灾害风险和从事地震灾害保险行业的国际性组织和企业为应对日渐增多的潜在地震风险对预期结果和收益造成的冲击,相继形成了各具特色的灾害风险管理框架,其中包括国际风险管理理事会(IRGC)、澳大利亚应急管理局(EMA)、亚洲减灾中心(ADRC)和德国技术合作公司(GTZ)的灾难风险管理框架。

国际建筑研究与创新理事会(International Council for Research and Innovation in Building and Construction,简称CIB)发布了《土木工程中风险分析与风险沟通》(*Risk Assessment and Risk Communication in Civil Engineering*)的研究报告,该报告首次系统归纳了工程活动中风险评价的核心目标和工作步骤。

在地震风险评价与管理方面,Melani等选取20条地震动记录对某低层钢筋混凝土框架结构进行了IDA分析,绘制了结构震害易损性曲线并进行了震害经济损失评估。Berto等分析了某钢筋混凝土结构震害易损性的时变特征,并进行了基于结构全寿命周期的地震风险评价。

2009年,美国学者Ellingwood和Kinali解释了结构系统的不确定性是如何通过对美国中部和东部低至中度地震活动地区典型的钢框架建筑结构的地震风险评估来传播的,并探讨了对民用基础设施风险评估的一些影响。

2012年,西班牙学者Carreño等提出了一种从整体角度评估地震风险的方法,采用模糊集理论来处理评估中涉及的定性概念和变量，对与社会脆弱性和缺乏复原力相关的物理风险水平和恶化程度进行评估，最终确定总风险水平。

2013年，美国学者Banerjee和Prasad提出了一个位于地震活跃洪水易发地区的桥梁的条件地震风险评估框架，考虑洪水引起的桥梁冲刷导致桥梁基础的侧向支撑损失，从而放大了地震危险对桥梁性能的影响，根据实例分析表明：使用地震和洪水灾害组合模型对位于洪水易发地区的桥梁进行的地震风险评估效果显著。

2014年，意大利学者Esposito等根据适用于空间分布式系统的基于性能的地震工程框架对天然气网络的地震风险进行了评估，并介绍和讨论了基于连通性的绩效指标方面的结果，同时进行了性能分类分析，以评估系统各组成部分对风险的贡献。

2015年，希腊学者Argyroudis等提出了一种用于道路网络的概率系统性风险分析方法，该方法考虑了空间地震危险与地震强度、网络组件脆弱性、网络内以及道路组件与建筑环境之间相互作用与网络功能之间的相关性，并将其用于分析塞萨洛尼基市（希腊）的道路网络，证明了该方法的适用性。

2016年，美国学者Miller和Baker将模式—目的地可达性与概率地震风险评估相结合，确定了地震后的高风险区域，并经过模型预测，发现对于更适合步行的区域，地震风险会降低。

2017年，希腊学者Bakalis等针对钢制液体储罐的地震危险性评估，开发了一种基于非线性替代模型的地震风险评价方法，并基于该方法对3个不同几何形状的储罐进行分析，结果揭示了储罐的非连续损伤状态的问题。

2018年，希腊学者Smerzini和Pitilakis提出了城市规模地震风险评估研究的原型，并应用于希腊北部的塞萨洛尼基市，结果表明，与标准实证方法相比，基于三维物理的模拟可以提供更准确和详细的地震动及其空间变异性表征，并且可以有效地用于改善战略城市地区的地震风险研究。

2018年，美国学者Zhou等提出了一种改进的多单元站点外部事件概率风险评估方法，该方法基于copula概念、重要性抽样和并行蒙特卡罗模拟的集成来考虑单元之间的依赖关系，并通过一个实例研究，证明了该方法在风险评估中的可行性。

2020年，意大利学者Ruggieri等提出了一种快速视觉筛查（RVS）方法，该方法旨在优先考虑位于较高地震风险区域中的建筑物，并将RVS方法与更高级的数值分析进行比较，证明了该方法的有效性。

2021年，德国学者Pelizari定量评估了深度卷积神经网络在实现街道图像的自动化以及收集与风险评估相关的结构建筑特征的潜力，并应用于智利首都圣地亚哥，结果表明，深度神经网络在风险评估中有很好的潜力。

第 1 章　概述

2022 年，意大利学者 Giannini 等提出了一种新的结构地震风险评估框架，该框架不考虑地震动预测方程的随机性，而是在评估地震危险性时控制响应变异性，并应用该框架来评估典型钢筋混凝土框架的地震风险，结果表明，该框架有较好的适用性与稳健性。

（2）国内研究现状

国内地震灾害风险评价研究开始于 20 世纪 90 年代，大多以城市或线性工程沿线区域的地震风险评价和风险区划研究为主。1998 年兰青龙等将太旧高速公路周边地区分为 19 个计算区域，分别计算了各区域内建筑物遭受地震灾害的概率，并通过震害调查得到了各类建筑的震害易损性矩阵，基于以上地震危险性和易损性评价结果，得到了 19 个区域内各类建筑物的破坏数量和预期经济损失。

2000 年，杨挺等提出了城市局部地震危害性指数 ULEDRI，该指数可以表征一个大城市内局部区域的直接地震危险性、次生地震危险性、承灾体易损性、城市功能和应急恢复能力等 5 种因素。

汶川大地震中，部分桥梁和大坝结构遭到了严重破坏，这些结构的地震风险评价引起了广泛重视。2009 年黄明刚以 PBSD 为框架，通过对钢筋混凝土连续梁桥进行 IDA 分析和 PSDA 分析，完成了结构的震害易损性评价，结合场地 CPSHA 评价结果，将结构地震风险定义为地震危险性和结构易损性的几何和，完成了未来一段时间内钢筋混凝土连续梁桥各震害等级的风险概率计算。

2010 年，于斌通过研究活动断裂运动速度与地震震级的关系以及区域地震震级的统计频次关系，完成了青藏铁路沿线区域的地震危险性评价，通过选取承灾体暴露度和承灾体敏感度作为易损性评价指标，完成了震害易损性评价，在此基础上基于 GIS 软件完成了青藏铁路沿线区域的地震风险评价。

2010 年，冯清海、袁万城以漂浮体系斜拉桥为例，引入 IDA 分析和蒙特卡罗方法（Monte Carlo）相结合的技术，以场地地震烈度分布规律为基础，根据地震危险性评价结果和桥梁结构破坏准则，将桥梁结构震害等级分为轻微损伤、中等损伤、严重损伤和倒塌 4 级，完成了典型漂浮体系斜拉桥结构各震害等级的风险概率计算。

2010 年，王建民等提出了一种考虑结构能力和地震作用下结构需求不确定性的概率性桥梁结构地震危害性分析方法。该方法以 CPSHA、结构地震响应分析和破坏损失分析为基础，在严格和一致的状态中推导出了结构在特定地震危险性水平下的年平均达到或超过指定极限状态概率的解析表达式。

2011 年，高庆华在地震风险时空分布非均匀性和规律性分析的基础上，结合我国地震风险预测的研究成果，对中国区域地震及其次生灾害的危险性、危害性和风险性进行了预评估，并基于 GIS 平台编制了相关图件。

2012 年，王笃波等建立了包括场地地震危险性分析、结构震害易损性分析和地震灾害损失分析的土石坝地震风险评估体系，并将 PBSD 应用于易损性评价中，以坝顶相对位移作为损伤参数，确定了土石坝震害等级划分方法，并从技术和经济上对土石坝地震灾害风险进行了评价。

2012 年，曾志和等建立了某特大桥有阻尼器和无阻尼器两种条件下的有限元模型，采用 IDA 分析得到结构的易损性曲线，并根据结构震害损伤准则定义了两个震害等级，同时结合 CPSHA 方法得到的地震危险性曲线，进行了结构的地震危险性分析，得到了结构在未来 50 年内的地震需求危险性曲线。

2012 年，谷音等采用 OpenSees 软件建立了典型矮塔斜拉桥的三维有限元模型，通过拉丁超立方法（Latin Hypercube Sampling，简称 LHS）确定了地震动—桥梁样本集，并分别对横桥向和纵桥向进行了 IDA 分析，通过合适的分布函数拟合易损性曲线，基于 Monte Carlo 方法计算了典型矮塔斜拉桥各震害等级的风险概率。

2013 年，吕大刚从场地地震危险性和结构震害易损性两方面总结了地震风险评价的一般方法，并将本质不确定和知识不确定性对结构震害风险评价结果的影响进行了分析并推导了相关计算公式，可以较为方便地对不同结构体系进行地震风险的概率评估。

2014 年，贾兴利、许金良选用峰值加速度、植被覆盖率、地层岩性和地表坡度作为评价因子，提出了基于云模型层次分析法的地震区公路震害评估赋权方法，并建立了地震区公路震害风险评估模型。

2015 年，陈平等选取砖石古塔的易损性评价指标绘制易损性曲线，将易损性评价与场地地震危险性评价相结合，建立了砖石古塔的地震风险评价模型，并以西安市小雁塔为例对评价模型进行了实例验证，计算了小雁塔的震害风险值。

2016 年，王金凯、林模俤自主开发了地震量化软件，并采用蒙特卡洛抽样方法，对地震发生频率及核电厂设备失效条件概率进行模拟，同时结合地震事故序列完成了核电厂地震风险评价。

2016 年，夏春旭、柳春光基于 OpenSees 平台建立某混凝土简支梁桥有限元模型，并采用极值Ⅲ型地震危险性概率分布模型和 33 组远场地震动参数分别对模型进行了地震危险性和结构易损性分析，同时结合美国地震风险评价系统 HAZUS 进行了结构震后损失估计。

2016 年，孙凤等针对特定百万千瓦级压水堆核电厂开展地震概率风险评价，开发了电厂特定的地震危险性曲线和设备的地震易损度曲线，建立了地震概率风险评价模型并完成定量化分析，同时给出了针对该电厂的地震风险结果和见解。

2018年，罗圆等建立了基于大地震风险分析的铁路线路方案评价模型，根据大地震风险分类，利用方案比选提出了从宏观层面实施铁路大地震风险调控的决策技术，再结合个体工程布置等微观措施，实现了从源头上控制大地震风险。

2018年，夏春旭、柳春光利用OpenSees软件建立了某桥梁墩柱有限元模型，并以场地地震危险性、结构地震易损性和结构震后损失3项参数为指标给出了桥梁墩柱的易损性曲线，以此研究了近断层多脉冲地震动对桥梁墩柱地震风险的影响。

2019年，程庆乐等根据全国人口普查和城市统计年鉴给出的宏观指标建立了城市建筑数据库，并采用城市抗震弹塑性分析方法建立了建筑分析模型，以地震经济损失风险指标和建筑严重破坏和倒塌风险作为风险评价指标，给出了中国大陆主要城市建筑地震风险分布图。

2021年，万华平等以一座三跨连续梁桥为例，研究桩径效应对桥梁地震风险的影响，建立了三种有限元模型，通过IDA方法计算桥梁结构的地震易损性曲线和地震风险曲线，并对三种模型的计算结果进行了对比分析。

2022年，郑晓伟等提出了基于贝叶斯理论的地震风险评估方法，综合考虑了地震危险性模型、输入地震动记录、结构参数和需求模型的不确定性，并以云南大理地区1970—2017年的地震数据为研究基础进行了详细讨论。

综上所述，地震风险评价是对地震危险性和震害易损性评价的综合，需要建立在两者的基础上进行。国内外地震风险评价研究开始较早，但大多是区域性和宏观性的研究，针对单个构筑物的地震风险评价则是近几年刚刚出现的。2008年汶川地震以来，我国对桥梁、大坝和钢筋混凝土结构的震害风险评价取得了长足进展，其评价方法在理论层面和应用层面都已经非常成熟，采用的方法主要有Monte Carlo方法和危险性曲线方法，这些成功的经验可以应用于平原区路堤的震害风险评价研究中。

1.3 主要研究内容

本章针对目前我国地震灾害多发以及地震对公路危害严重的现实，通过现场调查、资料收集和理论分析，以西宝高速公路为例，进行平原区公路地震灾害危险性、路堤震害易损性和风险评价研究。主要内容包括：

1）通过对西宝高速公路的现场调查和资料收集，分析西宝高速公路的基本概况以及沿线区域的地形地貌、气象条件、水文地质和地震区划概况。将路线沿线区域划分为研究区域和近场区，分析研究区域和近场区的地震活动构造和历史地震概况，并对研究区域和近场区的地震地质条件和地震活动性进行评价。

2) 在地震灾害影响因素分析的基础上，选取地震动峰值加速度（PGA）作为公路地震危险性评价指标，建立包括研究区域地震区带划分、震源机制模型和地震发生预测模型的概率性地震危险性评价模型，并确定震源机制模型中的 a、b 值、震级上限 M_u、起算震级 M_0、地震年平均发生率 ν_{M_j} 和地震空间分布函数 f_{i,M_j} 等地震动参数。在 PGA 衰减关系、地震危险性概率计算方法和场地地震动影响分析的基础上，进行西宝高速公路地震危险性分析计算，基于 ArcGIS10.0 软件，绘制西宝高速公路地震危险性分区图。

3) 选取理论性震害易损性评价方法对西宝高速公路 K1074+520 处路堤进行易损性评价，通过分析路堤震害的成因、分类和影响因素，将路堤震害划分为基本完好、轻微损伤、中等损伤、严重损伤和毁坏 5 级并选取路堤顶面横向最大位移率 ε_{max} 和路堤顶面最大沉降率 ζ_{max} 作为震害损伤参数。在确定路堤填土、土基和挡土墙各项力学参数的基础上，依托 Flac3D 软件，建立无支挡结构和有支挡结构路堤的三维有限差分模型，并对其进行概率性地震需求分析（PSDA），计算一定 PGA 作用下无支挡结构和有支挡结构路堤发生各等级震害的概率并绘制相应的震害易损性曲线。

4) 通过研究场地地震烈度的概率分布和地震烈度与 PGA 的转换关系，建立场地 PGA 的概率分布模型，通过对场地未来 50 年内 PGA 的抽样，采用 Monte Carlo 方法对无支挡结构和有支挡结构路堤的震害风险进行计算。根据西宝高速公路地震危险性评价结果，通过回归方法拟合了研究场地的地震危险性曲线，推导了采用危险性曲线方法计算路堤震害风险的公式，通过该公式计算了无支挡结构和有支挡结构路堤在未来 50 年内发生各等级震害的概率。

第 2 章 西宝高速公路地震活动性评价

我国《工程场地地震安全性评价（GB17741—2005）》规定，在进行地震安全性评价（包括地震危险性评价）之前，需首先划分"研究区域"和"近场区"。由于本篇以西宝高速公路为例进行研究，因此，"研究区域"为西宝高速公路路线外延 150 km 的范围，即（35°42′N，105°35′E）、（35°42′N，110°27′E）、（32°58′N，105°35′E）、（32°58′N，110°27′E）四点连线区域；"近场区"为西宝高速公路路线外延 25 km 的范围，即（34°35′N，106°56′E）、（34°35′N，109°06′E）、（34°05′N，106°56′E）、（34°05′N，109°06′E）四点连线区域。本章通过大量的现场调查和资料收集，查明了西宝高速公路概况，收集了研究区域和近场区的地震构造特征、活断层分布条件和历史地震状况，对西宝高速公路沿线地震地质条件和地震活动性进行了评价。

2.1 西宝高速公路沿线区域概况

（1）西宝高速公路概况

西宝高速公路东起西安后围寨（桩号：K1064+896；坐标：34°18′N，108°50′E），沿渭河北岸、陇海铁路线南侧布设，西至宝鸡市陈仓区斗中路（桩号：K1218+374；坐标：34°22′N，107°12′E），全长 153.48 km。西宝高速公路是陕西省"2367"高速公路网的重要一段，也是国家高速公路"7918"网主干线连云港—霍尔果斯高速公路的重要组成部分。西宝高速公路路基宽 24.5 m，路面宽 21.0 m，全线沥青混合料铺筑，设计行车速度 120 km/h，双向四车道。全线共有跨越沣河、渭河、漆水河、千河等河流的大、中以上桥梁 41 座，其中特大桥 1077.32 m/1 座，如表 2.1 所示。

表 2.1 西宝高速公路概况

管理所	三桥				杨凌				宝鸡			
控制点	三桥	咸阳	咸阳西	兴平	武功	杨凌	绛帐	常兴	眉县	蔡家坡	虢镇	宝鸡
站点桩号/K	1064+894	1074+594	1080+686	1094+280	1121+699	1133+529	1146+609	1157+124	1168+849	1178+704	1200+559	1218+374
区间里程/km	9.698	6.092	13.594	27.419	11.830	13.080	10.515	11.725	9.855	21.855	17.815	
路基宽度/m	24.5											
路面 宽度/m	21.0											
路面 类型	沥青混合料											
桥梁 数量/座	26	19	38	92	32	42	35	27	25	37	67	
桥梁 总长/m	507.29	1317.13	848.71	1129.09	745.24	503.50	446.44	405.00	392.99	656.48	1077.32	
桥梁 特大桥	大、中以上桥梁41座,其中特大桥(1077.32 m)1座											
通道	通道396座											
涵洞	涵洞550道											
行车限制 限高/m	4(集装箱车4.2)											
行车限制 限长/m	18.00											
行车限制 限宽/m	2.50											
行车限制 特殊车	特殊车辆超限认定标准参见陕交函〔2009〕609号文件											

(2)西宝高速公路沿线区域地形地貌条件

西宝高速公路地处关中平原,南依秦岭,北靠黄土台塬。南部秦岭分水岭高程多在2000 m以上,北部黄土台塬和渭河Ⅲ级、Ⅳ级阶地地势宽阔平坦。区内地貌单元根据形态特征和成因,可划分为关中平原外围的中低山、低山丘陵、关中平原内的黄土台塬和河流地貌等四类。

(3)西宝高速公路沿线区域气象条件

西宝高速公路沿线区域地处暖温带半湿润季风气候区,冷暖干湿四季分明。区内多年平均气温12.9℃,极端最高气温41.6℃(1973年8月3日),极端最低气温-13.9℃(1977年1月30日)。多年平均降水量707.1 mm,最大年降水量1072.2 mm(1943年),最小年降水量378.3 mm(1995年),5—10月降水量超过年降水量的80%,多年平均降水量超过100 mm的月份为7月、8月、9月,如1981年8月8日至9月13日,西安市区连续降水35天,降水总量达556.7 mm,为年均降水量的

第2章 西宝高速公路地震活动性评价

79%。除7—9月三个月外，部分年份的4—6月和10月的降水量也曾超越过100 mm，如1956年6月，宝鸡市的降水量达到356.7 mm。多年平均湿度54%~80%，初夏少雨期最低，初秋多雨期最高。

2.2 研究区域地震地质评价

地震是一种地质现象，地震的发生是大地构造运动的结果，一个地区的地震活动频度和强度与当地的地震地质条件，如新构造运动、活断层分布等因素密切相关。要了解西宝高速公路沿线区域潜在地震危险程度，必须从研究区域地震构造特征和活断层的分布与活动程度入手。

2.2.1 研究区域大地构造概况

在漫长的地质历史发展中，研究区域经历了多期构造活动，形成了具有不同时代特征的基底岩性与盖层结构，也形成了现今的地貌特征。研究区域地跨华北、秦岭、扬子3个一级构造单元，主要涉及渭河断陷盆地、鄂尔多斯断块和秦岭断块山地等次级构造单元。

(1) 渭河断陷盆地

渭河断陷盆地是夹峙于鄂尔多斯断块与秦岭断块之间的新生代断陷盆地，西起宝鸡，东至运城、灵宝一带，包括西安坳陷、固市坳陷、运城盆地和灵宝盆地等，东部最宽处达80 km，盆地两侧均为高角度断层所围限，盆地内沉积了巨厚的新生界地层，整体呈东西向展布。渭河断陷盆地是在中生代末期至今，在近东西向隆起的基础上，由喜马拉雅运动和大华北NE向挤压作用以及一系列向中央梯状迭落的活动断块控制而成的。

渭河断陷盆地南北两侧均受正断层或正倾滑断层控制，内部结构复杂，断裂十分发育，这些断裂的活动控制并切割了盆地的新生代沉积和河流阶地，形成盆地内断凸、断凹相间的格局。盆地内有较厚的第四纪沉积，但内部各部分的沉降速度和凹陷深度是不同的，固市凹陷第四纪沉积厚度达1295 m之巨。强烈的垂直差异运动使断陷盆地边缘和断凸与断凹交界处发生多次地震，其中1556年华县大地震正是发生在断陷差异运动的最大部位，所以渭河断陷盆地是华北地震区的强震活动构造带。

(2) 鄂尔多斯断块

鄂尔多斯断块是华北断块西部边缘的一个次级断块，周边分布着一系列新生代断陷盆地（北缘为河套盆地，西缘为银川盆地，南缘为渭河盆地）。从鄂尔多斯断块沉积来看,除边缘部分外,地层几乎没有褶皱,也没有火成岩侵入。

在中生代时期,鄂尔多斯是一个大型内陆坳陷盆地,沉积了从中三迭至早白垩纪的巨厚沉积层,厚度达2500 m。此后该地区即整体隆升,至新生代转变为黄土高原,区内结晶基底埋深约3.5~4.5 km,地壳厚度为43~45 km,新生代沉积厚度约百余米,河流自西北向南东流,显示了河谷深切的典型地貌。北东向的靖边—榆林—府谷基底断裂为该断块的主要控震断裂。研究区域涉及鄂尔多斯断块南侧一隅,新生代以来掀斜缓慢上升,内部新构造差异运动较弱,断裂构造规模较小,活动性不强。

(3)秦岭断块山地

秦岭为东西向弧形山脉,是我国南、北方的天然分界线,为长江水系和黄河水系的分水岭。山间地壳厚达45~47 km,一般南坡缓、北坡陡。秦岭断块山地是在加里东、海西—印支褶皱基础上,经历了燕山期和喜马拉雅期构造活动影响的褶断带,大致为东西或北西西—南东东向,山地内褶皱和断裂发育。秦岭断块山地以略阳—勉县—洋县大断裂和月河断裂为界与杨子地块的大巴山过渡带相接,新生代以来显示为强烈上升区。区内发育有三级第三纪夷平面,以西安—石泉一线为界,东侧低于西侧数百米,区内有蓝桥—古城断裂、商州—丹凤—商南断裂、山阳断裂。新生断块掀斜活动明显,且控制旁侧形成的小型新生盆地,有零星中小地震分布,略阳—勉县—洋县大断裂、阳平关—勉县断裂及月河断裂分别控制着汉中盆地和安康盆地,并控制着陕南全部中强地震的发生。

2.2.2 研究区域活断层分布

地震往往发生在新构造运动强烈的地区,而活断层则严格控制着地震带内的地震分布。研究区域共有秦岭北麓断裂、华山山前断裂、宝鸡—咸阳—渭南断裂、口镇—关山断裂、骊山北麓断裂、渭河盆地北缘断裂、陇县—宝鸡断裂、党木—双泉断裂、临潼—长安断裂、蓝桥—古城断裂、商州—丹凤—商南断裂、石泉—安康断裂和阳平关—勉县—洋县断裂等较大规模活断层13条,主要集中于渭河断陷盆地内,而且活断层分布的规模、密度与地震的分布是相对应的,如表2.2所示。

表2.2 研究区域活断层分布

序号	断裂名称	总体走向	规模、产状和性质
1	秦岭北麓断裂	北西西—东西向	长约250 km,断层面向北倾,倾角约60°~80°。始新世至今,垂直差异运动的幅度达万余米,形成南北地貌的分界线

第2章 西宝高速公路地震活动性评价

续表

序号	断裂名称	总体走向	规模、产状和性质
2	华山山前断裂	北西向	局部呈折线状,长约130 km,倾角60°～80°,或从山路通过,或在山外被第四系覆盖,三角面及陡崖非常醒目
3	宝鸡—咸阳—渭南断裂	东西向	长约450 km,为隐伏于第四纪地层之下的大断裂,与秦岭北麓断裂近于平行,对渭河盆地的形成、发展具有控制作用
4	口镇—关山断裂	东西向	西自永寿甘井起,向东延伸,长约210 km,倾向南,倾角55°～70°,以北为黄土塬,以南为河流冲积平原,两者以陡坎接触
5	骊山北麓断裂	北西西—北东向	全长40 km,倾角60°,属正断层。断裂中段以南为骊山低山区,以北为始皇陵全新世冲积平原,组成渭河断陷盆地内典型的梯状地形
6	渭河盆地北缘断裂	东西向	渭河新生代断陷盆地北界断裂,在韩城境内有断层露头,其余地段被第四系覆盖,曾发生多次地震,如1959年韩城5.4级地震
7	陇县—宝鸡断裂	南东向	也称陇西系构造,主要包括桃园—龟川寺断层、固关—八渡—宝鸡断层、金陵河断层和陇县—岐山—马召断裂,该断裂带发生过多次中强地震
8	党木—双泉断裂	北东向	为断面南倾的正断层,倾角为65°～80°,断距达800～1000 m,总长约120 km,中新统沉积在断层两侧厚度相差700～800 m
9	临潼—长安断裂	北东向	长约60 km,错断第四系5～500 m,错断第三系约1000 m,即由地表向下断距逐渐增大,此断裂在第四纪以来是活动的
10	蓝桥—古城断裂	东西向	长约400 km,断面多倾向北,倾角50°～80°,断层破碎带、糜棱岩带宽达20～50 m,存在明显的分段性活动特征,各段具有不同的运动特征
11	商州—丹凤—商南断裂	北西—南东向	长约270 km,由一系列平行断层组成,控制了商州、丹凤盆地,切割了第三系地层,沿断裂带两侧有新生界构造变动
12	石泉—安康断裂	北西—南东向	呈弧形展布,控制了月河水系发育及安康、汉阴盆地的新生代沉积,沿断裂带历史及现今曾发生多次地震,表明该断裂是活动的
13	阳平关—勉县—洋县断裂	北西向	沿断裂带有两级第三纪夷平面,南侧相对北侧下降了600～700 m,断裂在勉县一带切割了早、中更新统地层,勉县—洋县段控制了汉中第四系沉积

2.2.3 研究区域地震地质综合评价

根据对研究区域的大地构造概况、新构造轮廓和特征以及活断层分布的研究，可知研究区域的地震地质条件表现为以下基本特征：

1) 渭河断陷盆地对地震的发生起控制作用，即几乎所有中强地震和大地震都发生在渭河断陷盆地内部，地震活动由盆地中央向边缘山区逐渐减弱。

2) 新生代持续深凹陷纵向翘起的边缘和断块尖角交汇部位往往控制中强地震的发生，西安坳陷东北角翘起端与临潼、代王断块尖角交汇部位形成的中强地震区为关中地区中强地震活动频率最高的地区。

3) 中强地震活动与断裂的关系表明，最易发震的部位是断裂带的两端、多组不同方向活断层的交叉部位和活动断裂带弧形转折的突出部位。

综上所述，研究区域地震活动主要受第四纪活动断裂控制，渭河断陷盆地是大地震发生的主要温床；渭河断陷盆地内近东西向大型活动断裂与北东向活动断裂的交汇部位是现今应力场中容易发生强震的地段。

2.3 研究区域地震活动性评价

2.3.1 研究区域历史地震概况

由于文化、地域等方面的原因，研究区域不同地区的历史地震记载情况差异较大，其中，关中地区历史文化发达，地震记录相对丰富，史料保存相对完整。对于整个研究区域而言，由于各种地方志书的兴起，公元1000年以来的7.0级以上地震不会漏记，公元1500年以来的6.0级以上地震不会漏记，公元1900年以来的5.0级以上地震不会漏记，1970年以来区域地震台网可以全面记录2.5级以上地震。

通过大量的资料收集和整理，查清了公元1000年以来研究区域的历史地震发生概况，其中1970年以前的地震主要根据各种历史地震目录得到，最小震级为4.75级，采用的地震目录包括：①《1900—1980年$M \geqslant 4.7$地震的均一震级目录》（谢毓寿等编，地震出版社，1989年）；②《陕西及邻近地区地震目录》（陕西省地震局编，2008年）；③《中国近代地震目录》（国家地震局震害防御司编，中国科技出版社，1998年）；④《中国地震目录》（国家地震局分析预报中心编，2008年）。

其中，1900—1970年的地震以《陕西及邻近地区地震目录》为准，1900年以

第 2 章 西宝高速公路地震活动性评价

前的地震以其他地震目录为准,1970年以来的地震通过地震台网的实测数据分析得到。

(1) 1970年以前的地震

公元1000—1970年,研究区域共发生 $M \geq 4.75$ 级地震42次,其中,4.75~4.9级地震13次,5.0~5.9级地震22次,6.0~6.9级地震3次,7.0~7.9级地震3次,8.0级以上地震1次,如表2.3所示。

表2.3 公元1000—1970年研究区域地震目录（$M \geq 4.75$）

序号	发震时间	参考震中	震级
1	1014年	34.5°N,107.8°E	4.75
2	1038年11月2日	35.2°N,107.3°E	7.5
3	1072年11月3日	34.5°N,109.8°E	5.5
4	1161—1189年	34.2°N,108.2°E	5
5	1307年	34.5°N,107.8°E	4.75
6	1485年1月26日	34.8°N,110.3°E	5.5
7	1487年8月10日	34.4°N,109.2°E	6.25
8	1501年1月19日	34.8°N,110.1°E	7
9	1502年10月15日	34.4°N,107.6°E	4.75
10	1506年3月17日	35.3°N,110.1°E	5.5
11	1555年11月	34.7°N,107.8°E	4.75
12	1556年1月28日	34.5°N,109.7°E	8
13	1558年11月21日	34.5°N,109.7°E	5.5
14	1568年1月	34.2°N,109.3°E	5
15	1568年4月1日	34.4°N,109.2°E	5.75
16	1568年4月12日	33.1°N,107.0°E	5
17	1568年4月13日	33.1°N,107.0°E	5
18	1568年5月15日	34.5°N,109.0°E	6.75
19	1569年5月	34.6°N,110.3°E	5

续表

序号	发震时间	参考震中	震级
20	1599 年 8 月	34.2°N，109.3°E	4.75
21	1599 年	35.5°N，109.2°E	5
22	1606 年 7 月 23 日	35.3°N，108.9°E	4.75
23	1607 年 10 月 2 日	34.3°N，108.9°E	5
24	1624 年 10 月	33.2°N，107.5°E	5.5
25	1631 年	33.3°N，106.2°E	4.75
26	1635 年 10 月 26 日	33.2°N，107.5°E	5.5
27	1636 年	33.1°N，107.0°E	5.5
28	1653 年夏	33.3°N，106.2°E	5
29	1655 年 8 月 18 日	34.7°N，109.1°E	4.75
30	1679 年 12 月 11 日	33.3°N，109.0°E	5.5
31	1704 年 8 月 13 日	34.6°N，108.8°E	4.75
32	1704 年 9 月 28 日	34.9°N，106.9°E	6
33	1740 年	34.4°N，108.8°E	4.75
34	1789 年 11 月 7 日	34.6°N，110.3°E	5
35	1822 年 4 月 24 日	33.2°N，106.6°E	5
36	1850 年 10 月 11 日	34.6°N，108.2°E	4.75
37	1880 年 7 月 17 日	34.8°N，108.1°E	5
38	1908 年	33.3°N，106.1°E	5.5
39	1920 年 8 月	34.6°N，107.1°E	4.75
40	1923 年	33.3°N，106.2°E	4.75
41	1927 年	33.3°N，106.1°E	4.75
42	1958 年 9 月 28 日	33.0°N，109.3°E	5

公元 1000—1970 年研究区域历史地震震级分布（$M \geqslant 4.75$）如图 2.1 所示。

第2章　西宝高速公路地震活动性评价

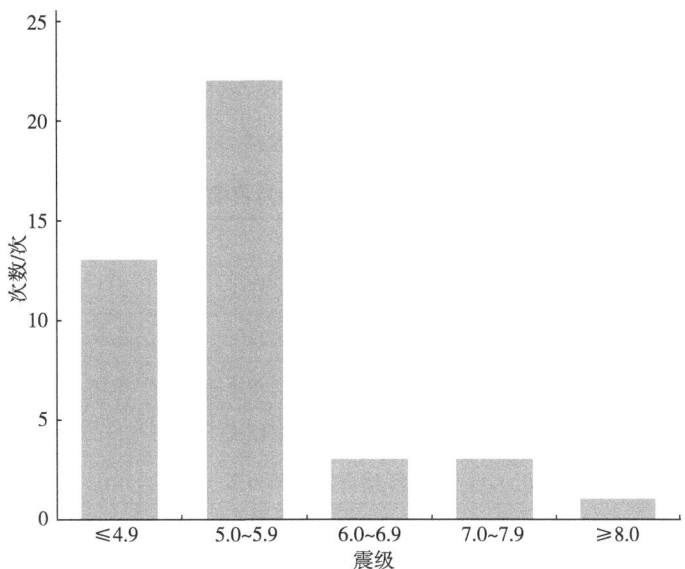

图 2.1　公元 1000—1970 年研究区域历史地震震级分布（$M \geqslant 4.75$）

1556 年 1 月 28 日的陕西华县 8.0 级地震是研究区域发生的震级最高、危害最大的地震。公元 1000—1970 年研究区域历史地震震中分布（$M \geqslant 4.75$）如图 2.2 所示。

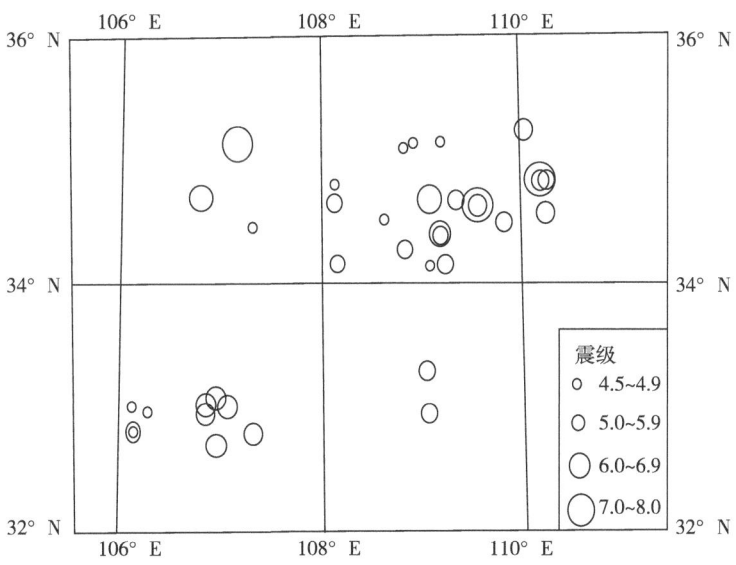

图 2.2　公元 1000—1970 年研究区域历史地震震中分布（$M \geqslant 4.75$）

（2）1970 年以来的地震

1970 年研究区域建立了完善的地震台网，因此，1970 年以来发生的 2.5 级以上地震不会漏记,通过对仪器记录数据的整理,发现1970年以来研究区域共发生$M \geq$ 2.5地震52次,其中,2.5~2.9级地震21次,3.0~3.9级地震24次,$\geq$4.0级地震7次,如表2.4所示。

表2.4 1970年至今研究区域地震目录($M \geq 2.5$)

序号	发震时间	参考震中	震级	震源深度/km
1	1972年2月1日	34°44′N,106°57′E	2.5	21
2	1972年10月14日	34°30′N,107°27′E	2.5	11
3	1973年2月14日	34°39′N,106°59′E	3.0	12
4	1973年8月10日	35°24′N,110°17′E	2.7	32
5	1974年5月31日	35°38′N,110°26′E	3.7	33
6	1976年1月17日	34°28′N,107°14′E	3.4	29
7	1976年1月22日	34°44′N,108°43′E	2.5	8
8	1976年2月3日	34°39′N,108°42′E	3.1	5
9	1976年7月18日	33°31′N,106°05′E	3.0	10
10	1976年10月13日	33°04′N,108°09′E	2.6	11
11	1980年6月24日	34°58′N,106°57′E	4.3	5
12	1980年6月24日	35°02′N,107°08′E	3.8	10
13	1980年8月2日	34°57′N,106°43′E	2.5	23
14	1982年3月11日	33°15′N,110°21′E	4.5	13
15	1985年9月14日	33°04′N,109°46′E	2.9	10
16	1986年5月15日	36°15′N,110°22′E	2.6	29
17	1986年6月9日	35°10′N,106°40′E	2.5	6
18	1988年1月6日	34°07′N,107°14′E	3.0	9
19	1989年12月22日	34°10′N,108°13′E	4.1	9
20	1993年4月21日	34°12′N,108°12′E	4.0	10
21	1993年5月9日	34°13′N,107°46′E	3.7	15
22	1994年9月20日	34°30′N,107°43′E	3.2	10
23	1995年4月17日	34°26′N,107°47′E	3.6	11
24	1995年5月23日	34°30′N,107°36′E	3.1	9
25	1995年10月26日	34°29′N,107°52′E	3.7	11
26	1998年1月5日	34°28′N,109°04′E	4.7	22
27	2002年2月4日	34°12′N,107°20′E	4.1	16

第 2 章　西宝高速公路地震活动性评价

续表

序号	发震时间	参考震中	震级	震源深度/km
28	2007 年 2 月 23 日	34°16′N，108°58′E	3.4	18
29	2008 年 7 月 4 日	34°23′N，107°34′E	3.1	11
30	2009 年 6 月 17 日	33°46′N，105°57′E	2.8	6
31	2009 年 7 月 8 日	35°25′N，106°46′E	2.9	11
32	2009 年 9 月 16 日	33°51′N，106°19′E	2.9	16
33	2009 年 9 月 24 日	33°49′N，107°04′E	3.5	7
34	2009 年 10 月 31 日	33°32′N，105°37′E	3.1	4
35	2009 年 11 月 5 日	34°48′N，109°14′E	4.2	5
36	2009 年 11 月 13 日	35°45′N，106°54′E	2.8	7
37	2010 年 3 月 25 日	34°40′N，109°19′E	2.8	24
38	2010 年 6 月 24 日	34°43′N，108°29′E	3.8	5
39	2010 年 8 月 10 日	34°10′N，108°14′E	3.5	9
40	2010 年 10 月 14 日	32°57′N，106°18′E	2.8	17
41	2010 年 11 月 12 日	33°41′N，108°05′E	3.4	9
42	2011 年 2 月 11 日	33°23′N，108°11′E	3.3	13
43	2011 年 4 月 14 日	34°05′N，107°01′E	2.8	10
44	2011 年 7 月 26 日	34°52′N，105°09′E	2.8	5
45	2012 年 6 月 16 日	35°11′N，108°19′E	3.0	12
46	2012 年 8 月 17 日	33°14′N，106°28′E	3.5	10
47	2012 年 11 月 14 日	34°29′N，105°55′E	2.7	16
48	2013 年 2 月 25 日	34°16′N，108°52′E	3.0	11
49	2013 年 3 月 16 日	34°11′N，108°51′E	3.0	7
50	2014 年 5 月 5 日	34°34′N，105°43′E	2.8	11
51	2014 年 6 月 8 日	34°45′N，110°41′E	2.7	8
52	2014 年 7 月 16 日	35°03′N，110°21′E	2.8	10

1970 年至今研究区域历史地震震级分布（$M \geqslant 2.5$）如图 2.3 所示。

1998 年 1 月 5 日发生的陕西泾阳 4.7 级地震是 1970 年有仪器记录以来研究区域发生的最大震级地震。1970 年至今研究区域历史地震震中分布（$M \geqslant 2.5$）如图 2.4 所示。

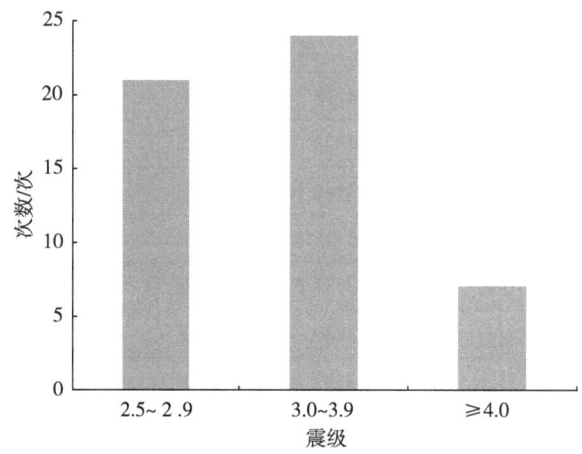

图 2.3 1970 年至今研究区域历史地震震级分布（$M \geq 2.5$）

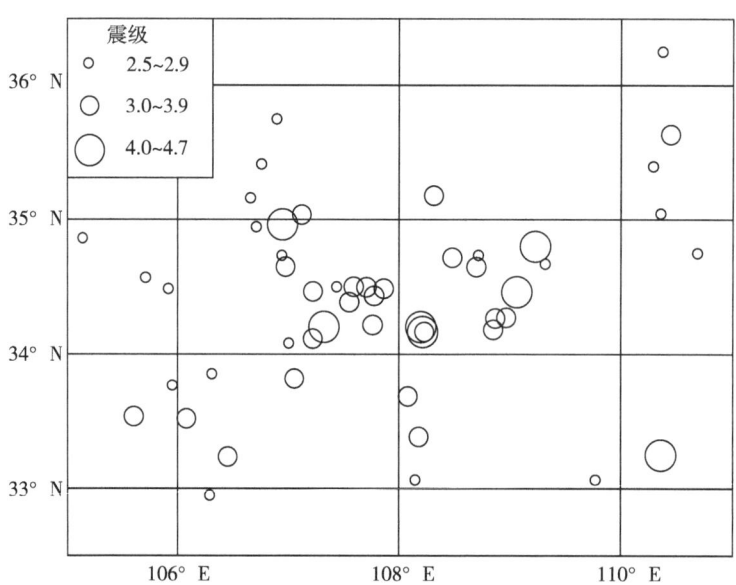

图 2.4 1970 年至今研究区域历史地震震中分布（$M \geq 2.5$）

2.3.2 研究区域地震活动特征

(1) 地震活动的空间分布特征

由图 2.2 可知，研究区域的地震活动在空间分布上具有明显的相对稳定性特点。公元 1000—1970 年，研究区域共发生 4.5 级以上地震 42 次，其中 30 次位于渭河断陷盆地，28 次 5.0 级以上地震有 19 次发生在渭河断陷盆地，6 次 6.0 级以上地震全

第2章 西宝高速公路地震活动性评价

部发生在渭河断陷盆地，而鄂尔多斯断块与秦岭断块山地的地震活动性较低。

由图2.4可知，研究区域1970年以来的地震空间分布与1970年以前地震的空间分布相同，其中，7次4.0级以上地震有6次发生在渭河断陷盆地。事实上，研究区域中强地震绝非随意分布，主要发生在断陷盆地内的次级断凸或横向隆起与断凹的交接地段，而断凸与断凹则受不同方向活断层的控制。

（2）地震活动的时间分布特征

通过对历史地震记录的分析可以发现，地震的发生具有"周期性"特征，即存在"平静期"和"活跃期"交替出现的状态。图2.5为1970年至今研究区域历史地震（$M \geq 2.5$）震级—时间序列（$M\text{-}T$）。由图可见，1970年至今该区域经历了3次地震活跃期，2008年以后地震发生数量明显增多，说明该区域进入了一个新的地震活跃期，且该活跃期一直持续至今，因此，研究区域目前的地震活动程度较高。

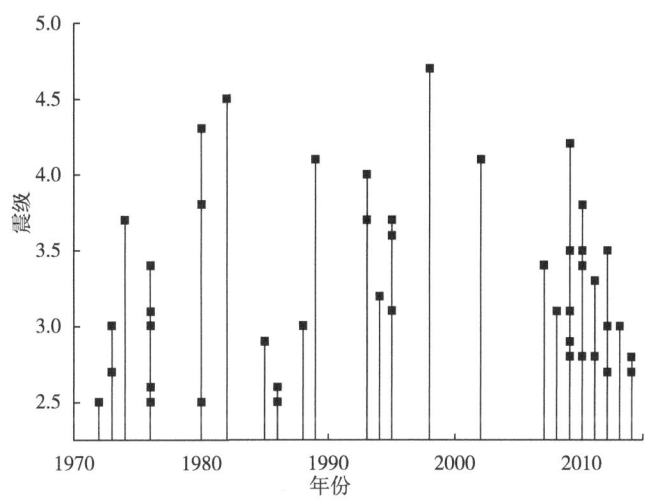

图 2.5 1970年至今研究区域历史地震（$M \geq 2.5$）震级—时间序列（$M\text{-}T$）

（3）震源深度分布特征

震源深度是从震源到微观震中的垂直距离。根据震源深度可以把地震分为浅源地震、中源地震和深源地震，其中，0~60 km为浅源地震，60~300 km为中源地震，大于300 km为深源地震。

研究区域1970年以前地震的震源深度资料较少，1970年以来地震的最小震源深度为4 km，最大为33 km，均为浅源地震，主要是地壳内浅层构造活动的结果，这与第五代地震动参数区划图和前人研究结果揭示的研究区域地震震源深度平均为15~17 km的结果一致。1970年至今研究区域不同震源深度地震频次统计如表2.5所示。

表2.5 1970年至今研究区域不同震源深度地震频次统计

震源深度/km	地震频次/次	占比/%
≤5	6	11.54
[6, 10]	20	38.46
[11, 15]	13	25.00
[16, 20]	5	9.62
[21, 25]	4	7.69
≥26	4	7.69

图2.6为1970年以来研究区域三维地震分布，图2.7为1970年以来研究区域地震震级与震源深度关系。由图可见，地震震级与震源深度的关系并不显著。

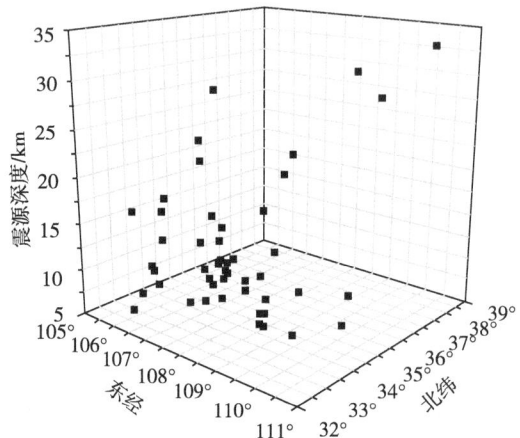

图2.6 1970年以来研究区域三维地震分布

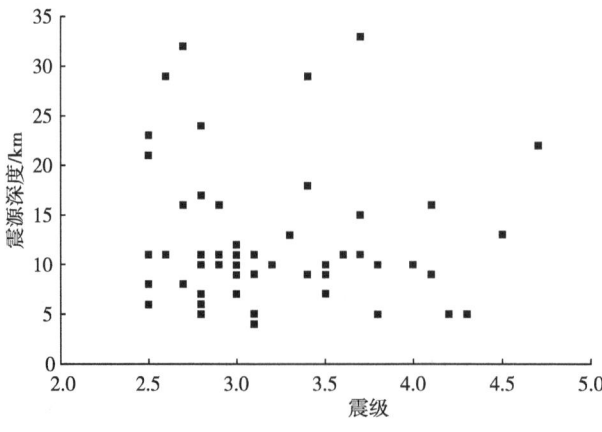

图2.7 1970年以来研究区域地震震级与震源深度关系

第 2 章　西宝高速公路地震活动性评价

2.4　近场区地震地质与地震活动性分析

2.4.1　近场区活断层分布

根据对地质勘查资料的整理分析，近场区共有大小活断层 13 条，除 2.2 节中述及的宝鸡—咸阳—渭南断裂、口镇—关山断裂、骊山北麓断裂、渭河盆地北缘断裂、临潼—长安断裂和陇县—宝鸡断裂等深大断裂以外，还有渭河北岸断裂、渭河南岸断裂、浐河断裂、灞河断裂、泾河断裂、皂河断裂和渭南—泾阳断裂等 7 条小型断裂，如表 2.6 所示。

表 2.6　近场区小型活断层特征

序号	断裂名称	总体走向	规模、产状和性质
1	渭河北岸断裂	东西向	倾向南，倾角约 65°，属张扭性正断层。断层错断了基底和新老第三系，但看不出第四系有新活动的迹象
2	渭河南岸断裂	东西向	倾向北，倾角约 70°，属张扭性正断层。在第三纪时期，该断裂的东段是渭河断陷的边界，下第三系在其上盘堆积较厚，下盘则缺失下第三纪地层；晚第三系虽在下盘亦有堆积，但其堆积厚度较上盘为薄
3	浐河断裂	北西向	位于西安市东侧，沿浐河河谷延伸，长约 56 km，倾向南西，倾角 65°~75°，活动性较弱
4	灞河断裂	北西向	沿灞河河谷延伸，长约 44 km，倾向南西，断裂两侧河流阶地不对称
5	泾河断裂	北西向	沿泾河河谷延伸，倾向北东，长约 83 km，西南侧为咸阳黄土塬，东北侧为固市凹陷，活动性较弱
6	皂河断裂	北西向	沿皂河河谷延伸，长约 43 km。断裂两侧基底倾向有明显差异，西部地层明显向西南倾，沉积厚度大，东部地层较平缓而微向北倾
7	渭南—泾阳断裂	西段北西向、东段东西向	西起泾阳北，经高陵南、零口、渭南延至华县附近，为三原、大荔低重力区和南侧高重力区之分界。断层面北倾，倾角 68°，断距向下变大，西侧为厚砂层偶夹黏土层，东侧为砂层和粉质黏土互层。该断层自晚更新世以来有活动

根据近场区地震构造评价结果和历史地震复发周期的基本理论,结合断裂交汇地带易发生地震的一般规律,可认为近场区东北侧的临潼—长安断裂与渭河断裂的交汇地段存在发生 5~6 级地震的可能。

2.4.2　近场区历史地震概况

公元 1000—1970 年,近场区共发生 $M \geq 4.75$ 级地震 10 次,其中 4.75~4.9 级地震 7 次,5.0~5.9 级地震 2 次,1568 年 5 月 15 日的西安北 6.75 级地震是近场区发生的唯一 6.0 级以上地震,如表 2.7 所示。

表 2.7　公元 1000—1970 年近场区地震目录

序号	发震时间	参考震中	震级
1	1014 年	34.5°N,107.8°E	4.75
2	1161—1189 年	34.2°N,108.2°E	5
3	1307 年	34.5°N,107.8°E	4.75
4	1502 年 10 月 15 日	34.4°N,107.6°E	4.75
5	1568 年 5 月 15 日	34.5°N,109.0°E	6.75
6	1607 年 10 月 2 日	34.3°N,108.9°E	5
7	1704 年 8 月 13 日	34.6°N,108.8°E	4.75
8	1740 年	34.4°N,108.8°E	4.75
9	1850 年 10 月 11 日	34.6°N,108.2°E	4.75
10	1920 年 8 月	34.6°N,107.1°E	4.75

1970 年以来,近场区共发生 $M \geq 2.5$ 级地震 17 次,其中 2.5~3.4 级地震 9 次,3.5~4.4 级地震 7 次,4.5 级以上地震 1 次,如表 2.8 所示。

表 2.8　1970 年以来近场区地震目录

序号	发震时间	参考震中	震级	震源深度/km
1	1972 年 10 月 14 日	34°30′N,107°27′E	2.5	11
2	1976 年 1 月 17 日	34°28′N,107°14′E	3.4	29
3	1988 年 1 月 6 日	34°07′N,107°14′E	3.0	9

第2章 西宝高速公路地震活动性评价

续表

序号	发震时间	参考震中	震级	震源深度/km
4	1989年12月22日	34°10′N，108°13′E	4.1	9
5	1993年4月21日	34°12′N，108°12′E	4.0	10
6	1993年5月9日	34°13′N，107°46′E	3.7	15
7	1994年9月20日	34°30′N，107°43′E	3.2	10
8	1995年4月17日	34°26′N，107°47′E	3.6	11
9	1995年5月23日	34°30′N，107°36′E	3.1	9
10	1995年10月26日	34°29′N，107°52′E	3.7	11
11	1998年1月5日	34°28′N，109°04′E	4.7	22
12	2002年2月4日	34°12′N，107°20′E	4.1	16
13	2007年2月23日	34°16′N，108°58′E	3.4	18
14	2008年7月4日	34°23′N，107°34′E	3.1	11
15	2010年8月10日	34°10′N，108°14′E	3.5	9
16	2013年2月25日	34°16′N，108°52′E	3.0	11
17	2013年3月16日	34°11′N，108°51′E	3.0	7

1970年以来近场区三维地震分布如图2.8所示。

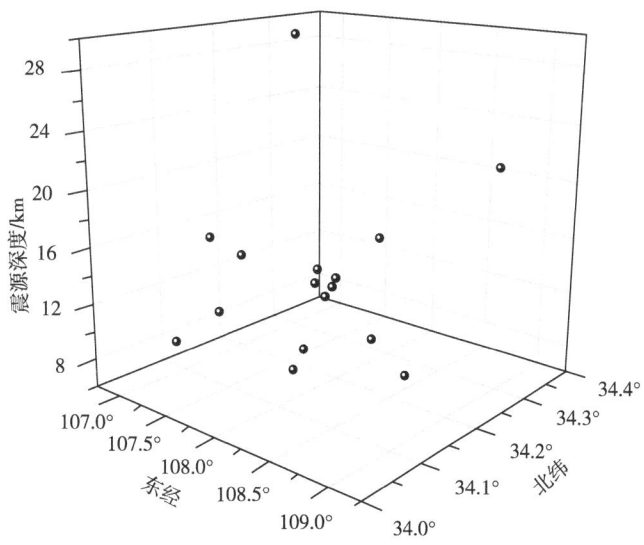

图2.8 1970年以来近场区三维地震分布

2.4.3 历史地震对近场区的影响

对近场区产生一定影响的历史地震有多次,其中影响最大的是1556年1月28日华县8.0级地震,次之是1568年5月15日西安北6.75级地震和1487年8月10日临潼、咸阳间6.25级地震,如表2.9所示。

表2.9 近场区破坏性地震概况

序号	发震地点	发震时间	震中烈度	对西安市区烈度	对宝鸡市区烈度
1	陕西华县	1556年1月28日	XI	IX	VII
2	西安北	1568年5月15日	IX	VIII	VI
3	临潼、咸阳间	1487年8月10日	VIII	VIII	—

以上3次历史地震的影响状况如下:

(1) 1556年1月28日华县8.0级地震

据明《嘉靖实录》记载"川塬坼裂,郊墟迁移,道路改观,树木倒置,阡陌更反,屋舍倾颓摧圮,一望丘墟,人烟几绝千里","山移河徙四五里,渭河涨壅数日",西安"文庙、府学、孔庙等处之石碑多倒毁中断。地裂横竖如画。人民死者十之三"。

此次地震堪称史载中震害最重者:震中烈度XI度,波及11个省约130多个县,地面破坏延及千里,总受灾面积28万km^2,死亡83万多人。极震区呈新月形展布,包括华县、渭南、华阴等地,长达110 km,西安市区位于地震烈度IX度区范围内,宝鸡市区位于地震烈度VII度区范围内。

前人对华县大地震复发间隔的研究结果较为一致:在渭河断陷盆地中,8级地震的复发间隔约在2500年左右,1556年距今450余年,故今后百年内发生类似震级大地震的可能性极小。

(2) 1568年5月15日西安北6.75级地震

据明《续文献通考》记载"近省死伤几千人",咸阳、泾阳、高陵"举城无完室,人畜压伤甚多"。此次地震震中烈度达IX度,西安市区位于地震烈度VIII度区范围内,宝鸡市区位于地震烈度VI度区范围内。

(3) 1487年8月10日临潼、咸阳间6.25级地震

据清贾汉复《陕西通志(康熙6年刊本)》记载,"关中地震,声如雷,山多崩圮,屋舍坏,男女死者1900多人"。此次地震震中烈度VIII度,西安市区位于地震烈

度Ⅷ度区范围内。

综上所述，近场区曾遭受多次中、强地震的影响，但近期近场区范围遭受 8 级以上地震的可能性较小。

2.5 本章小结

1）西宝高速公路沿线区域位于三面环山向东敞开的渭河断陷盆地，渭河自西向东流经路线南侧，南依秦岭，北靠黄土台塬。研究区域地跨华北、秦岭、扬子 3 个一级构造单元，主要涉及渭河断陷盆地、鄂尔多斯断块和秦岭断块山地等次级构造单元。研究区域地震活动主要受第四纪活动断裂控制，渭河断陷盆地是大震发生的主要温床。

2）研究区域的 6 次 6.0 级以上地震全部发生在渭河断陷盆地，而鄂尔多斯断块与秦岭断块山地的地震活动性较低。2008 年以来，研究区域进入了一个新的地震活跃期，近场区东北侧的临潼—长安断裂与渭河断裂的交汇地带存在发生 5~6 级地震的可能。

3）对近场区产生破坏性影响的地震有 1556 年 1 月 28 日华县 8.0 级地震、1568 年 5 月 15 日西安北 6.75 级地震和 1487 年 8 月 10 日临潼、咸阳间 6.25 级地震，3 次地震的最大震中烈度为Ⅺ度，对西安市区最大烈度为Ⅸ度，对宝鸡市区最大烈度为Ⅶ度。

第3章 西宝高速公路地震危险性评价

1900年以来，中国共发生6.0级以上地震800多次，遍布除贵州、浙江和香港以外的所有省级行政区，造成了巨大的经济损失和人员伤亡。2008年汶川地震以来，中国大部分地区进入了一个新的地震活跃期，在可以预见的未来，中国的地震形势将十分严峻。作为一种线状构筑物，公路极易受到地震灾害的威胁，公路震害不但会对公路基础设施带来损害，还将严重迟滞抗震救灾和灾后重建工作的开展，因此对公路所在区域的地震危险性进行评价具有重要意义。鉴于此，本章以CPSHA方法为基础，以西宝高速公路为例，探讨平原区公路地震灾害危险性评价方法。

3.1 概述

地震危险性评价是评定某一特定的工程场地，在一定时间内遭受一定地震动强度的可能性，其实质是地震中长期预报向工程抗震设防的发展。

（1）地震灾害的影响因素

地震灾害的影响因素包括震源特性、传播介质和场地条件三方面，换句话说，要确定地震危险性，需要进行三方面的工作：首先，确定未来一定时间内可能发生地震的地点、震级和震源深度；其次，通过强震观测记录和现场详细调研，了解地震波传播的介质条件，包括传播路径和震中距等；最后，综合考虑土层厚度、软弱夹层等场地条件对地震动的放大作用，得到具体场地的地震危险性评价结果，如图3.1所示。

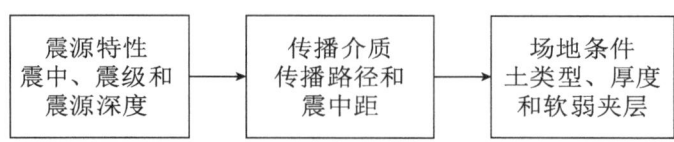

图3.1 地震灾害的影响因素

第3章 西宝高速公路地震危险性评价

1）震源特性，包括震中、震级和震源深度。震中包括宏观震中和微观震中。宏观震中为地震断层渗透到地面的区域，一般通过震后调查得到，在外部形态上表现为一次地震中破坏最严重的区域；微观震中为首先在断层上发生断裂的点源在地面上的投影。一般而言，宏观震中的长度越长、范围越大，则地震的危险性越大。

震级是描述地震能量大小的参数，一次地震只有一个震级，地震释放能量越多，震级越高，地震危险性越大。目前使用最广泛的震级测度方法是由美国加州理工大学的地震学家 Richte 和 Gutenberg 于 1935 年提出的里氏震级，其精确定义是地震波最大振幅以 10 为底的对数，由于地震波振幅随传播距离的增大而减小，为避免确定里氏震级时的不确定性，选择距震中 100 km 的地震波作为测度里氏震级的标准。除里氏震级外，其他的震级测度方式还有矩震级和体波震级等，如汶川地震的里氏震级为 8.0 级，矩震级为 8.3 级。除特殊说明外，本章所指的震级均是里氏震级。

破坏性地震都是浅源地震，如 1975 年辽宁海城地震的震源深度为 16~21 km，唐山地震的震源深度为 8 km，汶川地震的震源深度为 14 km，东日本大地震的震源深度为海下 10 km，2015 年尼泊尔地震的震源深度为 20 km，深源地震一般不会造成破坏。统计结果表明：中国大陆地震大部分为浅源地震，深源地震仅占地震总次数的 4%。一般情况下，对于同级地震，震源深度越小，破坏越严重，地震危险性也越大。

2）传播介质，包括地震波的传播路径和震中距。研究场地与宏观震中之间的最短路径为地震波的传播路径，传播路径的长度为震中距。地震发生以后，地震波从震中沿传播路径至研究场地的过程中，同时经历着几何扩散和衰减两个物理过程，使分配到单位体积中的地震能越来越少。随着震中距的增大，地震能量和地震动参数不断衰减，地震危险性变小。

3）场地条件，包括场地土类型、厚度和软弱夹层等。不同场地条件对地震动的放大作用不同。几乎每次地震都可以发现，松散软弱土层上构筑物的破坏程度远远大于坚硬岩石上的构筑物，事实上，在靠近震源的近场，基岩地震动强度较大，但到一定距离后，或者说地震动强度较小使土层的非线性效应中阻尼的影响减小时，土层的放大作用更加突出，因而土层的地震动强度较大。地震对松散软弱土层上构筑物的震害也表现出选择性，即松散软弱土层的厚度越大，地震危险性越大。此外，根据唐山地震的震害经验，当场地土层中含有软弱夹层时，构筑物的震害较轻，这可能与软弱夹层的吸震作用有关。

（2）地震危险性评价方法

《工程场地地震安全性评价（GB 17741—2005）》将地震安全性评价工作分为 4

级,其中,确定性地震危险性评价仅应用于Ⅰ级的重要工程,如在核电厂中,为了保证工程的万无一失,必须采用最安全和最保守的原则,即用确定性方法得到地震危险性水平,再与概率性方法结果相比较,选取大者为最终结果。公路等生命线工程的地震安全性评价属于Ⅲ级,主要工作就是概率性地震危险性评价。

根据工程需要,CPSHA 方法可以给出不同年限内、不同超越概率水平下的地震动参数值。CPSHA 方法采用地震区带和地震潜在震源区组合来表征未来可能发生地震的地区,即区域未来地震活动被划分到地震区和地震带内,地震区带又被划分到各地震潜在震源区中,并以地震区带表征较大空间尺度上的地震分布不均匀性,以地震潜在震源区刻画较小尺度上的地震分布空间不均匀性。

(3) 西宝高速公路地震危险性评价

在公路建养和抗震设计中,需要明确沿线区域的地震动参数值。我国的地震动参数区划图分别提供了全国范围的地震烈度和 PGA 分布概况,对公路地震危险性评价有一定的参考作用,但由于地震区划图比例尺较小、图件精度较低,对位于高烈度地区且抗震设防等级较高的高速公路,仅采用地震区划图作为抗震设防的依据,已无法满足工程需求。本章在进行西宝高速公路地震危险性评价时,以 CPSHA 方法为基础,对公路沿线区域进行概率性地震危险性分析,采用 GIS 技术对评价结果进行综合集成并制作相关图件,为公路抗震提供参考。

3.2 西宝高速公路地震危险性评价模型的建立

采用 CPSHA 方法进行地震危险性评价,应符合 3 个最基本的假定:

1)地震带在一定时间内的地震活动满足泊松分布,所以仅用单位时间的地震发生数量 λ 一个参数就可以确定地震带内地震活动的概率特征;

2)地震带的地震震级服从指数分布,所以仅用震级—频度关系中的 b 值一个参数就可以确定地震带的震级分布;

3)地震带内的地震活动满足空间不均匀分布,潜在震源区内的地震活动满足空间均匀分布。

基于以上基本假定和地震灾害的影响因素,建立西宝高速公路地震危险性评价模型,包括研究区域地震区带划分、震源机制模型、地震发生预测模型以及地震活动性参数的确定等。

第 3 章 西宝高速公路地震危险性评价

3.2.1 研究区域地震区带划分

地震区带划分是在考虑构造活动与地壳结构之间关系的基础上，对区域地震活动的时空不均匀性进行区划，从而为历史地震活动性分析、潜在震源区划分、地震活动性参数确定和地震危险性概率分析计算提供统计单元。地震区带在形态上常表现为不规则的几何体。

中国大陆地震区带划分方案历来分歧不大，这表明中国大陆地震地质分区特征及其差异是明显的。划分地震区的主要依据有：

1）地震活动性的分区特征及其差异。中国大陆地震活动分区特征及其差异是十分明显的，中国东部地区的地震活动明显弱于西部地区。在东部地区，华北地震活动明显强于华南和东北地区，在西部地区，青藏高原和天山地区的地震活动存在明显差异。

2）新构造运动和现代构造运动的分区特征及其差异。中国大陆新构造和现代构造运动的性质和强度与地震活动存在明显关系，而且具有分区特点。除华北地区断块差异运动比较强烈外，东北和华南地区的差异运动不明显，且各个地区现代地壳形变存在一定差异。

3）地壳结构和地球物理场分区特征及其差异。中国大陆地壳结构和地球物理场的差异主要表现在东、西部两大区，西部的青藏高原和天山地区差异较大，东部的东北、华南和华北地区在重力异常和航磁异常以及地壳厚度分布上存在差异。

4）现代大地构造分区特征及其差异。中国大陆是由地台区和不同地质历史时期形成的的褶皱拼合而成的，这些不同时期固化程度不同的构造单元在新构造运动和现代构造运动中受到强烈地挤压改造，具有明显的分区性。

同一地震带的地震活动和地震构造关系密切，因此，划分地震带应从区域地震构造条件入手，其主要依据包括：

① 地震活动强度、频度、活动周期、应变积累和释放特点类似或一致；
② 新构造和现代构造运动性质、强度类似或一致；
③ 地震构造类型、地震断层性质、方向和构造应力场等类似或一致；
④ 地球物理场和地壳结构特点类似或一致。

我国第一版通用的地震区带划分方案是国家地震局在编制第三代地震动参数区划图时确定的，该版区划方案将全国划分为 8 个地震区和 25 个地震带。我国目前通用的地震区带划分方案将全国分为 7 个地震区、4 个地震亚区和 23 个地震带，每个地震带又可再划分为数个小型地震带。与第三代地震动参数区划图方案相比，该方案取消了华中地震区,将其合并到华北地震区和华南地震区中。

研究区域涉及的地震区带主要有:华北地震区汾渭地震带的渭河地震带、青藏高原北部地震亚区六盘山—祁连山地震带的西海固地震带、华南地震区长江中游地震带的汉水地震带,如表3.1所示。

表3.1 研究区域地震区带概况

名称	编号	地震带内各级历史地震发生次数			
		$M \geq 8.0$	7.0~7.9	6.0~6.9	5.0~5.9
汾渭地震带	Ⅲ-4	2	7	20	99
六盘山—祁连山地震带	V2-2	2	10	20	62
长江中游地震带	Ⅱ-1	0	0	2	46

(1)渭河地震带

渭河地震带位于汾渭地震带的西南段,主体为渭河断陷盆地,是陕西地震活动最强烈的地区,区域活动断裂主要呈东西向、北东向和北西向。大断裂两侧的断块不但表现出强烈的垂直差异运动,而且有较明显的水平错动,它们不仅影响着新生代沉积的变化,而且在其交汇部位对地震具有明显的控制作用。

有历史地震记录以来,陕西境内共记录到5级以上地震45次,其中26次发生在渭河地震带及其边缘地区,渭河地震带所释放的地震能占全省的99%。若以6级地震为地震活跃标志的下限,则渭河地震带的地震活动周期为700~800年,且目前该带处于地震活动间歇期,能量释放处于平稳阶段。

依据1487—2006年的地震资料,采用马尔可夫链模型、最大熵原理、地震复发周期原理和贝努里模型等多种方法计算渭河地震带今后50年内不同震级地震发生的概率。计算结果表明:未来50年内发生5级地震的概率为0.85~1.00,而发生6级地震的概率为0.334~0.445,综合考虑各种分析方法的不确定性,今后50年内,渭河地震亚带发生7级以上地震的可能性很小,但发生5~6级地震的可能性是存在的。1970年区域地震台网建立以来,渭河地震带除发生1980年陇县4.3级地震和1998年泾阳4.8级地震以外,多数地震均在3.0级以下,渭河地震带地震能量释放累积曲线和震级—时间序列(M-T)如图3.2、图3.3所示。

第3章 西宝高速公路地震危险性评价

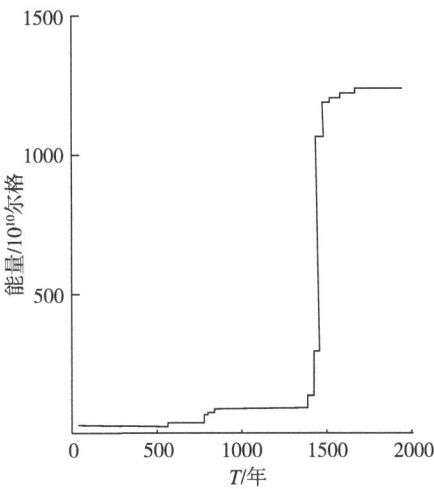

图 3.2 渭河地震带地震能量释放累积曲线

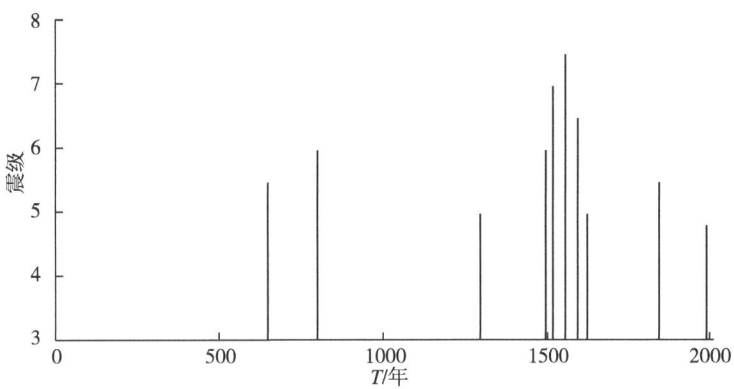

图 3.3 渭河地震带震级—时间序列（M-T）

（2）西海固地震带

西海固地震带位于六盘山—祁连山地震带的东南段，位于中宁、中卫、古浪以南，天祝、兰州、定西、宝鸡以北，包括陇中黄土高原的大部分地区。区内的北西向断裂与北北西向断裂的交汇部位是地震高发带。

有历史地震记录以来，西海固地震带共发生 6 级以上地震 17 次，其中 7 级以上地震 5 次，最大地震为 1920 年的海源 8.5 级地震。地震活动分为两个活跃期，第一活跃期为 1561—1748 年，第二活跃期从 1852 年至今，今后除短时间处于第二活跃期后期外，大部分时间处于下一周期的平静阶段，地震活动较前为弱，如图 3.4 所示。

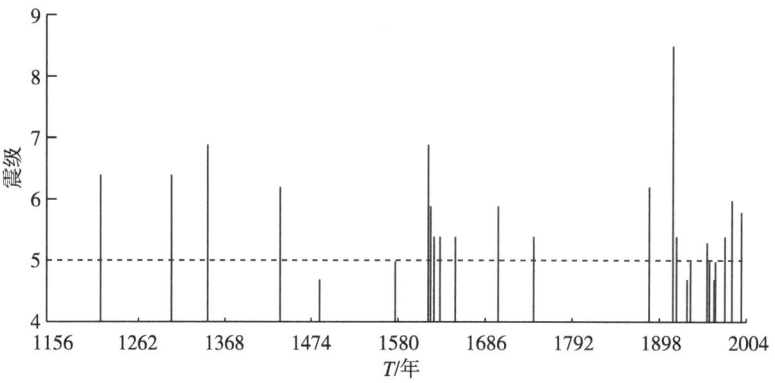

图 3.4　西海固地震带震级—时间序列（M-T）

（3）汉水地震带

汉水地震带位于长江中游地震带西段，西起汉中盆地，东到安康盆地。活动性断裂以东西向、北东向和北西向为主。中强地震的发生主要受北东向和北西向断裂复合部的控制。从公元 788 年至今，汉水地震带共发生 4 级以上地震 17 次，5 级以上地震 8 次，6.5 级地震 1 次。汉水地震带震级—时间序列（M-T）和地震能量释放累积曲线如图 3.5、图 3.6 所示，由图可见，汉水地震带有两个活跃期，第一期在 1568—1653 年，此活跃期发生 6 次 5 级以上地震，之后平静近 300 年，期间仅发生 1 次 5 级地震，从 1959 年起进入第二活跃期，到目前已发生 2 次 5 级地震。

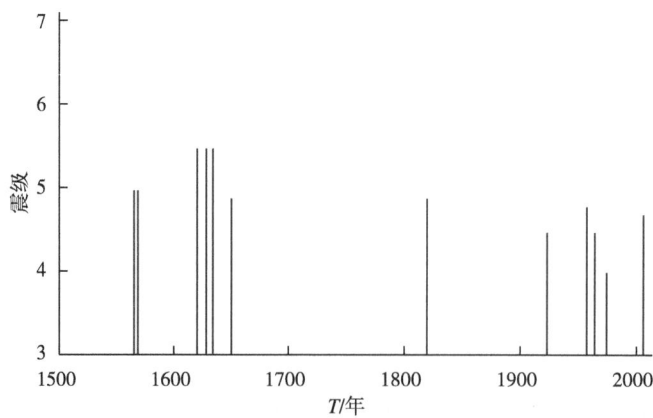

图 3.5　汉水地震带震级—时间序列（M-T）

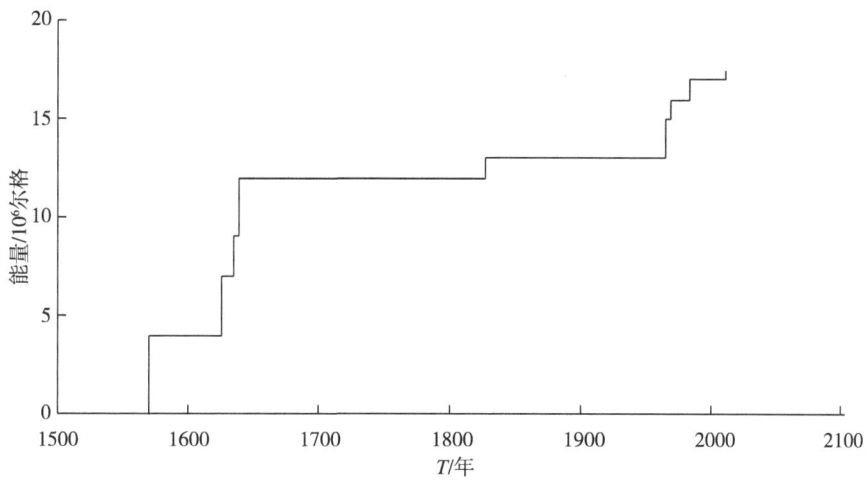

图 3.6　汉水地震带地震能量释放累积曲线

3.2.2　震源机制模型

（1）断层—破裂模型

潜在震源区指未来可能发生破坏性地震的地区。在这里，"未来"不是指几年、几十年或上百年，而是几千年甚至更长的时间。"可能"一词包含两重含义：①时间越短，发生破坏性地震的可能性越小，反之则越大；②在一定时间内，震级越大的地震发生的可能性越小。在西宝高速公路地震危险性评价中，假定破坏性地震都发生在潜在震源区内，且潜在震源区内的地震活动性差别可以忽略不计。

点源模型的潜在震源区形状可以是一点、一线或一个区域，该模型假定地震能量集中在一点上释放，地震动呈圆形衰减。采用点源模型进行地震危险性评价的思路是：①当潜在震源区形状为一点时，通过泊松模型确定地震震级的概率分布；②根据地震动衰减关系得到场地一定年限内的地震动强度的超越概率；③当潜在震源区为一线或一个区域时，将第②步得到的结果对线或面进行积分，即可得到最终的地震危险性评价结果。

事实上，地震的发生并不完全服从点源模型，采用点源模型得到的地震危险性评价结果也与实际地震发生状况存在较大差别。鉴于此，美国学者 Kinreghian 和 A. H. Ang 于 1977 年提出了更符合发震机制的断层—破裂模型，该模型除保留了点源模型的全部假定外，还引入了断层破裂长度这一参量，并假定地震从破裂长度中点开始,逐渐向发震断层两侧延伸,地震动的衰减服从椭圆模型。在断层—破裂模型中,根据对潜在震源区内活断层研究程度的不同,可以把震源分为三类。

1)第一类震源(Ⅰ类):此类震源用以模拟潜在震源区内具有明确定义的发震构造或活断层,适用于对断层位置、走向和长度均充分了解的震源。

2)第二类震源(Ⅱ类):此类震源适用于潜在震源区内断层位置和长度不明确,但其走向(即潜在的主破裂方向)明确的震源,西宝高速公路地震危险性评价中涉及的潜在震源均属于Ⅱ类震源。

3)第三类震源(Ⅲ类):此类震源适用于潜在震源区内发震构造或活断层的位置、长度和走向均不明确的震源。

(2)研究区域潜在震源区划分

潜在震源区划分是在地震区带划分的基础上进行的,并遵循地震活动重复原则和地震构造类比原则,主要工作包括确定潜在震源区的方向和潜在震源区的范围。潜在震源区的长轴方向一般代表发震构造或发震断层的破裂方向。潜在震源区的范围是由地质构造特点决定的,但在实际确定潜在震源区时,各种证据的详细程度、可靠程度以及标志的明确程度等都会影响到潜在震源区范围的大小。在资料丰富、标志明确的条件下,潜在震源区范围应尽可能勾画得小一些;对资料不甚丰富、研究程度较差、发震标志不甚明确的潜在震源区,其范围就要适当地扩大。

我国曾提出了5套地震潜在震源区划分方案:中国地震局地质研究所方案、中国地震局地球物理研究所方案、重点区方案、综合方案和第三代地震区划图方案,经试算,最终采用了综合方案。该方案在破坏性地震震中、弱震密集带、活断层的特殊部位(端部、转折处和交接位置),以及晚第四纪断陷盆地等进行充分研究的基础上,在中国大陆和临区划分出1171个潜在震源区,其中中国东部地区492个,西部地区742个。根据综合方案,研究区域内共有对西宝高速公路地震危险性有影响的潜在震源区20个,其中西海固地震带13个、渭河地震带5个、汉水地震带2个,并给出了各潜在震源区内主要活断层走向与正东方向的夹角(图3.7、表3.2)。

第3章 西宝高速公路地震危险性评价

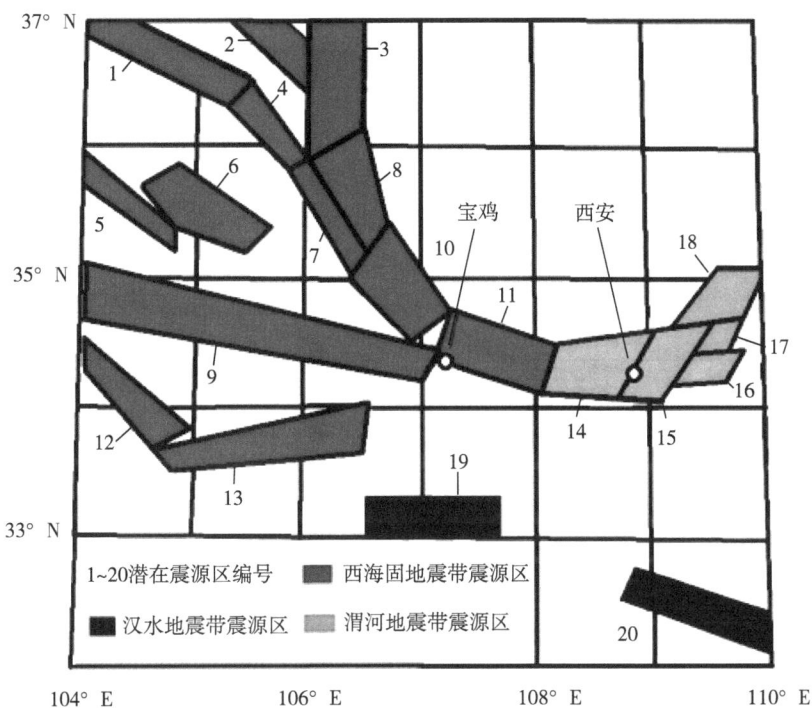

图 3.7 研究区域潜在震源区分布

表 3.2 研究区域潜在震源区状况

地震带	序号	潜在震源区名称	震源类型	走向/rad	震级上限
西海固地震带	1	西华山潜在震源区	Ⅱ	2.4434	8.5
	2	同心潜在震源区	Ⅱ	1.8326	7.5
	3	固原潜在震源区	Ⅱ	2.1293	7.0
	4	海原北段潜在震源区	Ⅱ	2.4434	8.5
	5	定西西潜在震源区	Ⅱ	2.2543	7.5
	6	会宁潜在震源区	Ⅱ	2.5482	7.0
	7	泾源潜在震源区	Ⅱ	2.1293	7.0
	8	海原南段潜在震源区	Ⅱ	2.1293	7.0
	9	天水潜在震源区	Ⅱ	3.0019	7.5
	10	陇县潜在震源区	Ⅱ	2.2689	7.0
	11	扶风潜在震源区	Ⅱ	2.6180	7.0
	12	宕县潜在震源区	Ⅱ	2.2689	7.0
	13	武都—徽县潜在震源区	Ⅱ	0.0000	7.5

续表

地震带	序号	潜在震源区名称	震源类型	走向/rad	震级上限
渭河地震带	14	咸阳潜在震源区	Ⅱ	0.0000	7.0
	15	西安—临潼潜在震源区	Ⅱ	0.4383	7.5
	16	蓝田潜在震源区	Ⅱ	0.9076	7.0
	17	渭南潜在震源区	Ⅱ	0.9076	8.2
	18	蒲城潜在震源区	Ⅱ	0.3491	6.0
汉水地震带	19	汉中—洋县潜在震源区	Ⅱ	0.0000	6.5
	20	安康潜在震源区	Ⅱ	2.5712	6.5

3.2.3 地震发生预测模型

（1）地震发生概率模型——泊松模型

泊松模型是描述离散随机事件发生的常用模型之一，在同一地震带内，地震的发生基本符合泊松模型的性质。泊松模型包括一般泊松模型和双态泊松模型两种。

1）一般泊松模型。利用一般泊松模型描述地震发生过程，则认为地震的发生符合以下假设：

①平稳性：在一定时间内，地震发生的次数只与时间段的长短有关，与时间段在总时间序列中的位置无关。

②独立性：在一定时间内，地震的发生是独立的，与其他时段的地震发生情况无关。

③不重复性：在同一时刻，某一地震带最多发生一次地震，地震不可能同时发生。

基于以上假设，可以得到在时间段 t 内，某一地震带发生 n 次地震的概率，如式（3.1）所示。

$$P(n) = \frac{(\lambda t)^n \mathrm{e}^{-\lambda t}}{n!} \quad (n=0,1,2,\cdots) 。 \tag{3.1}$$

式中：λ 为地震带内单位时间的地震发生数量。

显然，利用一般泊松模型，仅需得到参数 λ 即可进行简单的地震发生概率计算。根据式（3.1），可得在时间段 t 内某一地震带不发生地震的概率，如式（3.2）所示。

$$P(n=0) = \mathrm{e}^{-\lambda t} 。 \tag{3.2}$$

第 3 章　西宝高速公路地震危险性评价

则时间段 t 内,某一地震带至少发生一次地震的概率如式(3.3)所示。

$$P(n \geqslant 1) = 1 - e^{-\lambda t}。 \tag{3.3}$$

如果将 λ 改为不小于某一震级 m 的地震单位时间发生数量 $\lambda_{M \geqslant m}$,即可得到地震带至少发生一次不小于 m 级地震的概率,如式(3.4)所示。

$$P(n \geqslant 1) = 1 - e^{-\lambda_{M \geqslant m} t}。 \tag{3.4}$$

2)双态泊松模型。采用一般泊松模型描述地震的发生过程具有某些优点,如仅有一个未知参数、无时间记忆性等,可以很好地应用于发震均匀的小区域,但一般泊松模型忽略了地震带历史地震时间序列上的某些特点,容易高估或低估地震危险性。

鉴于地震的发生具有"平静期"和"活跃期"交错出现的特点,美国学者 Beaned 提出了双态泊松模型。该模型假定一个地区的地震活动具有"活跃"和"不活跃"两种状态,每种状态中地震的发生均遵循一般泊松分布,但不同状态的单位时间地震发生数量 λ 不同。应用双态泊松模型可以减小一般泊松模型对地震危险性评价的不确定性影响,从而极大地减小计算误差。

(2)震级—频度关系

震级—频度关系描述一个地震带内大、小地震发生数量和地震活动水平的关系,本章采用 Gutenberg-Richte 关系表示震级—频度关系,如式(3.5)所示。

$$\lg N = a - bM。 \tag{3.5}$$

式中:M 为震级;N 为震级不小于 M 的地震次数;a 为表示地震带中统计时间段内地震活动水平的参数;b 为地震危险性评价中重要的统计参数,反映了大、小地震的比例关系。

式(3.5)中 a、b 一般通过对地震带内历史地震资料的统计回归分析得到,但应注意,历史地震资料应至少包含一个地震活动周期,否则应对历史地震资料所得值进行人工调整。

在地震危险性评价中,并不是所有地震都是我们研究的对象,只有震级超过一定范围的地震才会造成破坏,与此同时,某一地震带中可能发生地震的震级不是无限的,超过一定震级的地震极少发生,因此,一般采用"截头去尾"的震级—频度关系,即截断的 Gutenberg-Richte 关系,如式(3.6)所示。

$$\lg N = a - bM \quad (M_0 \leqslant M \leqslant M_u)。 \tag{3.6}$$

式中：M_0 为可能造成破坏的最小震级，即起算震级；M_u 为地震带中可能发生的最大震级，即震级上限。

地震带内的震级分布服从指数分布，如式（3.7）所示。

$$N(M) = \mathrm{e}^{(\alpha - \beta M)} \quad (M_0 \leqslant M \leqslant M_u)_\circ \tag{3.7}$$

其中：$\alpha = (a - \lg b)/\lg e$，$\beta = b/\lg e$。

采用经验分布代替指数分布，可得到震级不大于 M 的地震的累计概率分布函数，如式（3.8）所示。

$$\begin{aligned}F(M) &= \frac{N(M_0) - N(M)}{N(M_0) - N(M_u)} \\ &= \frac{1 - \mathrm{e}^{-\beta(M - M_0)}}{1 - \mathrm{e}^{-\beta(M_u - M_0)}} \quad (M_0 \leqslant M \leqslant M_u)_\circ\end{aligned} \tag{3.8}$$

对式（3.8）求导，可得震级分布的概率密度函数，如式（3.9）所示。

$$f(M) = \frac{\beta \mathrm{e}^{-\beta(M - M_0)}}{1 - \mathrm{e}^{-\beta(M_u - M_0)}} \quad (M_0 \leqslant M \leqslant M_u)_\circ \tag{3.9}$$

可见，震级的概率密度函数仅与地震带震级—频度关系中的 b 值、起算震级 M_0 和震级上限 M_u 有关。

3.2.4 地震活动性参数的确定

地震活动性参数主要包括 Gutenberg-Richte 关系中的 a、b 值，震级上限 M_u，起算震级 M_0，地震年平均发生率 ν_{M_j}，以及地震空间分布函数 f_{i,M_j} 等。

（1）Gutenberg-Richte 关系中 a、b 值的确定

a 值是一个与统计单元内地震总次数有关的量，b 值代表统计单元内大、小地震的比例关系，它与区域内的应力大小和地壳破裂强度有关。本章以历史地震资料为基础，以地震带为统计单元进行分析，地震资料的完整性、可靠性和时间序列的长短对 a、b 值的精确性有较大影响。

李忠生对渭河地震带、西海固地震带和汉水地震带的 a、b 值进行了计算，其收集到的地震资料概况为：渭河地震带资料时限为 1400—2006 年，共计 606 年，最小震级为 5.0 级；西海固地震带资料时限为 1306—2006 年，共计 700 年，最小震级为 5.5 级；汉水地震带资料时限为 780—2006 年，共计 1226 年，最小震级为 5.0 级，如表 3.3 所示。

第3章 西宝高速公路地震危险性评价

表3.3 各地震带地震资料概况

地震带名称	渭河地震带	西海固地震带	汉水地震带
资料时限	1400—2006年	1306—2006年	780—2006年
时间长度	606年	700年	1226年
最小震级	5.0	5.5	5.0

根据式（3.5）所示的震级—频度关系，对各地震带的 a、b 值进行回归分析，计算结果如表3.4所示。本章在进行西宝高速公路地震危险性评价时，即采用表3.4的结果。

表3.4 各地震带 a、b 值

地震带名称	渭河地震带	西海固地震带	汉水地震带
a 值	5.69	4.59	6.40
b 值	0.692	0.540	0.986

（2）震级上限 M_u 的确定

震级上限 M_u 包括潜在震源区的震级上限和地震带的震级上限。震级与震源体积和岩石强度有关，由于震源体积和岩石强度是有限的，因此，震级也是有限的。潜在震源区的震级上限是指震源区内可能发生的最大震级。对于未发生过8级以上地震的潜在震源区，本章将震级上限定为历史最大震级加0.5级；对于已发生过8级以上地震的潜在震源区，震级上限取为历史最大震级。本章确定的研究区域内20个潜在震源区的震级上限如表3.2所示。

地震带的震级上限是该地震带内潜在震源区震级上限的最大值，理论上，它与震级-频度关系中累积频度趋于零的震级极限值相等，如表3.5所示。

表3.5 各地震带震级上限 M_u

地震带名称	西海固地震带	渭河地震带	汉水地震带
震级上限 M_u	8.5	8.2	6.5

（3）起算震级 M_0 的确定

起算震级 M_0 是指可能引起破坏的最小震级。一些国家将4.5级定为起算震级，但由于我国大多是浅源地震，且大部分地区构筑物的抗震设防等级较低，一些小震也可能引起破坏性影响,将 4.5 级定为起算震级是不够安全的。因此,本章根据我国地震研究的惯例,取起算震级 M_0 为 4.0 级。

(4) 地震年平均发生率的确定

地震年平均发生率是指一定区域范围内平均每年发生的超过起算震级 M_0 的地震次数,一般取地震带作为统计单元,地震年平均发生率体现了地震带内的地震活动水平。本章根据表 3.4 和式 (3.6),计算各地震带历史地震资料时限内大于起算震级地震的总次数,并按式 (3.10) 计算得到各地震带地震的年平均发生率 $v_{4.0}$。

$$v_{4.0} = \frac{N(M)}{T} \quad (3.10)$$

式中:$v_{4.0}$ 为各地震带内的地震年平均发生率;$N(M)$ 为地震带历史地震资料时限内大于起算震级 M_0 的地震发生数量;T 为地震带历史地震资料时限。

各地震带地震年平均发生率 $v_{4.0}$ 如表 3.6 所示。

表 3.6 各地震带地震年平均发生率 $v_{4.0}$

地震带	渭河地震带	西海固地震带	汉水地震带
$v_{4.0}$	1.720	2.100	1.160

由于地震年平均发生率给出了地震带内所有大于起算震级的地震年平均发生数量,但由于不同震级地震引起的破坏有较大差异,因此,在地震危险性评价时,我们更关心的是不同震级地震的年平均发生率。本章采用震级分档的方法计算各震级档内地震的发生率 ν_{M_j}。将渭河地震带和西海固地震带地震分为 4.0~6.0 级、6.0~6.5 级、6.5~7.0 级、7.0~7.5 级、7.5~8.0 级和 8.0~8.5 级共 6 档,将汉水地震带地震分为 4.0~6.0 级和 6.0~6.5 级共 2 档,则各震级档地震的年平均发生率如式 (3.11) 所示。

$$\nu_{M_j} = \frac{2\nu_{4.0}\exp[-\beta(M_j - M_0)]\mathrm{sh}(\beta\Delta M/2)}{1 - \exp[-\beta(M_u - M_0)]} \quad (3.11)$$

式中:ν_{M_j} 为各震级档地震年平均发生率;$\beta = b\ln10$;M_0 为起算震级;M_u 为震级上限;M_j 为震级档中心所对应的震级值;j 为震级分档序号,对于西海固地震带和渭河地震带,$j = 1\sim6$,对于汉水地震带,$j = 1\sim2$,其中,4.0~6.0 级为第 1 档,6.0~6.5 级为第 2 档,依次类推;ΔM 为震级分档间隔;$\mathrm{sh}(\beta\Delta M/2)$ 为以 $\beta\Delta M/2$ 为变量的正弦双曲函数。

第3章 西宝高速公路地震危险性评价

（5）地震空间分布函数

地震年平均发生率体现了地震带内各震级地震的年平均发生数量。由于本章假定地震带内的地震均发生在潜在震源区内，为了得到各潜在震源区的各级地震发生率，引入地震空间分布函数，则地震带内各潜在震源区的各震级档地震发生率 ν_{i,M_j} 如式（3.12）所示，其中 f_{i,M_j} 即为地震空间分布函数。

$$\nu_{i,M_j} = \nu_{M_j} \cdot f_{i,M_j} \text{。} \tag{3.12}$$

本章根据编制第四代地震区划图时确定的各潜在震源区地震空间分布函数，结合各潜在震源区活动构造的活动程度、6级以上地震的重复发生概率、地震实际发生频度、震源区面积和潜在震源区长期预报结果等因素，确定各潜在震源区的地震空间分布函数，如式（3.13）所示。

$$f_{i,M_j} = \begin{cases} 0 & j > k_i \\ \dfrac{b}{a} & j \leq k_i \end{cases} \text{。} \tag{3.13}$$

式中：k_i 为第 i 个潜在震源区震级上限所在震级分档序号；a、b 的计算方法如式（3.14）所示。

$$a = \sum_{n=1}^{N_s}(k_n - j + 1), b = k_i - j + 1\text{。} \tag{3.14}$$

式中：N_s 为地震带内的潜在震源区数量，对于西海固地震带，$N_s = 13$，对于渭河地震，$N_s = 5$，对于汉水地震带，$N_s = 2$。

根据式（3.13）、式（3.14），可计算得到各地震带潜在震源区的地震空间分布函数，如表3.7所示。

表3.7 各地震带潜在震源区的地震空间分布函数

地震带	潜在震源区编号	各地震带潜在震源区的地震空间分布函数 $f_{i,M}$					
		4.0~6.0	6.0~6.5	6.5~7.0	7.0~7.5	7.5~8.0	8.0~8.5
西海固地震带	1	0.1224	0.1388	0.1739	0.3000	0.5000	0.5000
	2	0.0817	0.0833	0.0869	0.1000	0.0000	0.0000
	3	0.0612	0.0556	0.0436	0.0000	0.0000	0.0000
	4	0.1224	0.1388	0.1739	0.3000	0.5000	0.5000
	5	0.0817	0.0833	0.0869	0.1000	0.0000	0.0000

续表

地震带	潜在震源区编号	各地震带潜在震源区的地震空间分布函数 f_{i,M_j}					
		4.0~6.0	6.0~6.5	6.5~7.0	7.0~7.5	7.5~8.0	8.0~8.5
西海固地震带	6	0.0612	0.0556	0.0435	0.0000	0.0000	0.0000
	7	0.0612	0.0556	0.0435	0.0000	0.0000	0.0000
	8	0.0612	0.0556	0.0435	0.0000	0.0000	0.0000
	9	0.0817	0.0833	0.0869	0.1000	0.0000	0.0000
	10	0.0612	0.0556	0.0435	0.0000	0.0000	0.0000
	11	0.0612	0.0556	0.0435	0.0000	0.0000	0.0000
	12	0.0612	0.0556	0.0435	0.0000	0.0000	0.0000
	13	0.0817	0.0833	0.0869	0.1000	0.0000	0.0000
渭河地震带	14	0.1765	0.1667	0.1250	0.0000	0.0000	0.0000
	15	0.2353	0.2500	0.2500	0.2500	0.0000	0.0000
	16	0.1765	0.1667	0.1250	0.0000	0.0000	0.0000
	17	0.3529	0.4166	0.5000	0.7500	1.0000	1.0000
	18	0.0588	0.0000	0.0000	0.0000	0.0000	0.0000
汉水地震带	19	0.5000	0.5000				
	20	0.5000	0.5000				

3.3 西宝高速公路地震危险性评价

3.3.1 危险性评价指标的确定

地震危险性的大小可以用地震烈度和地震动三要素表征。地震烈度是地震对地面所造成破坏和影响的程度，地震烈度可以根据受震物体的反应、房屋建筑物破坏程度、地形地貌改观以及人在地震作用下的感觉等宏观现象判定。烈度大小与震中距成反比，即震中距越小，烈度越大，反之烈度越小。烈度测定的方法和标准称为烈度表，使用较广的烈度表有麦卡利、坎卡尼和西贝尔格于1923年提出的MCS烈度表以及斯彭怀尔和卡尼克于1964年提出的MSK烈度表等。中国现行的地震烈度表是于1999年制订并于2008年汶川地震后修订的，该地震烈度表将地震烈度由小到大分为12级，分别用Ⅰ~Ⅻ的罗马数字表示。

地震动三要素包括地震动幅值特性、地震动频谱特性和地震动持时，其中，

第3章 西宝高速公路地震危险性评价

地震动幅值特性包括峰值加速度（PGA）、峰值速度（PGV）、峰值位移（PGD）、有效峰值加速度（EPA）、有效峰值速度（EPV）、豪斯纳强度（SI）、等效反应谱加速度（a_e）和阿里亚斯强度（I_A）等；地震动频谱特性包括傅里叶谱、反应谱和功率谱等；地震动持时包括括号持时、一致持时和能量持时等，如表3.8所示。

表3.8 地震动强度参数的概念和取值

地震动三要素	地震动参数	地震动参数的概念和取值
地震动幅值特性	峰值加速度/PGA	地震动加速度时程最大值
	峰值速度/PGV	地震动速度时程最大值
	峰值位移/PGD	地震动位移时程最大值
	有效峰值加速度/EPA	阻尼比为5%的加速度反应谱在0.1~0.5s的平均值
	有效峰值速度/EPV	阻尼比为5%的速度反应谱在1s附近的取值
	豪斯纳强度/SI	速度反应谱曲线中0.1~2.5s的面积
	等效反应谱加速度/a_e	保持反应谱形状的前提下削减原值得到的峰值加速度
	阿里亚斯强度/I_A	输入到单自由度体系单位质量的能量
地震动频谱特性	傅里叶谱	振幅和相位随频率变化的关系曲线
	反应谱	系统反应的最大值随系统频率变化的关系曲线
	功率谱	随机振动各频率分量与相应频率的关系曲线
地震动持时	括号持时	加速度时程中首次和末次达到某阈值的时间间隔
	一致持时	以给定阈值截取的超过阈值部分的脉冲时段之和
	能量持时	包含给定比例能量的地震动持续时间

PGA是指地震时地面运动的最大加速度值，在数值上等于地震波幅值时程的2次导数的最大值，中国地震烈度表给出了PGA与每一地震烈度的大致对应关系。当PGA为2.5~8.0 gal，（1 gal = 1 cm/s^2）时，多数人可以感觉到；当PGA达到25.0~80.0 gal以上时，房屋强烈摇动。本章在进行西宝高速公路地震危险性评价时，以PGA作为衡量地震危险性大小的指标，主要原因有：

1）第四代地震区划图给出了50年超越概率10%的PGA在全国的分布状况，从而结束了我国以地震烈度作为单一地震设防标准的历史，迈入了地震烈度和PGA"双轨制"时代；《工程场地地震安全性评价（GB 17741—2005）》也规定将PGA作为一般建设工程的抗震设防指标。

2）PGA采用仪器测定并采用数值表示，测定误差一般不超过5%，克服了地震烈度测定中的主观因素，因此，PGA 比地震烈度在表征地震危险性时更加科学。

3）PGA 直接与地震动的惯性作用相关，即地震对路堤等公路构筑物的最大作用力为 PGA 与公路构筑物质量之积，如式（3.15）所示。

$$F_{最大} = m \cdot PGA 。 \tag{3.15}$$

式中：$F_{最大}$ 为地震对公路构筑物的最大作用力；m 为公路构筑物的质量。

4）采用 PGA 作为地震动参数得到的路堤震害反应与 PGA 呈近似指数关系，不仅可以直观地反映路堤在地震作用下的破坏规律，而且可以减少 PSDA 分析的计算量和难度，因此，采用 PGA 作为地震危险性评价指标可以为震害易损性评价奠定基础。

5）随着地震监测手段的进步，PGA 已经易于获得，且国内外积累了大量的 PGA 数据，例如，中国台湾集集地震的最大 PGA 为 1414.0 gal，汶川地震的最大 PGA 为 957.7 gal，东日本大地震的最大 PGA 为 2942.2 gal，2015 年尼泊尔大地震的最大 PGA 为 1020.8 gal。

3.3.2 PGA 衰减模型

PGA 衰减模型是衡量某一场地的 PGA 随震中距和震级衰减关系的模型。一般情况下，震中距越小、震级越大，则地震动强度越大，地震危险性也越大。在断层—破裂模型中，假定 PGA 的衰减服从椭圆模型，地震动在长轴方向衰减较慢，在短轴方向衰减较快。潜在震源区的方向性函数表示椭圆长轴取向的分布函数，用于描述椭圆长轴方向的不确定性，如式（3.16）所示。

$$f(\theta) = c\delta(\theta_1) + d\delta(\theta_2) 。 \tag{3.16}$$

式中：θ_1、θ_2 为潜在震源区内可能的主破裂方向（椭圆长轴方向）与正东方向的夹角；c、d 为相应的取向概率。

通过对研究区域内历史地震等震线长短轴方向分布特征的研究，发现绝大多数等震线长轴方向与区域活动构造的走向一致，即Ⅱ类震源的断层走向。因此，本章在进行西宝高速公路地震危险性评价时，PGA 衰减模型的长轴仅取与潜在震源区的断层走向一致的一种情况，即表 3.2 中所示的走向。

由于 PGA 衰减关系的确定需要较多的实际地震记录，而目前的地震记录主要集中于美国西部和日本，由于美国西部的地理条件与中国大陆类似，因此，目前国内通行的做法是利用美国西部的 PGA 资料，类比得到研究区域的基岩 PGA 衰减关系。本章采

第3章 西宝高速公路地震危险性评价

用徐壮计算的研究区域 PGA 衰减关系①，如式（3.17）、图3.8、图3.9所示。

长轴：$\ln PGA = 8.3128 + 0.7758M - 2.0340\ln(R+25)$，$\sigma_a = 0.271$。 （3.17a）

短轴：$\ln PGA = 5.3637 + 0.7171M - 1.4722\ln(R+7)$，$\sigma_b = 0.327$。 （3.17b）

式中：M 为地震震级；R 为震中距；σ_a、σ_b 为统计误差。

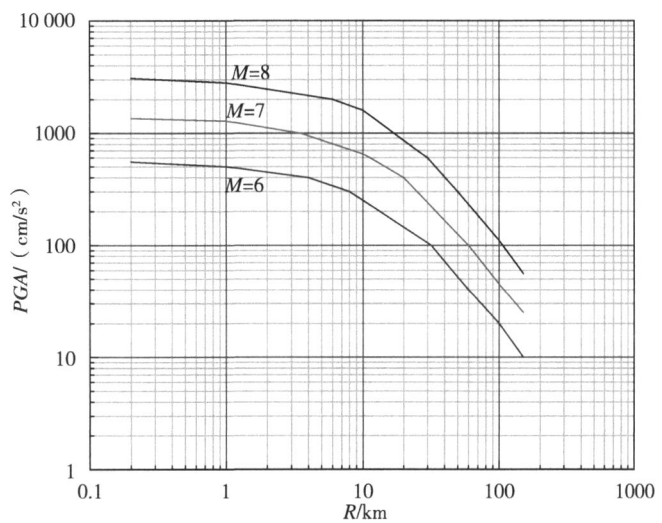

图3.8 研究区域 PGA 衰减关系（长轴方向）

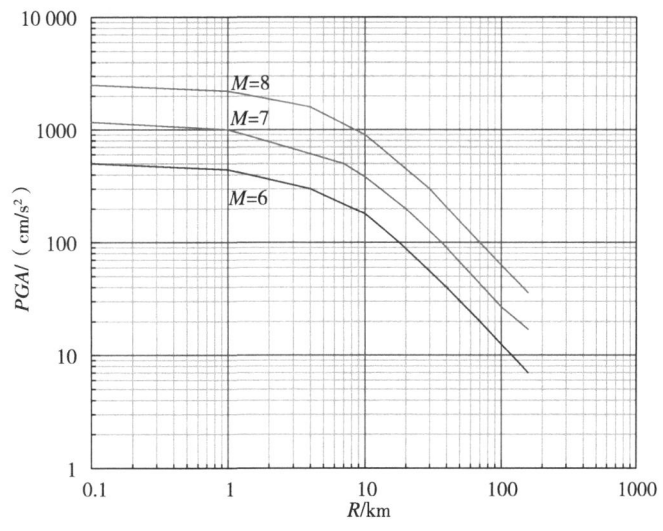

图3.9 研究区域 PGA 衰减关系（短轴方向）

---

① 徐壮. 欧亚经济论坛工程场地地震安全性评价工作报告[R]. 西安：陕西大地地震工程勘察中心，2007.

3.3.3 PGA 概率计算方法

（1）基岩 PGA 的计算

地震危险性概率计算是 CPSHA 方法的核心，本章根据西宝高速公路沿线区域实际情况，阐述基岩 PGA 概率分析方法的要点。

由于对西宝高速公路地震危险性有影响的地震带共有 3 个，则若第 n 个地震带对某一场地基岩 PGA 的年超越概率为 $P_n(Y \geq y)$，则所有地震带对场地基岩 PGA 的年超越概率如式（3.18）所示。

$$P(Y \geq y) = 1 - \prod_{n=1}^{3}\left[1 - P_n(Y \geq y)\right]。 \quad (3.18)$$

则一年内某一场地的基岩 PGA 小于 y 的概率 $P(Y<y)$，如式（3.19）所示。

$$P(Y < y) = 1 - \left(1 - \prod_{n=1}^{3}\left[1 - P_n(Y \geq y)\right]\right) = \prod_{n=1}^{3}\left[1 - P_n(Y \geq y)\right]。$$

$$(3.19)$$

将时间视为离散变量，假设各年之间场地的最大基岩 PGA 在统计上是独立的，则 T 年内基岩 PGA 超过某一给定值 y 的超越概率 $P_T(Y \geq y)$ 如式（3.20）所示。

$$P_T(Y \geq y) = 1 - \left(\prod_{n=1}^{3}\left[1 - P_n(Y \geq y)\right]\right)^T。 \quad (3.20)$$

在地震危险性概率分析计算中，$P_n(Y \geq y)$ 的计算是最重要的问题，根据全概率定理和泊松模型，可得 $P_n(Y \geq y)$ 的计算方法，如式（3.21）所示。

$$P(Y_n \geq y) = 1 - \exp\left[-\nu_{4.0}\sum_{i=1}^{N_s}\int_{A_i}\sum_{j=1}^{N_M}P(M_j)\frac{f_{i,M_j}}{A_i}P(Y \geq y \mid E)\mathrm{d}A_i\right]。 \quad (3.21)$$

式中：$P(M_j)$ 为地震带内地震落在第 M_j 震级档内的概率；N_M 为震级分档数，西海固地震带和渭河地震带 N_M 取 6，汉水地震带 N_M 取 2；A_i 为第 i 个潜在震源区的面积；$P(Y \geq y \mid E)$ 为第 i 个潜在震源区发生特定地震事件 E（震级为 $M_j \pm \frac{1}{2}\Delta m$）时，场地基岩 PGA 超过 y 的概率；$P(M_j)$ 的计算如式（3.22）所示。

$$P(M_j) = \frac{2}{\beta}f_M(M_j)\mathrm{sh}\left(\frac{1}{2}\beta\Delta M\right)。 \quad (3.22)$$

由式（3.21）和式（3.22）可知，$P(Y_n \geq y)$ 的计算方法如式（3.23）所示。

第3章 西宝高速公路地震危险性评价

$$P(Y_n \geq y) = 1 - \exp\left[-\sum_{i=1}^{N_s}\int_{A_i}\sum_{j=1}^{N_M}\frac{1}{A_i}\nu_{i,M_j}P(Y\geq y \mid E)\mathrm{d}A_i\right]。 \quad (3.23)$$

（2）场地对基岩 PGA 的影响

地震危险性概率分析得到的是场地基岩的 PGA，但在进行地震危险性评价时，必须考虑场地条件对基岩 PGA 的放大作用。影响场地地震效应的因素很多，如场地土层厚度与力学参数、软弱夹层、地形坡度、相对高差、水文地质和地质构造条件等。我国很多学者对地震动的场地效应进行了研究，例如，曲宁等根据西安市阎良区的地震地质环境，在地震危险性分析的基础上，采用一维土层反应分析方法，研究了场地条件对 50 年超越概率 63%、10% 和 2% 的基岩 PGA 的放大作用；高孟潭等利用工程场地地震安全性评价工作中大量实际钻孔和土工实验资料，建立了实际工程场地模型，在 50 年超越概率 63%、10%、2% 共 3 种地震动输入下，采用 SHAKE91 和 ELSSRA 两种等效线性化方法，研究了湖南省 II 类场地土层的放大效应；王维铭等收集了阪神、通海、唐山、集集和海城地震的震害液化资料，对比分析了场地特征对地震液化的影响特点；吕悦军等根据北京地区 201 份地震安全性评价报告，对北京地区中硬场地对基岩 PGA 的影响进行了统计分析，对目前通用的计算方法进行了修正。

我国第四代地震动参数区划图给出了计算中硬场地对基岩 PGA 放大作用的转化系数法，如式（3.24）所示。

$$a_{hs} = k_s a_r。 \quad (3.24)$$

式中：a_{hs} 为场地 PGA；a_r 为基岩 PGA；k_s 为转换系数，转换系数的计算方法如式（3.25）所示。

$$k_s = \begin{cases} 1.25 & a_r \leq 62.5 \text{ gal} \\ 1.25 - (a_r - 62.5)/1250 & 62.5 \text{ gal} < a_r \leq 375 \text{ gal} \\ 1 & a_r > 375 \text{ gal}。\end{cases} \quad (3.25)$$

《工程场地地震安全性评价（GB 17741—2005）》规定，区域性地震区划采用转换系数法，由于本章进行的西宝高速公路地震危险性评价与区域性地震区划类似，因此，本章选用转换系数法计算场地条件对基岩 PGA 的影响。

3.3.4 基于 GIS 的西宝高速公路地震危险性评价

根据《工程场地地震安全性评价（GB 17741—2005）》，在进行区域性地震区划时，计算控制点的密度应不大于经纬度 0.1°，基于此，本章在进行西宝高速公路地震危险性评价时,从西宝高速公路 K1065+000 处开始,每隔 10 km(小于经纬度 0.1°)选取一个场地,共计选取 16 个场地,分别根据第 3.3.3 小节提出的方法,采用中国地震局提供的 XQH 1.00 地震安全性评价工作程序包计算各场地未来 50 年内超越概率 2%、10% 和 63% 的基岩 PGA,计算结果如表 3.9 所示。

表 3.9 西宝高速公路沿线区域各场地基岩 PGA 计算结果

路堤桩号	50 年一定超越概率的 PGA/gal			路堤桩号	50 年一定超越概率的 PGA/gal		
	2%	10%	63%		2%	10%	63%
K1065+000	286.04	175.90	65.60	K1145+000	238.45	149.15	54.96
K1075+000	290.37	179.38	67.11	K1155+000	229.06	143.52	52.69
K1085+000	294.52	182.93	68.57	K1165+000	232.07	146.12	53.26
K1095+000	285.43	177.16	66.30	K1175+000	234.95	148.38	53.84
K1105+000	274.91	171.82	64.03	K1185+000	238.89	152.61	54.51
K1115+000	266.46	165.97	61.76	K1195+000	242.30	155.54	55.47
K1125+000	257.18	161.23	59.48	K1205+000	245.79	158.76	56.06
K1135+000	247.79	154.55	57.22	K1215+000	248.92	161.70	56.84

根据表 3.9 和式(3.25)计算西宝高速公路沿线区域各场地未来 50 年内超越概率 2%、10% 和 63% 的基岩 PGA 转换系数,如表 3.10 所示。

表 3.10 西宝高速公路沿线区域各场地基岩 PGA 转换系数

路堤桩号	50 年一定超越概率的 PGA 转换系数			路堤桩号	50 年一定超越概率的 PGA 转换系数		
	2%	10%	63%		2%	10%	63%
K1065+000	1.071	1.159	1.248	K1145+000	1.109	1.181	1.250
K1075+000	1.068	1.156	1.246	K1155+000	1.117	1.185	1.250
K1085+000	1.064	1.154	1.245	K1165+000	1.114	1.183	1.250
K1095+000	1.072	1.158	1.247	K1175+000	1.112	1.181	1.250
K1105+000	1.080	1.163	1.249	K1185+000	1.101	1.178	1.250
K1115+000	1.087	1.167	1.250	K1195+000	1.106	1.176	1.250
K1125+000	1.094	1.171	1.250	K1205+000	1.103	1.173	1.250
K1135+000	1.102	1.176	1.250	K1215+000	1.101	1.171	1.250

第3章 西宝高速公路地震危险性评价

根据表 3.9、表 3.10 和式 (3.25),计算得到西宝高速公路沿线区域各场地地震危险性评价结果,如表 3.11 所示。

表 3.11 西宝高速公路沿线区域各场地地震危险性评价结果

路堤桩号	50年一定超越概率的 PGA/gal			路堤桩号	50年一定超越概率的 PGA/gal		
	2%	10%	63%		2%	10%	63%
K1065+000	306.35	203.87	81.87	K1145+000	264.44	176.15	68.70
K1075+000	310.12	207.36	83.62	K1155+000	255.86	170.07	65.86
K1085+000	313.37	211.10	85.37	K1165+000	258.53	172.86	66.58
K1095+000	305.98	205.15	82.68	K1175+000	261.26	175.24	67.30
K1105+000	296.90	199.83	79.97	K1185+000	263.02	179.77	68.14
K1115+000	289.64	193.69	77.20	K1195+000	267.98	182.92	69.34
K1125+000	281.35	188.80	74.35	K1205+000	271.11	186.23	70.08
K1135+000	273.06	181.75	71.53	K1215+000	274.06	189.35	71.05

利用 ArcGIS10.0 软件,对西宝高速公路路线进行矢量化,并采用贝瑟尔曲线对路线轮廓进行平滑处理,利用克里金方法 (Kriging interpolation method) 对表 3.11 的计算结果进行插值处理,分别以图件形式得到西宝高速公路地震危险性评价结果,如图 3.10~图 3.12 所示。

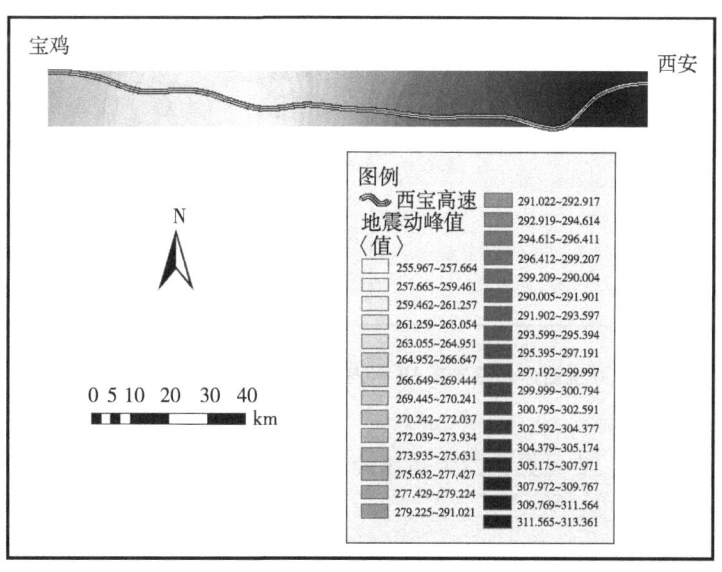

图 3.10 西宝高速公路未来 50 年内超越概率 2% 的 PGA (见彩插)

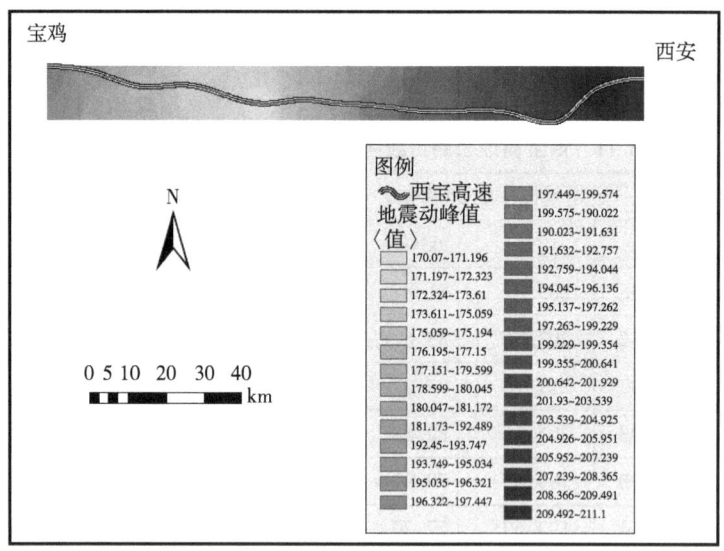

图3.11 西宝高速公路未来50年内超越概率10%的 PGA （见彩插）

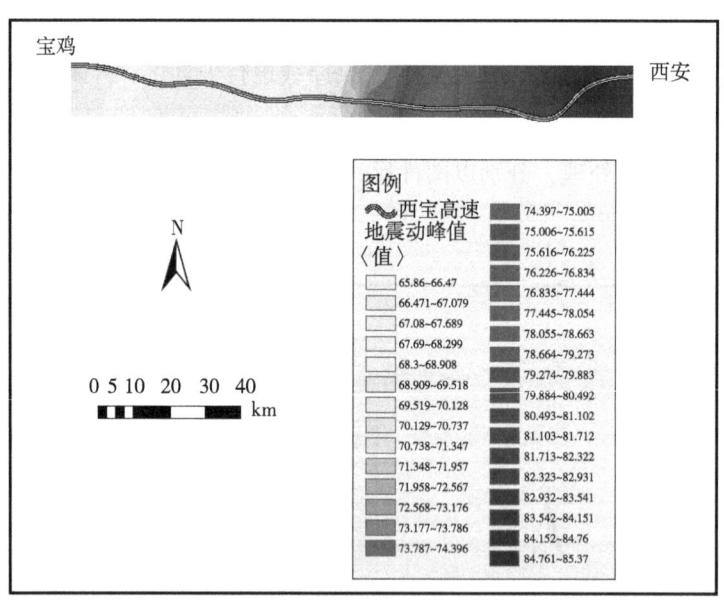

图3.12 西宝高速公路未来50年内超越概率63%的 PGA （见彩插）

由图3.10～图3.12可见，西宝高速公路未来50年内不同超越概率水平的 PGA 分布主要有以下特点：

1) 未来50年超越概率2%、10%和63%三个概率水准的 PGA 均在眉县附近达到最小值，然后分别向东、西两个方向增大，其中，眉县以西增速较慢，以东增速

第3章 西宝高速公路地震危险性评价

较快,至咸阳附近达到最大值,然后再向西安方向衰减。

2)不同超越概率的 PGA 最大值分别为 315.77 gal(50 年超越概率 2%)、213.25 gal(50 年超越概率 10%)和 86.44 gal(50 年超越概率 63%);最小值分别为 253.79 gal(50 年超越概率 2%)、169.01 gal(50 年超越概率 10%)和 65.36 gal(50 年超越概率 63%),即最大值为最小值的 1.244 倍、1.262 倍和 1.323 倍,可见,西宝高速公路沿线区域 PGA 分布较为均匀。

我国通用的地震动参数分级方法是对未来 50 年内超越概率 10% 的 PGA 分为 <0.05 g、0.05 g、0.10 g、0.15 g、0.20 g、0.30 g 和 ≥0.40 g 共 7 级,而在第四代地震区划图中给出了各 PGA 分级与基本烈度值的对应关系,如表 2.2 和表 3.12 所示。

表 3.12 未来 50 年内超越概率 10% 的 PGA 分级

PGA 归档/g	数值范围/g	数值范围/gal
<0.05	<0.04	<39.2
0.05	[0.04,0.09)	[39.2,88.2)
0.10	[0.09,0.14)	[88.2,137.2)
0.15	[0.14,0.19)	[137.2,186.2)
0.20	[0.19,0.28)	[186.2,274.4)
0.30	[0.28,0.38)	[274.4,372.4)
≥0.40	≥0.38	≥372.4

根据表 2.2 和表 3.12,利用 ArcGIS10.0,将西宝高速公路未来 50 年内超越概率 10% 的 PGA 进行分级,完成西宝高速公路沿线地震危险性分级,如图 3.13 所示。

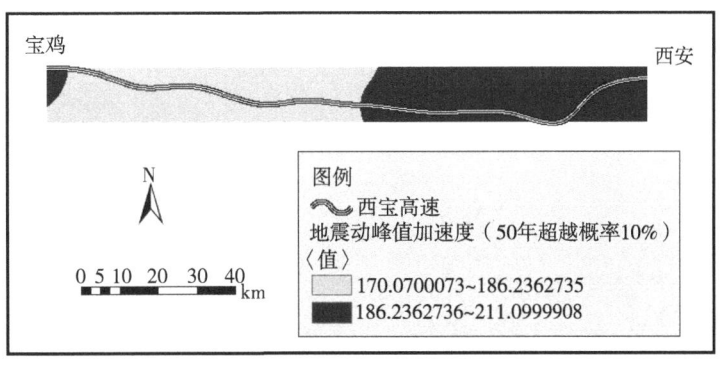

图 3.13 西宝高速公路沿线地震危险性分级

从图 3.13 可以看出，西宝高速公路全线 PGA 跨越 2 级，其中，宝鸡段和武功—西安段为 0.20 g 级，即基本烈度Ⅷ度区；宝鸡—武功段为 0.15 g 级，即基本烈度Ⅶ度区。而在第四代区划图中西宝高速公路沿线区域均落在 0.15 g 分级区内，可见，本章的计算结果与第四代区划图相近但略偏高，而这一计算结果也与渭河断陷盆地内地震活跃的现实是一致的。

3.4 本章小结

1）从震源特性、传播介质和场地条件三方面系统归纳了地震灾害的影响因素，选取 CPSHA 方法进行西宝高速公路地震危险性评价。

2）分析了 CPSHA 方法的基本假定，在地震区带划分原则和已有研究成果分析的基础上，明确了研究区域涉及的渭河地震带、西海固地震带和汉水地震带；结合第四代地震区划图的潜在震源区划分方案，总结了对西宝高速公路地震危险性有影响的 20 个潜在震源区，其中，西海固地震带 13 个，渭河地震带 5 个，汉水地震带 2 个。

3）采用泊松模型建立了各地震区带和潜在震源区的地震发生预测模型，采用截断的 Gutenberg-Richte 模型建立了地震发生的震级—频度关系；确定了震级—频度关系中的 a、b 值，震级上限 M_u，起算震级 M_0，地震年平均发生率 $v_{4.0}$，以及地震空间分布函数 $f_{i,Mj}$ 等地震活动性参数。

4）选取 PGA 作为地震危险性评价指标，建立了研究区域基岩 PGA 的衰减关系和场地对 PGA 的影响模型，对西宝高速公路沿线区域各场地未来 50 年内不同超越概率水准的 PGA 进行了计算，并依托 ArcGIS10.0 完成了西宝高速公路地震危险性评价，结果显示：西宝高速公路沿线区域跨越Ⅶ度和Ⅷ度基本烈度区，评价结果略高于我国第四代地震区划图，这与目前渭河断陷盆地地震活跃的现实是一致的。

第4章 路堤地震灾害易损性评价

在我国历次大地震中，路堤普遍遭受了不同程度的震害，严重影响了震区公路系统对抢险救灾工作的保障力度，甚至成为关系到抗震救灾全局的"死结"，引起了全国人民的广泛关注。研究路堤在地震作用下的破坏机理和损伤程度，对于合理提高公路抗震能力具有重要意义。

PEER 提出采用如式（4.1）所示的全概率公式对结构的震害损伤进行评估。

$$\lambda(DI) = \int F(DI \mid IM) \, d\lambda(IM) \, 。 \tag{4.1}$$

式中：IM 为地震动参数；DI 为震害损伤参数；$\lambda(IM)$ 为 IM 的超越概率水平；$F(DI \mid IM)$ 为在给定 IM 下 DI 取值的条件概率密度函数；$\lambda(DI)$ 为震害损伤超越 DI 的概率。

由式（4.1）可知，路堤在地震作用下的损伤取决于内在因素和外在因素两方面：①外在因素：即路堤所在场地的地震动参数大小，如 PGA 等，属于地震危险性评价的内容；②内在因素：即在一定地震动作用下，路堤本身抵御地震灾害的能力，属于震害易损性评价的内容。

本篇第三章进行了西宝高速公路地震危险性评价，获得了西宝高速公路沿线地震危险性状况，然而，在公路设计和建设中，要使公路能够抵御极低概率水准的地震是不经济的，也是很难做到的。因此，研究路堤在不同地震作用下的性能表现，即路堤震害易损性研究不可忽视。

结合式（4.1）和其他研究成果，将路堤震害易损性定义为在一定强度地震作用下，路堤发生不同等级震害的概率，它一方面定量刻画了地震动强度与路堤破坏程度之间的统计关系；另一方面从宏观角度描述了路堤的抗震性能。本章在理论性震害易损性评价和路堤震害实例分析的基础上，选取西宝高速公路典型路堤进行研究，根据 PEER 提供的 15 条地震动记录对无支挡结构和有支挡结构的路堤模型进行 IDA 分析，采用 PSDA 方法对 IDA 分析结果进行研究并绘制易损性曲线，完成西宝高速公路典型路堤的震害易损性评价。

4.1 概述

地震易损性评价最早是从核电站和大坝等结构开始的,其主要任务是通过回归方法得到结构的损伤程度与地震强度之间的关系,并通过易损性曲线或易损性矩阵的形式体现评价结果。根据地震的影响范围、震害资料获取手段和计算方法的不同,震害易损性的评价方法也各不相同。目前,应用较为广泛的易损性评价方法是经验法和理论分析法,亦称为经验性震害易损性评价方法和理论性震害易损性评价方法。

4.1.1 经验性震害易损性评价方法

经验性震害易损性评价以震后现场调查为基础,通过整合不同地震动强度与震害损伤参数,得到经验易损性矩阵和经验易损性曲线。经验性震害易损性评价的工作内容包括:

1) 收集震区的烈度等震线资料或其他地震动参数,如 PGA、PGV 等分布资料;确定震区内构筑物所在场地的烈度或地震动参数值。

2) 根据构筑物的损伤程度和使用功能的降低程度,划分构筑物的震害等级并确定震害等级归属。

3) 对构筑物所在场地的烈度或地震动参数与构筑物震害等级进行拟合,得到一系列地震动强度—震害等级样本对,从而获得构筑物的震害易损性矩阵并绘制易损性曲线。经验性震害易损性评价工作内容如图 4.1 所示。

图 4.1 经验性震害易损性评价工作内容

第4章 路堤地震灾害易损性评价

国内外一些学者采用经验方法进行了震害易损性评价，得到了较好的结果。日本学者 Miyakoshi 等通过分析 Kobe Earthquake 的房屋震害调查数据，通过统计分析得到了房屋的震害参数方程；Yamazaki 等同样通过分析 Kobe Earthquake 的房屋震害调查数据，得到了 Osaka 地区建筑结构的经验性震害易损性曲线。经验性震害易损性评价历史悠久、原理简单、计算结果精确，然而，在实际应用中该方法受到了很大限制，主要原因有：

1）经验性震害易损性评价需要震区内详细的地震烈度或地震动参数分布图，虽然我国地震监测手段有了很大进步，但监测站点的密度还不能完全满足要求，因此，目前的地震烈度和地震动参数分布图大多是根据既有地震动衰减规律，结合站点的记录值对结果进行校核确定的，其精度尚不能完全满足需要。

2）经验性震害易损性评价需要研究区域内所有构筑物的震害损伤调查资料，然而，构筑物震害等级的划分具有较高的主观性，调查结果的离散性有时非常大，且调查区域一般范围巨大，受损构筑物数量十分可观，震害调查过程复杂。而我国目前的震害调查大多是对受损构筑物的抽样调查，全面的调查研究较少，无法开展大范围的经验性震害易损性评价。

3）经验性震害易损性评价是对震区内某类构筑物总体抗震性能的评价，无法体现不同单体构筑物的抗震差异性。

综上所述，经验性震害易损性评价虽然具有理论简单、结果精确等优点，但很难在大范围内，尤其是在公路等线性工程中推广应用，因此，本章采用理论性震害易损性评价方法进行路堤震害易损性评价。

4.1.2 理论性震害易损性评价方法

（1）理论性震害易损性评价方法的优点

理论性震害易损性评价采用理论方法反映某特定损伤程度与地震动强度之间的概率关系。随着全球范围内地震动记录的增多和计算机仿真技术的提高，理论性震害易损性评价逐渐显示出了极大优势，受到了全世界地震工程研究者的高度重视，其应用已经涵盖重要生命线工程、核电站、大坝和钢筋混凝土建筑等领域。根据国内外已有研究成果，理论性震害易损性评价的优点主要有：

1）易于控制加载水平。理论性震害易损性评价采用计算机人工加载，可以任意选择不同强度和不同振型的地震动记录，不但能够充分体现构筑物所在场地遭受地震动的不确定性，而且可以充分减小主观因素对震害易损性评价结果的影响。

2）容易实现对损伤参数的定量控制和研究。在理论性震害易损性评价中，震害状况可以通过软件自动输出，避免了人工震害调查确定构筑物损伤状况的系统误差，从而实现了采用定性和定量相结合的方法对震害损伤进行控制和研究。

3）可以实现对单体构筑物的精确研究。理论性震害易损性评价通过建立三维有限差分模型进行仿真，能够充分体现不同构筑物抗震能力的差异，实现对单体构筑物的精确研究。

（2）路堤震害易损性评价方法

本章在进行西宝高速公路典型路堤震害易损性评价时的主要工作内容包括：

1）划分路堤震害等级、选取路堤震害损伤参数。参考路堤实际震害状况和已有研究成果，划分路堤震害等级，选取路堤震害损伤参数，并建立路堤震害等级与损伤参数的对应关系。

2）建立路堤有限差分模型。选取西宝高速公路典型路堤进行研究，确定合理的本构关系、边界条件和阻尼类型，利用 Flac^{3D} 软件建立无支挡结构和有支挡结构路堤的三维有限差分模型。

3）进行路堤 IDA 分析。依托 Flac^{3D} 软件，选取 PEER 提供的 15 条地震动记录分别对无支挡结构和有支挡结构路堤进行 IDA 分析，得到一定强度 PGA 对应的路堤震害损伤参数，并据此确定路堤震害等级。

4）对 IDA 分析结果进行 PSDA 分析并绘制易损性曲线。确定路堤震害损伤参数算术平均值与 PGA 的统计关系；假定路堤震害损伤参数服从对数正态分布，采用 PSDA 分析方法确定不同 PGA 对应的无支挡结构和有支挡结构路堤发生各等级震害的概率分布，并绘制路堤震害易损性曲线。路堤震害易损性评价流程如图 4.2 所示。

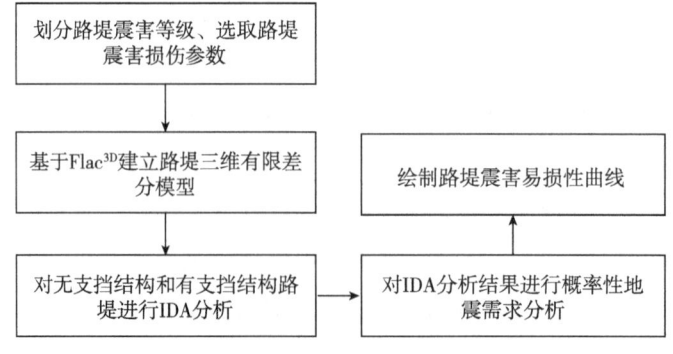

图 4.2 路堤震害易损性评价流程

4.2 路堤震害实例分析

4.2.1 路堤震害的主要类型

地震对公路的破坏是巨大的,但也为公路抗震研究提供了丰富资料。路堤震害主要有 6 种类型:路堤沉陷、路堤垮塌、路堤开裂、路堤错台、路堤错断和路堤隆起,如图 4.3 所示。

(a) 路堤沉陷　　　　　　　　　　(b) 路堤垮塌

(c) 路堤开裂　　　　　　　　　　(d) 路堤错台

(e) 路堤错断　　　　　　　　　　(f) 路堤隆起

图 4.3　路堤震害类型划分

4.2.2 典型路堤震害实例

(1) G213 都江堰—映秀段

G213 都江堰—映秀段为三级公路,全长 35 km。汶川地震中全线位于Ⅷ度以上烈度区,共发生路基震害 93 处,路基开裂、滑移、沉陷普遍。

1) K1032+400~K1032+500 路堤沉陷、错台。K1032+400~K1032+500 为庙子坪桥头汶川端,总沉陷约 30~70 cm,内、外侧路堤出现错台并密集分布纵、横向裂缝,裂缝宽约 2~10 cm,如图 4.4 所示。

(a) 路堤沉陷　　　　　　　　　(b) 路堤错台

图 4.4　K1032+400~K1032+500 路堤沉陷、错台

2) K1029+700~K1029+800 路堤开裂、隆起。K1029+700~K1029+800 处有一小型断层穿过,造成路堤纵、横向开裂和隆起并反射至路面,纵向开裂最宽处约 1 m,隆起最高处约 50 cm,如图 4.5 所示。

(a) 路堤开裂　　　　　　　　　(b) 路堤隆起

图 4.5　K1029+700~K1029+800 路堤开裂、隆起

第4章 路堤地震灾害易损性评价

3）K1026+500~K1026+550 路堤沉陷、开裂。K1026+500~K1026+550 为一中桥桥头引道汶川端，出现路堤沉陷变形并伴有纵向裂缝且反射至路面，需进行回填处理，如图4.6所示。

（a）路堤沉陷　　　　　　　　　　　（b）路堤开裂

图 4.6　K1026+500~K1026+550 路堤沉陷、开裂

4）K1029+450~K1029+500 路堤垮塌、开裂。K1029+450~K1029+500 路堤垮塌、开裂严重，裂缝宽约10~20 cm，裂缝成圈椅状，路堤整体稳定性存在问题，抢通阶段可半幅慢行，如图4.7所示。

（a）路堤垮塌　　　　　　　　　　　（b）路堤开裂

图 4.7　K1029+450~K1029+500 路堤垮塌、开裂

（2）都江堰—映秀高速公路

都江堰—映秀高速公路连接成灌高速，路线全长25 km，位于映秀—北川断裂下盘，前10 km为平原区，路线通过区地震烈度为Ⅸ~Ⅺ度。

1）AK0+600~AK1+200 路堤开裂。AK0+600~AK1+200 沿路堤中线纵向开裂，最宽处达32 cm，收费站范围水泥路面裂缝最大宽度9 cm，路面面板间钢筋拉裂。

2) K25+500~K25+550 路堤错断。K25+500~K25+550 为汶川地震中央断裂带通过区，公路损毁十分严重，路堤出现横向错断，断距最大处超过 5 m，沿河挡墙外倾、错位，如图 4.8 所示。

图 4.8　K25+500~K25+550 路堤错断

3) K10+000~K10+150 路堤沉陷、开裂。K10+000~K10+150 路堤顶面出现纵、横向开裂，长度达数十米，平均宽约 10 cm，最宽处达 23 cm，并造成部分路堤沉陷，如图 4.9 所示。

（a）路堤沉陷　　　　　　　　　　（b）路堤开裂

图 4.9　K10+000~K10+150 路堤沉陷、开裂

4) K9+050~K9+300 路堤沉陷、开裂。K9+050~K9+300 路堤沉陷明显，路面标高较桥面下降近 8 cm，路堤开裂，中央分隔带内可见明显纵向裂缝。

(3) S105 彭州经北川至青川段

S105 彭州经北川至青川（沙洲）段公路走向为北东，与汶川地震的发震断层——龙门山中央断裂带走向大致平行，路线经过区域的地震烈度从Ⅶ到Ⅺ度不等。彭州—绵竹段为二级公路，绵竹—北川段为一级、二级公路，北川—青川段为二级、

第4章 路堤地震灾害易损性评价

三级公路,青川—沙洲段为三级公路,其中,彭州—绵竹—安昌段为平原地形,平原区砂砾夹层地震液化对公路影响严重。

1) K109+000~K109+150右侧路堤垮塌。K109+000~K109+150右侧路堤沿路线中线发生垮塌,长度达数十米,需重新填筑,如图4.10所示。

图 4.10　K109+000~K109+150 右侧路堤垮塌

2) K132+400~K132+500路堤垮塌。K132+400~K132+500位于贵溪地区,路堤高10 m左右,地震造成左侧路堤垮塌,如图4.11所示。

图 4.11　K132+400~K132+500 路堤垮塌

4.2.3　路堤震害的成因和影响因素

(1) 路堤震害的成因

根据对历次地震中路堤震害的调查总结以及对各震害实例的分析对比,结合已有研究成果,本章认为路堤震害的成因主要有3种:

1) 地基变形引起的破坏。地基变形引起的路堤震害最为普遍,其主要特征是地震造成地基的隆起、下陷、扭曲和变形等导致路堤的破坏。国内外历次大地震中均有由于地基变形引起路堤破坏的实例。

2）路堤动力放大作用引起的破坏。由于路堤对地震动的放大作用随高度的增加而增大，因此，此类震害主要出现在路堤顶面附近，主要表现为路堤开裂和垮塌等。

3）特殊路堤的破坏。一些桥头路堤和高路堤等因桥台或边坡滑移导致的震害十分普遍，这些路堤多位于地质条件复杂且施工难度较大的区域，加之受到水流冲刷等作用，一旦发生破坏将造成严重危害。

(2) 路堤震害的影响因素

影响路堤震害程度的因素包括场地条件、震中距、路堤防护设施及防护形式、路堤填料和填筑质量、路堤高度和坡度等。

1）场地条件。修建在坚硬土层上的路堤一般不会和地震动产生共振，震害一般较轻，多是路堤边坡的碎落和滑移等灾害；修建在软弱土层上的路堤可能会与地震动产生共振，易导致地基与路堤的综合破坏。

2）震中距。震中距是影响路堤震害严重程度的另一重要因素，位于震中附近的路堤震害非常严重，路堤开裂、垮塌等非常集中，路堤的错断等严重震害也时有发生，而在距离震中和发震断层较远的区域，路堤震害以小规模的开裂和沉陷为主，一般不会出现大范围的破坏失效。

3）路堤防护设施及防护形式。进行了工程防护的路堤震害远轻于未防护的路堤，但是，有防护工程的路堤震害也是有差异的，防护工程应根据场地地震危险性、岩土体类型、风化程度和路堤形式等因素综合考虑，然而，一些防护工程未达到应有的效果，例如，高路堤采用抗滑桩防护，但抗滑桩长度较短，未能深入到基岩中，不但不能起到抗震作用，反而因为边坡土体自重增加而加大震害。

4）路堤填料和填筑质量。路堤填料直接影响路堤的抗震性能，碎石土和普通黏性土填筑的路堤震害较轻，而砂砾土和软黏土填筑的路堤震害相对严重。同时，路堤填筑质量也是影响路堤抗震性能的重要因素之一，调查显示，路堤和土基的压实度超过95%时，路堤抗震性能较高。

5）路堤高度和坡度。已有研究成果表明，路堤高度越大，震害越严重，这一规律已在国内外历次地震中得到了验证。路堤震害有86.8%发生在边坡坡度25°~45°范围内，低于或高于该坡度范围路堤震害均较轻。

第4章 路堤地震灾害易损性评价

4.3 路堤震害等级划分和损伤参数选取

在进行路堤震害易损性评价之前，需要首先确定路堤的震害等级。路堤震害等级的划分应从定性和定量两方面进行，定性的震害等级划分是根据路堤的外部破坏形态和使用功能的降低程度进行的，定量的震害等级划分是从路堤震害损伤参数的选取入手的。

目前我国对路堤震害等级划分和损伤参数选取的研究还处于起步阶段，可供参考的资料很少，但我国对钢筋混凝土建筑、桥梁和大坝等结构的震害易损性研究较多，其震害等级划分和损伤参数选取方法已在实际应用中显示了合理性，可以为路堤震害易损性评价提供参考。本节在路堤震害调查的基础上，结合已有研究成果，将路堤震害等级划分为基本完好、轻微损伤、中等损伤、严重损伤和毁坏5级，并选取路堤顶面横向最大位移率 ε_{max} 和路堤顶面最大沉降率 ζ_{max} 作为路堤震害损伤参数。

4.3.1 路堤震害等级划分

震害等级的划分可以清晰地确定震害损伤状况，也可为后续的震害易损性曲线绘制提供基础。对钢筋混凝土建筑、桥梁和大坝的震害等级划分结果进行汇总分析，结果发现，震害等级一般分为3~5级，其中以5级居多，如表4.1所示。

表4.1 钢筋混凝土建筑、桥梁和大坝的震害等级划分和震害损伤参数

研究者和研究对象	震害等级划分	震害损伤参数
PEER 提出的钢筋混凝土建筑震害等级划分方法	无损伤、轻度损伤、中度损伤、严重损伤、倒塌	层间位移角
何益斌提出的高层钢筋混凝土混合建筑震害等级划分方法	基本完好、轻微破坏、中等破坏、严重破坏、倒塌	顶点位移角、层间位移角
朱健提出的钢筋混凝土建筑震害等级划分方法	无损伤、轻度损伤、中度损伤、严重损伤、完全损伤	层间位移角
H. Hwang 提出的钢筋混凝土桥梁震害等级划分方法	无破坏、轻微破坏、中等破坏、严重破坏、完全破坏	相对位移延性比
葛胜锦提出的小跨径混凝土连续梁桥震害等级划分方法	无破坏、轻微损伤、中等损伤、严重损伤、倒塌	墩顶漂移率、支座相对变形

续表

研究者和研究对象	震害等级划分	震害损伤参数
李立峰提出的高墩大跨连续梁桥震害等级划分方法	无损伤、轻微损坏、严重损坏、倒塌	IDA 曲线斜率
郭恩栋提出的梁式公路桥震害等级划分方法	基本完好、轻微破坏、中等破坏、严重破坏、毁坏	震害指数
姚霄雯提出的拱坝震害等级划分方法	以拱冠位移为基准定义三个性能水准	拱冠位移
沈怀至提出的重力坝—地基系统震害等级划分方法	未破损、轻微损伤、中等损伤、严重损伤	坝基交界面屈服比、残余滑动位移
李浩瑾提出的重力坝震害等级划分方法	轻微破坏、中等破坏、严重破坏	累积滑动位移
Reuland 提出的建筑物震害等级划分方法	无损伤、轻度损伤、中度损伤、严重损伤、倒塌	残余滑动位移
庞玉涛提出的不同纤维钢筋混凝土柱震害等级划分方法	轻度、中度、广泛和塌陷	最大位移、残余位移、位移延性和曲率延性
赵少宇提出的混凝土重力坝震害等级划分方法	未破损、轻微损伤、中等损伤、严重损伤	坝顶最大水平位移
Asadi 提出的桥梁震害等级划分方法	无损伤、轻度损伤、中度损伤、严重损伤、倒塌	结构和非结构损坏成本
Musella 提出的砖石和混凝土建筑的震害等级划分方法	轻度、严重、非常严重、极其严重	裂缝宽度

虽然我国还没有专门的路堤震害等级划分方法，但一些学者对此进行了探索性研究。我国《生命线工程地震破坏等级划分》（GB/T 24336—2009）规定，道路破坏应以"路段"为单位进行评定，并根据破坏程度划分为 5 级；林均岐根据道路震害统计结果，给出了公路系统地震破坏等级划分方法，其中将路基震害划分为基本完好、轻微破坏、中等破坏、严重破坏和毁坏 5 级；姚令侃将路基震害划分为完好、基本完好、损伤、严重损害和毁坏 5 级，并提出了与各损伤等级对应的加固、修复措施和设防原则；李志强在对震后路基进行安全评估时，将震后路基的工作状态分为无异常、轻微异常、异常、显著异常 4 级。可见，虽然震害等级划分方法有较大区别，但基本服从以下原则：

1）等级划分的数量应适中。若划分的级数太多，则等级之间的差别较小，易

第 4 章 路堤地震灾害易损性评价

造成易损性评价时的混乱,无法直接应用于工程实际;若划分的级数太少,则震害易损性评价将失去意义。

2) 震害等级划分应综合考虑承灾体和致灾因素的作用,即不但应考虑自身损伤状况和使用功能的降低程度,还应考虑地震动强度的特点。

3) 震害等级划分应为震害易损性曲线绘制和风险评价提供基础,还应与基于性能的抗震设计相衔接。

根据路堤震害实际状况和上述震害等级划分原则,本章在进行路堤震害易损性评价时,将路堤震害划分为 5 级,即基本完好、轻微损伤、中等损伤、严重损伤和毁坏,并从路堤使用功能降低的角度对各级震害特征进行描述,如表 4.2 所示。

表 4.2 路堤震害等级划分和震害特征描述

震害等级	震害特征描述
基本完好	路堤未受损伤或受到轻微损伤,不影响正常通行
轻微损伤	路堤受到轻微损伤,行车速度降低,短时间内可排除危害
中等损伤	路堤受到中等损伤,行车速度大为降低,短时间内可排除危害
严重损伤	交通中断,经短时间抢修可恢复交通
毁坏	交通中断,短时间内无法恢复交通

4.3.2 路堤震害损伤参数选取

由于本章采用 IDA 方法进行路堤震害易损性评价,该方法要求以路堤的某种量化指标作为震害反应的表征,因此,在进行易损性评价之前,应首先明确路堤震害的损伤参数,并建立损伤参数与震害等级的对应关系。

(1) 已有震害损伤参数

最早的结构震害损伤参数就是基于变形破坏准则确定的一系列构件延性参数,主要包括构件的曲率损伤参数 μ_ϕ、转角损伤参数 μ_θ 和位移损伤参数 μ_δ,如式(4.2)所示。

$$\mu_\phi = \frac{\phi_m}{\phi_y}, \mu_\theta = \frac{\theta_m}{\theta_y}, \mu_\delta = \frac{\delta_m}{\delta_y} \quad (4.2)$$

式中: μ_ϕ、μ_θ、μ_δ 为构件的曲率损伤参数、转角损伤参数和位移损伤参数;ϕ_m、θ_m、δ_m 为构件在地震作用下的最大曲率、最大转角和最大位移;ϕ_y、θ_y、δ_y 为构件

的屈服曲率、屈服转角和屈服位移。

1981年,美国学者Banon提出了一种新的基于变形破坏准则的震害损伤参数:弯曲损伤率(Failure Damage Rate,简称FDR),该参数同时考虑了往复加载下结构刚度和强度的退化,如式(4.3)所示。

$$FDR = \frac{K_o}{K_m} \text{。} \tag{4.3}$$

式中:FDR 为弯曲损伤率;K_o 为起始切线刚度;K_m 为结构最大地震反应的等效切线刚度。

对于钢筋混凝土结构和大坝,无论是基于构件延性的损伤参数,还是弯曲损伤率均无法对结构的损伤和失效给出准确的判断,因此,一些学者提出将层间位移和层间位移角作为震害损伤参数。目前,层间位移角已被广泛应用于结构的震害易损性评价中,这与层间位移角在评定结构震害时的兼容性和有效性是密切相关的,即层间位移角能够同时表征结构的局部损伤和整体损伤,因此,美国的HAZUS99系列损伤评估准则也使用层间位移角作为震害损伤参数。

国内外学者通过不懈努力,提出了很多基于变形和能量双重破坏准则的损伤参数,其中以Park-Ang参数最为著名,该参数既考虑了结构的位移特性,也考虑了结构材料吸收能量的因素,如式(4.4)所示。

$$D = \frac{\delta_m}{\delta_u} + \beta_e \frac{\int dE}{F_y \delta_u} \text{。} \tag{4.4}$$

式中:D 为Park-Ang损伤参数;δ_m 为结构在地震作用下的最大位移;$\int dE$ 为结构累计吸收的滞回能量;δ_u 为单调荷载作用下的变形极限值;F_y 为纵向受力钢筋的屈服强度;β_e 为表征往复荷载作用下结构损伤的参数,其取值与剪跨比、轴心压力、纵向配筋率和箍筋率有关。

在采用Park-Ang参数评定震害等级时,一般可以将结构的震害分为5级,并以$D=0.4$作为结构可修复和不可修复的界限值,如表4.3所示。

表4.3 Park-Ang损伤参数界限和震害等级描述

损伤参数界限	震害等级描述
$D < 0.1$	结构无损伤或局部出现小规模裂缝
$0.1 \leq D < 0.25$	结构轻微损伤,出现明显的裂缝并有扩展迹象

第4章 路堤地震灾害易损性评价

续表

损伤参数界限	震害等级描述
$0.25 \leqslant D < 0.4$	结构中等损伤，出现极严重的裂缝和局部的翘曲
$0.4 \leqslant D < 1$	严重损伤，部分失效
$D \geqslant 1$	结构倒塌，彻底失效

中国学者郭进等针对Park-Ang损伤模型参数取值和性能等级划分研究的不足，基于试验数据，通过3轮遍历搜索，确定了参数取值，并参照已有的性能等级划分，确定了适用于Park-Ang三维损伤模型的性能等级划分标准。21世纪初以来，随着震害易损性研究的兴起，国内外学者提出了很多新的震害损伤参数，如桥梁的墩顶漂移率、拱坝的拱冠位移和IDA曲线斜率等，如表4.1所示。由该表可知，大部分震害损伤参数是基于变形破坏准则选取的。

（2）路堤震害损伤参数选取

由于土石坝和路堤在外部形态上类似，两者在地震作用下的力学过程和变形破坏规律也类似，因此，土石坝震害损伤参数对路堤震害损伤参数的选取更具有借鉴意义（表4.4）。

表4.4 土石坝震害损伤参数

研究者	震害损伤参数
王笃波等	坝顶沉陷值
栾茂田等	坝坡滑移量
刘君等	坝顶沉降值、坝顶横向位移
仝玉丁等	坝顶震后宽度
吴兆营等	土体永久变形
李永强等	整体位移
朱亚林等	坝顶竖向位移
唐洪祥等	坝顶沉陷值、坝坡位移
汪旭等	土石坝永久变形
相彪等	坝顶相对震陷率
楚金旺等	震后永久变形
靳聪聪等	坝顶相对震陷率、坝顶水平位移
李彦龙等	坝体裂缝

续表

研究者	震害损伤参数
陈国兴等	坝顶宽度与坝高之比
周洋等	垂直位移、塑性剪切应变
胡红强等	土坝位移
黄旭斌等	最大永久地震沉降
杨元敏等	坝顶水平和垂直残余位移
徐斌等	坝顶相对震陷率、累积滑移量
庞瑞等	坝顶相对沉降比、坝坡稳定性累积滑动位移
卓蓉等	累积滑移
朴基春等	坝顶沉降
罗博华等	坝顶竖向永久变形
吕小龙等	坝体地震残余应变场
Tani 等	坝顶最大响应加速度
Akpinar 等	大坝整体裂缝扩展程度
Sadeghi 等	刚度、阻尼系数、坝顶永久位移
Noorzad 等	坝顶水平和垂直位移
Pelecanos 等	地震剪切应力和应变
Adams 等	易损性曲线

通过对土石坝震害损伤参数的总结研究，可以得出震害损伤参数选取的原则：

1）结构顶部产生位移是土石坝等在地震中最直观的震害表现，而且位移参数定义简单、明确，容易获得，因此，震害损伤参数多为基于位移破坏准则选取的位移参数。

2）震害损伤参数是对结构的局部震害和整体震害的综合反映，因此，应根据实际情况选取一个震害损伤参数，也可选取多个震害损伤参数。

3）震害损伤参数是对震害损伤和使用功能降低程度的定量表达，其取值应与结构地震动强度参数存在单调关系。

4）震害损伤参数应是所选用的分析软件能够直接输出的参数，或者经简单计算即可求得的其他参数。

本章根据路堤震害概况和以上路堤震害损伤参数选取原则，选取路堤顶面横向最大位移率 ε_{max} 和路堤顶面最大沉降率 ζ_{max} 作为路堤震害损伤参数，ε_{max} 和 ζ_{max} 的计算方法如式（4.5）所示。

第4章 路堤地震灾害易损性评价

$$\varepsilon_{\max} = \frac{d_{\max}}{D}, \zeta_{\max} = \frac{h_{\max}}{H} \text{。} \quad (4.5)$$

式中：$\varepsilon_{\max}$ 为路堤顶面横向最大位移率；$\zeta_{\max}$ 为路堤顶面最大沉降率；$d_{\max}$ 为路堤顶面横向最大位移；D 为路堤顶面宽度；$h_{\max}$ 为路堤顶面最大沉降量；H 为最大沉降发生位置的路堤高度。

选取 $\varepsilon_{\max}$ 和 $\zeta_{\max}$ 作为路堤震害损伤参数的原因有：

1）路堤顶面对地震动的放大作用最强烈，$\varepsilon_{\max}$ 和 $\zeta_{\max}$ 不但可以表征路堤的整体震害状况，还可以表征路堤最易破坏的部位，且其取值与 PGA 等地震动参数存在正相关关系，即地震强度越大，$\varepsilon_{\max}$ 和 $\zeta_{\max}$ 也越大。

2）$\varepsilon_{\max}$ 和 $\zeta_{\max}$ 可以体现地震对公路通行能力的影响，即 $\varepsilon_{\max}$ 和 $\zeta_{\max}$ 越大，路堤震害状况越严重，公路通行能力越低。

本章根据美国北岭地震、日本阪神地震和汶川地震的31处路堤震害，总结了路堤所在场地的 PGA 与 $\varepsilon_{\max}$ 和 $\zeta_{\max}$ 的对应关系，如图4.12和图4.13所示。

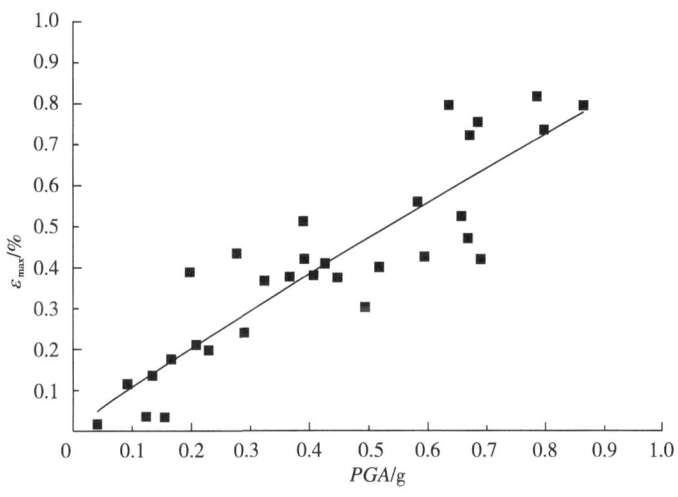

图 4.12　PGA 与 $\varepsilon_{\max}$ 的对应关系

对图4.12和图4.13所示的 PGA 与 $\varepsilon_{\max}$ 和 $\zeta_{\max}$ 的对应关系进行回归分析，可得如式（4.6）和式（4.7）所示的结果。

$$\varepsilon_{\max} = 0.884 PGA - 0.024 ; \quad (4.6)$$

$$\zeta_{\max} = 1.2036 PGA + 0.005 \text{。} \quad (4.7)$$

由式（4.6）和式（4.7）可知，PGA 与 $\varepsilon_{\max}$ 和 $\zeta_{\max}$ 基本成线性关系，但对应关系表现出较大的离散性，这可能与路堤的形式和抗震能力有较大差异有关，与此同

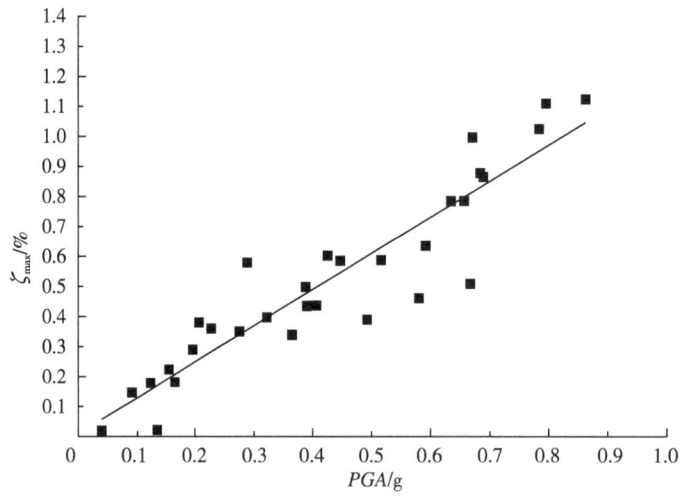

图 4.13 PGA 与 ζ_{max} 的对应关系

时,不论是大地震还是小地震,ε_{max} 和 ζ_{max} 均较小,因此,在确定路堤震害损伤参数界限时,应综合考虑公路等级、路堤宽度和路堤高度等因素。本章建立 ε_{max} 和 ζ_{max} 与高等级公路(高速公路、一级公路)路堤震害等级之间的对应关系,如表 4.5 所示。

表 4.5 路堤震害损伤参数与高等级公路路堤震害等级的对应关系

路堤震害等级	路堤震害损伤参数	
	$\varepsilon_{max}/\%$	$\zeta_{max}/\%$
基本完好	$\varepsilon_{max}<0.2$	$\zeta_{max}<0.2$
轻微损伤	$0.2\leq\varepsilon_{max}<0.4$	$0.2\leq\zeta_{max}<0.4$
中等损伤	$0.4\leq\varepsilon_{max}<0.6$	$0.4\leq\zeta_{max}<0.8$
严重损伤	$0.6\leq\varepsilon_{max}<1$	$0.8\leq\zeta_{max}<1.2$
毁坏	$\varepsilon_{max}\geq 1$	$\zeta_{max}\geq 1.2$

4.4 西宝高速公路典型路堤三维有限差分模型的建立

Flac^{3D} 采用非线性动力分析方法,能够真实地模拟地质体的应力—应变关系。本章选取西宝高速公路 K1074+520 处路堤作为典型路堤形式进行研究,通过 Flac^{3D} 建立无支挡结构和有支挡结构路堤的三维有限差分模型。

第4章 路堤地震灾害易损性评价

4.4.1 西宝高速公路典型路堤形式的确定

西宝高速公路 K1074+520 处路堤顶宽为 24.5m、路堤左侧高度为 7.5m，右侧高度为 1.8m，原地面坡度为 8°，路堤边坡坡率为 1∶1.5，路堤填土压实度为 95%，该路堤的概况和基本形式如表 4.6 和图 4.14 所示。

表 4.6 西宝高速公路典型路堤概况

项目	路堤高度/m		路堤坡率	路堤顶宽/m	路堤填土压实度	地面坡度
取值	7.5（左）	1.8（右）	1∶1.5	24.5	95%	8°

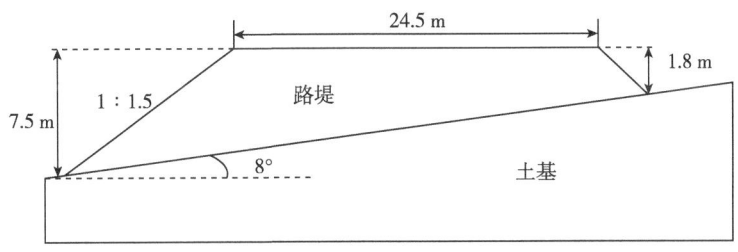

图 4.14 西宝高速公路典型路堤基本形式

在实际公路建设中，挡土墙等支挡结构使用较多，一般认为，挡土墙对公路抗震能力的提高具有积极作用，但定量的研究还很少。为验证支挡结构对路堤抗震能力的影响，本章假定在该典型路堤左侧设置一处钢筋混凝土挡土墙，挡土墙坡率为 1∶0.25，对该路堤模型进行震害易损性评价，并将评价结果与无支挡结构路堤的震害易损性评价结果进行对比，以获得挡土墙对路堤抗震能力的影响，有支挡结构的典型路堤基本形式如图 4.15 所示。需要指出的是，路堤支挡结构应按规范要求进行抗震设计且本章主要研究地震对路堤本身的损伤特点和使用功能的降低程度，因此，本章假定支挡结构在地震作用下不会出现变形破坏。

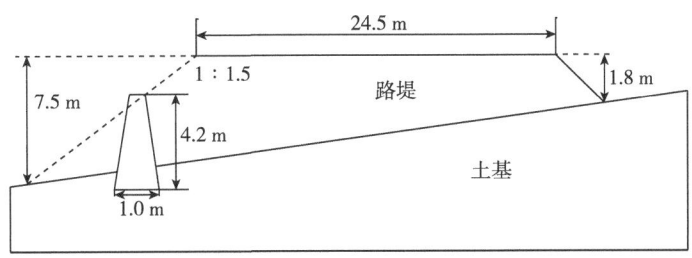

图 4.15 有支挡结构的典型路堤基本形式

4.4.2 本构关系、模型边界条件和阻尼的确定

(1) 本构关系的确定

本章在建立西宝高速公路典型路堤的三维有限差分模型时,对路堤填土和土基选用弹塑性本构关系,屈服准则选取 Flac^{3D} 中常用的摩尔—库伦屈服准则,需要的计算参数包括弹性模量、泊松比、体积模量、剪切模量、密度、黏聚力和内摩擦角等。其中,体积模量和剪切模量可以通过弹性模量和泊松比计算得到,如式(4.8)和式(4.9)所示。

$$K = \frac{E}{3(1-2\mu)}。 \quad (4.8)$$

$$G = \frac{E}{2(1+\mu)}。 \quad (4.9)$$

式中:K 为体积模量;G 为剪切模量;E 为弹性模量;μ 为泊松比。

本章对路堤挡土墙采用各向同性弹性本构关系,需要的模型参数主要包括弹性模量、泊松比、体积模量、剪切模量、密度和容重等。通过查阅西宝高速公路地质勘查、钻孔和钻探资料,结合室内试验结果,确定了 K1074+520 处路堤填土、土基和挡土墙的各项力学参数(表4.7)。

表4.7 路堤填土、土基和挡土墙的各项力学参数

材料	弹性模量 E/MPa	泊松比 μ	体积模量 K/MPa	剪切模量 G/MPa
路堤填土	48.00	0.34	50.00	17.91
土基	42.00	0.34	43.75	15.67
挡土墙	3000.00	0.17	1515.15	1282.05
材料	密度 ρ/(kg/m^3)	黏聚力 C/kPa	内摩擦角 ϕ	容重/(kN/m^3)
路堤填土	1970.00	34.00	33.00°	19.306
土基	1630.00	31.00	28.00°	15.974
挡土墙	2300.00	—	—	22.540

(2) 模型边界条件的选取

模型边界条件是运动方程的解在模型边界上应满足的条件,本章将路堤三维有限差分模型的边界条件考虑为自由场边界。Flac^{3D} 实现自由场边界的方法是:在模型边界上生成网格,并在主体网格边界上施加自由场网格的不平衡力,如图4.16、式

第4章 路堤地震灾害易损性评价

(4.10)~式 (4.12) 所示。

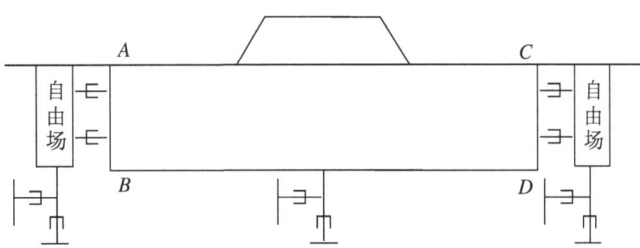

图 4.16 三维有限差分模型的自由场边界

$$F_x = -\rho C_p (v_x^m - v_x^{ff}) A + F_x^{ff} \quad (4.10)$$

$$F_y = -\rho C_s (v_y^m - v_y^{ff}) A + F_y^{ff} \quad (4.11)$$

$$F_z = -\rho C_s (v_z^m - v_z^{ff}) A + F_z^{ff} \quad (4.12)$$

式中:F_x、F_y、F_z 分别为边界主网格上节点 X、Y、Z 向的作用力;F_x^{ff}、F_y^{ff}、F_z^{ff} 分别为自由场节点上 X、Y、Z 向的不平衡力。

(3) 模型阻尼的选取

阻尼是系统在振动中振幅逐渐下降的特性以及这一特性的量化表征。若动力方程的阻尼矩阵 C 与质量矩阵 M、刚度矩阵 K 有关,即可将阻尼矩阵简化为质量矩阵和刚度矩阵的线性组合,这种阻尼称为瑞利阻尼,本章在建立路堤模型的三维有限差分模型时,即采用瑞利阻尼,如式 (4.13) 所示。

$$C = \alpha M + \beta K \quad (4.13)$$

式中:α 为与质量成比例的阻尼常数;β 为与刚度成比例的阻尼常数。

对于一个多自由度系统,任一频率 ω_i 和该频率下的临界阻尼比 D_i,以及 α、β 的关系可以用式 (4.14) 和式 (4.15) 表示。

$$\alpha + \beta \omega_i^2 = 2 \omega_i D_i \quad (4.14)$$

$$D_i = \frac{1}{2} \left(\frac{\alpha}{\omega_i} + \beta \omega_i \right) \quad (4.15)$$

对于固定的 D_i,α 和 β 是随频率变化的。在 Flac^{3D} 中,设置瑞利阻尼必须选择中间频率 ω_{mid},对于地质体,中间频率 ω_{mid} 可以选择为数值模拟中频率范围的中间值,本章取 ω_{mid} 为 0.3 Hz。

4.5 基于 Flac^{3D} 的路堤 IDA 分析

4.5.1 增量动力分析

增量动力分析（IDA）是最常用的地震动力分析方法，它由一系列动力时程分析组成，又称为动力 Push-over 方法。该方法的主要思路是：对于一条特定的地震动记录，通过调幅设定一系列单调递增的强度指标，对每个强度指标下的震害程度进行弹塑性时程分析。IDA 分析近年来得到了广泛的重视和飞速发展，采用 IDA 分析进行路堤震害易损性评价的主要内容包括：

1) 选取地震动记录，确定地震动记录调幅方法。选取 PEER 提供的 15 条地震动记录，将每一条地震动记录的 PGA 进行调幅并作为 IDA 分析的输入。

2) 参数分析。基于 Flac^{3D} 软件，将一系列地震动记录输入无支挡结构和有支挡结构路堤的三维有限差分模型中，得到一系列（PGA，ε_{max}）和（PGA，ζ_{max}）样本点，并明确 PGA 与 ε_{max} 和 ζ_{max} 的统计关系。

4.5.2 地震动记录的确定

(1) 地震动记录的选取

在进行 IDA 分析时，必须对路堤三维有限差分模型按照 PGA 由小到大输入地震动记录，并通过积分求解模型的地震反应。然而，由于地震动具有极强的随机性和不确定性，因此，能否合理的选取地震动记录成为决定 IDA 分析成败的关键。一般而言，进行 IDA 分析时选取的地震动记录有 2 种类型：

1) 研究场地的人工合成地震动时程。地震动人工合成的目标是根据地震危险性评价结果，使合成的地震动与特定场地相应的 PGA、反应谱和持续时间一致，即使人工合成得到的反应谱与目标反应谱相符合。

2) 仪器记录到的历史地震动记录。由于目标反应谱是对某一场地可能遭遇的地震动均值的反映，因此，人工合成地震动不能全面体现地震动的随机特性；另一方面，由于地震科技和地震仪器的飞速发展，国内外已经积累了大量的实际地震动记录。受震中距、场地条件、仪器精度的影响，同一次地震的地震动记录有可能差别很大，地震动特征（如 PGA、卓越周期、震中距等）高度离散，这是与自然界中地震发生的实际相符合的，因此，本章在进行 IDA 分析时，采用实际记录的地震动时程。本章选取 PEER 提供的 6 次地震的 15 条地震动记录进行 IDA 分析，6 次地震

第4章 路堤地震灾害易损性评价

的震中距为 10.9~40.0 km，震级为 4.7~7.6 级，15 条地震动记录的 PGA 为 0.057~0.968 g，如表 4.8 和图 4.17 所示。

表 4.8 用于 IDA 分析的地震动记录概况

编号	地震地点	震级	地震时间	地震测站	震中距/km	PGA/g
1	Borrego Mtn	6.5	1968/04/09	117 El Centro	46.0	0.057
2	Anza（Horse Cany）	4.7	1980/02/25	5160 Anza Fire	12.1	0.066
3	Bishop（Rnd Val）	5.7	1984/11/23	1661 McGee	19	0.128
4	Anza（Horse Cany）	4.7	1980/02/25	5044 Anza	13.0	0.131
5	Chalfant Valley	6.0	1986/07/21	54428 Zack	20.0	0.143
6	Cape Mendocino	7.1	1992/04/25	89530 Shelter	33.8	0.229
7	Chalfant Valley	6.0	1986/07/21	54171 LADWP	16.2	0.248
8	Chi-Chi，Taiwan	7.6	1999/09/21	CHY101	31.4	0.353
9	Cape Mendocino	7.1	1992/04/25	89324 Rio Dell	18.5	0.385
10	Chalfant Valley	6.0	1986/07/21	54428 Zac2k	11.7	0.447
11	Cape Mendocino	7.1	1992/04/25	89156 Petrolia	13.5	0.591
12	Chi-Chi，Taiwan	7.6	1999/09/21	CHY041	26.0	0.639
13	Chi-Chi，Taiwan	7.6	1999/09/21	CHY031	18.8	0.724
14	Chi-Chi，Taiwan	7.6	1999/09/21	CHY028	13.4	0.821
15	Chi-Chi，Taiwan	7.6	1999/09/21	CHY080	10.9	0.968

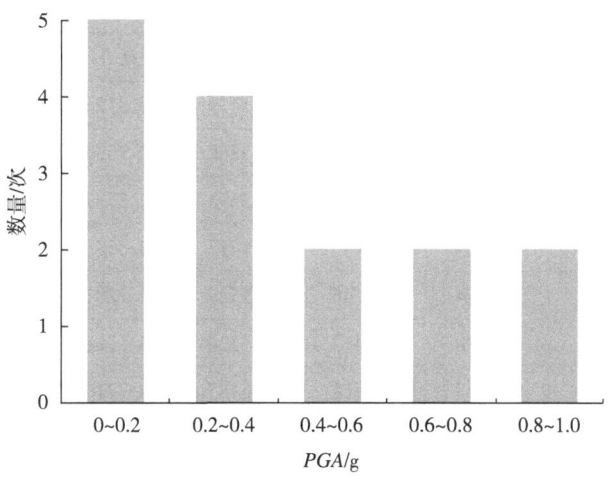

图 4.17 选取的地震动记录 PGA 分布

(2) 地震动记录的调幅

为了得到路堤在不同强度地震动作用下的响应特点,需要将已选取的地震动记录调整为更高或更低的强度水平,即地震动记录的调幅。

一条未经调幅的地震动记录包括一组向量,可用 $a_i(t_i)$ 表示,包括以下的元素:$a_0(t_{i=0})$,$a_1(t_{i=1})$,$a_2(t_{i=2})$,$a_3(t_{i=3})$,…,$a_n(t_{i=n})$。为了得到更高或更低的强度,可以采用一个简单的转换,即在未经调幅的地震动记录 $a_i(t_i)$ 前乘以一个大于零的标量 λ_i,得到的地震动记录为 $\overline{a_i}(t_i)$,如式(4.16)所示。

$$\overline{a_i}(t_i) = \lambda_i a_i(t_i) \quad (4.16)$$

式中:λ_i 为调幅系数。当 $\lambda_i = 1$ 时,$\overline{a_i}(t_i)$ 表示原始的未调幅地震动记录;当 $\lambda_i < 1$ 时,$\overline{a_i}(t_i)$ 表示降幅后的地震动记录;当 $\lambda_i > 1$ 时,$\overline{a_i}(t_i)$ 表示升幅后的地震动记录。

本章按照式(4.16),对各地震动记录进行调幅,即以 0.2 g 为基准,将各地震动记录的 PGA 调整为 0.2 g、0.4 g、0.6 g、0.8 g、1.0 g 和 1.2 g,共计得到 90 条地震动记录。

4.5.3　IDA 分析结果

(1) 无支挡结构路堤的 IDA 分析结果

1) 路堤顶面横向最大位移率 ε_{max}。根据 IDA 分析结果,可得在各地震动记录作用下,无支挡结构路堤的 ε_{max} 如表 4.9 和图 4.18 所示。

表 4.9　无支挡结构路堤的 ε_{max}

	PGA/g	0.2	0.4	0.6	0.8	1.0	1.2
ε_{max}/%	地震动记录编号 1	0.2003	0.4239	0.5319	0.8126	1.3648	1.4047
	2	0.1579	0.3568	0.5868	0.7534	1.2694	1.5843
	3	0.1629	0.3459	0.5698	0.8637	1.1458	1.4134
	4	0.1964	0.4103	0.5717	0.8525	1.3694	1.5436
	5	0.1854	0.3746	0.5329	0.7201	1.1129	1.5756
	6	0.1788	0.4472	0.5324	0.7968	1.2287	1.5149
	7	0.1763	0.3521	0.6487	0.7716	1.1567	1.5084
	8	0.1844	0.3854	0.5349	0.8055	1.3042	1.4370
	9	0.1924	0.4086	0.6173	0.7784	1.1964	1.6294
	10	0.1605	0.3795	0.5551	0.7738	1.2023	1.5555

第4章 路堤地震灾害易损性评价

续表

PGA/g			0.2	0.4	0.6	0.8	1.0	1.2
$\varepsilon_{max}/\%$	地震动记录编号	11	0.1864	0.4187	0.5837	0.7719	1.0894	1.5156
		12	0.2039	0.4531	0.5892	0.7218	1.1746	1.4786
		13	0.1686	0.4015	0.5684	0.6146	1.2289	1.5572
		14	0.1801	0.4165	0.5245	0.7543	1.3568	1.4126
		15	0.1912	0.3986	0.6267	0.7965	1.1057	1.6057
		均值	0.1817	0.3982	0.5716	0.7725	1.2204	1.5091

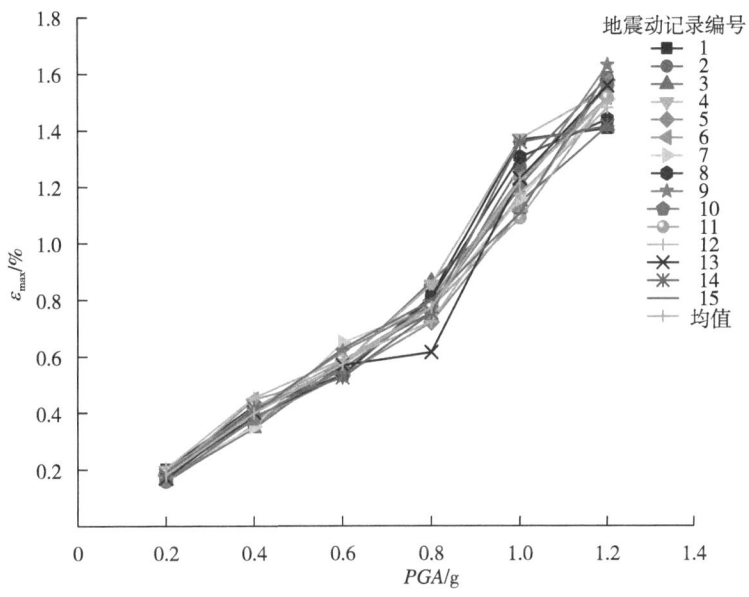

图 4.18 无支挡结构路堤的 ε_{max} （见彩插）

根据卓卫东和曾武华的研究[①]，震害损伤参数与地震动强度参数服从指数关系，则路堤顶面横向最大位移率的算数平均值 $\bar{\varepsilon}_{max}$ 与 PGA 之间的关系如式（4.17）所示。

$$\bar{\varepsilon}_{max} = aPGA^b 。 \tag{4.17}$$

其中 a、b 为待估计参数，将式（4.17）两端取自然对数，则得到式（4.18）。

$$\ln \bar{\varepsilon}_{max} = \ln a + b \ln PGA 。 \tag{4.18}$$

---

① 卓卫东，曾武华. 公路规则桥梁实用概率地震需求模型［J］. 地震工程与工程振动，2014，34（2）：64-70.

根据表4.9对 a、b 值进行回归分析,得:$a = 1.1326$、$b = 1.1667$,如图4.19所示。则式(4.17)可以改写成式(4.19)的形式。

$$\varepsilon_{\max} = 1.1326 PGA^{1.1667}。 \tag{4.19}$$

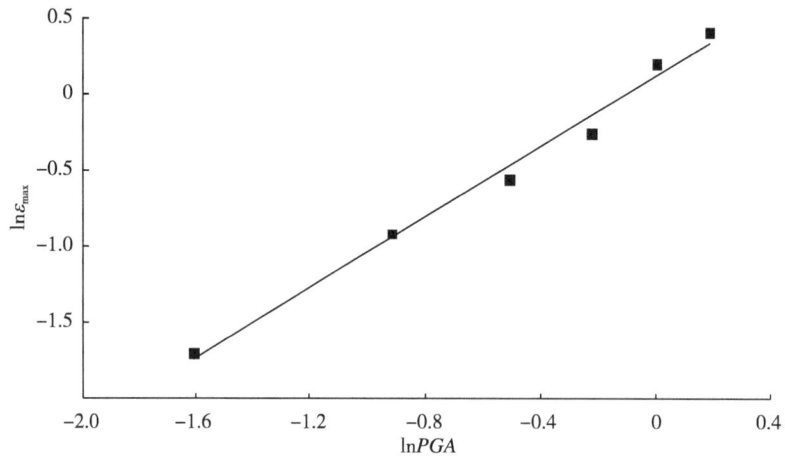

图 4.19　无支挡结构路堤 $\varepsilon_{\max}$ 与 PGA 的对应关系

2)路堤顶面最大沉降率 $\zeta_{\max}$。根据 IDA 分析结果,可得在各地震动记录作用下,无支挡结构路堤的 $\zeta_{\max}$ 如表4.10和图4.20所示。

表 4.10　无支挡结构路堤的 $\zeta_{\max}$

	PGA/g		0.2	0.4	0.6	0.8	1.0	1.2
$\zeta_{\max}$/%	地震动记录编号	1	0.1598	0.4876	0.6489	0.9937	1.1854	1.7459
		2	0.1538	0.4471	0.6777	0.8543	1.3148	1.5342
		3	0.1498	0.5128	0.6018	0.8875	1.2991	1.5987
		4	0.1316	0.4095	0.6844	0.9109	1.2675	1.5846
		5	0.1379	0.4167	0.5079	0.8456	1.2834	1.6341
		6	0.1812	0.4891	0.6047	1.0077	1.2037	1.6008
		7	0.1551	0.4459	0.5987	0.9468	1.1851	1.6317
		8	0.1423	0.4265	0.6818	0.8990	1.2513	1.5418
		9	0.1454	0.4823	0.6721	0.8746	1.2789	1.7109
		10	0.1948	0.4596	0.5948	0.9427	1.3011	1.5981
		11	0.1535	0.4312	0.6389	0.9009	1.2846	1.6307

第4章 路堤地震灾害易损性评价

续表

PGA/g			0.2	0.4	0.6	0.8	1.0	1.2
ζ_{max}/%	地震动记录编号	12	0.1861	0.4195	0.6251	0.9148	1.3018	1.5438
		13	0.1565	0.4047	0.6984	0.9786	1.3464	1.7158
		14	0.1679	0.4864	0.6478	0.8300	1.3049	1.6872
		15	0.1348	0.3951	0.5895	0.8564	1.1985	1.5597
		均值	0.1567	0.4476	0.6315	0.9095	1.2671	1.6212

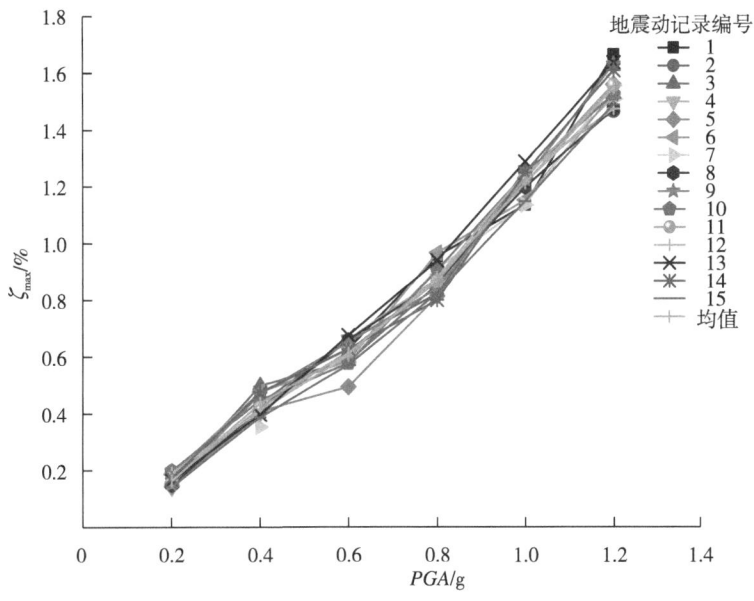

图 4.20 无支挡结构路堤的 ζ_{max}（见彩插）

路堤顶面最大沉降率的算数平均值 $\overline{\zeta}_{max}$ 与 PGA 之间的关系如式（4.20）和式（4.21）所示。

$$\overline{\zeta}_{max} = aPGA^b \text{。} \tag{4.20}$$

$$\ln \overline{\zeta}_{max} = \ln a + b\ln PGA \text{。} \tag{4.21}$$

根据表 4.10 对 a、b 值进行回归分析，得：$a = 1.2654$、$b = 1.2687$，如图 4.21 所示。则式（4.20）可以写成式（4.22）的形式。

$$\zeta_{max} = 1.2654 PGA^{1.2687} \text{。} \tag{4.22}$$

（2）有支挡结构路堤的 IDA 分析结果

1）路堤顶面横向最大位移率 ε_{max}。根据 IDA 分析结果，可得在各地震动记录作

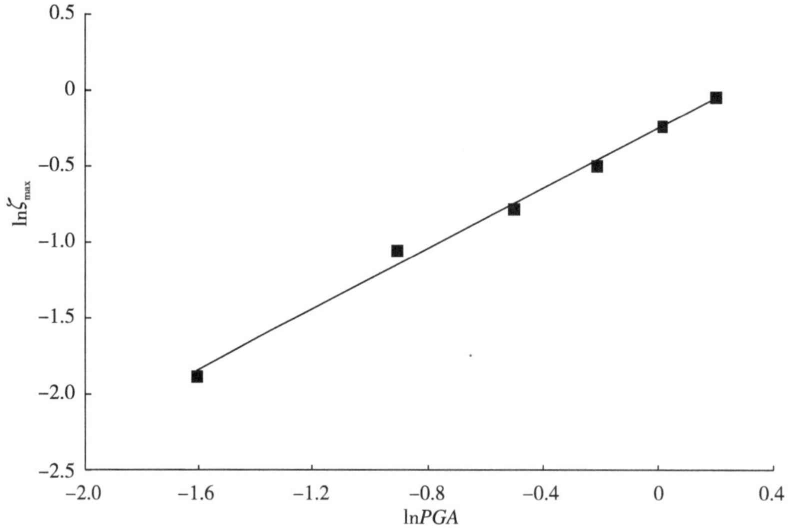

图 4.21　无支挡结构路堤 ζ_{max} 与 *PGA* 的对应关系

用下，有支挡结构路堤的 ε_{max} 如表 4. 11 和图 4. 22 所示。

表 4.11　有支挡结构路堤的 ε_{max}

PGA/g			0. 2	0. 4	0. 6	0. 8	1. 0	1. 2
ε_{max}/%	地震动记录编号	1	0. 1192	0. 3171	0. 4876	0. 7542	0. 9679	1. 1257
		2	0. 1197	0. 2981	0. 4851	0. 6743	0. 9087	1. 1459
		3	0. 1212	0. 2732	0. 4792	0. 6937	0. 9082	1. 1732
		4	0. 1266	0. 2806	0. 4987	0. 6843	0. 8903	1. 1362
		5	0. 1138	0. 2893	0. 4962	0. 6716	0. 9283	1. 0842
		6	0. 1401	0. 2806	0. 4584	0. 6632	0. 9137	1. 1035
		7	0. 1126	0. 3114	0. 4907	0. 6597	0. 8831	1. 1267
		8	0. 1308	0. 2995	0. 4816	0. 7216	0. 9359	1. 2106
		9	0. 1229	0. 2856	0. 4882	0. 6996	0. 9635	1. 1876
		10	0. 1570	0. 2714	0. 4997	0. 6872	0. 8847	1. 1046
		11	0. 1343	0. 3098	0. 4658	0. 6751	0. 8762	1. 1658
		12	0. 1074	0. 2837	0. 4981	0. 6943	0. 9517	1. 1533
		13	0. 0986	0. 2934	0. 4679	0. 6625	0. 9428	1. 0932
		14	0. 1019	0. 2787	0. 4536	0. 7234	0. 8716	1. 1953
		15	0. 1359	0. 3016	0. 5017	0. 7168	0. 8846	1. 2082
		均值	0. 1228	0. 2916	0. 4835	0. 6921	0. 9142	1. 1476

第4章 路堤地震灾害易损性评价

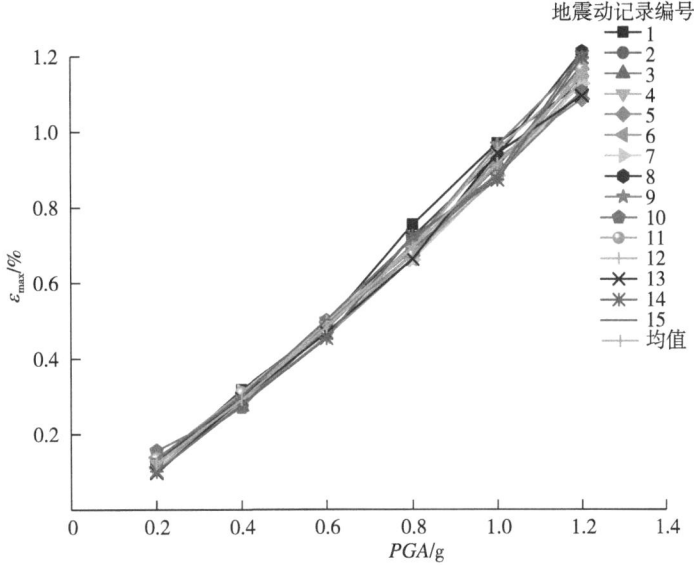

图 4.22 有支挡结构路堤的 ε_{max}（见彩插）

根据式（4.17）、式（4.18）和表 4.11 对 a、b 值进行回归分析，得：$a = 0.9142$、$b = 1.2471$，如图 4.23 所示。则有支挡结构路堤的顶面最大沉降率 ε_{max} 与 PGA 的对应关系如式（4.23）的形式。

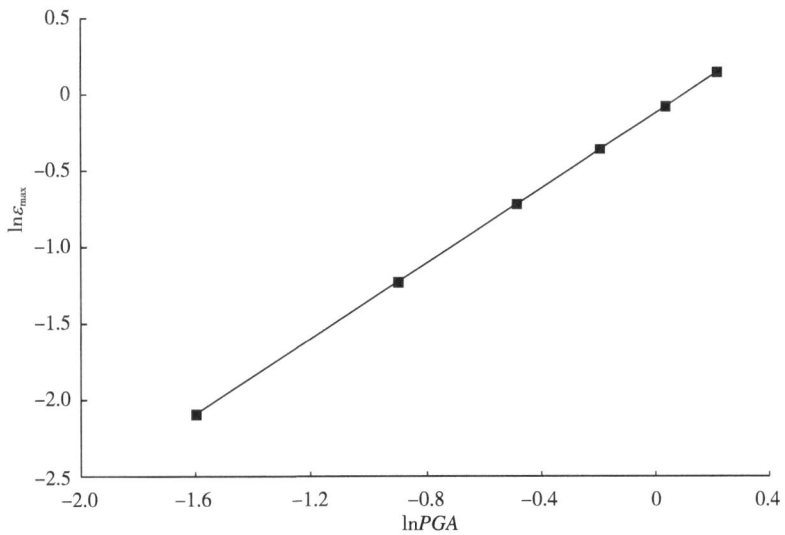

图 4.23 有支挡结构路堤 ε_{max} 与 PGA 的对应关系

$$\varepsilon_{max} = 0.9142 PGA^{1.2471} 。 \tag{4.23}$$

2）路堤顶面最大沉降率 ζ_{max}。根据 IDA 分析结果，可得在各地震动记录作用下，有支挡结构路堤的 ζ_{max} 如表 4.12 和图 4.24 所示。

表 4.12 有支挡结构路堤的 ζ_{max}

		PGA/g	0.2	0.4	0.6	0.8	1.0	1.2
ζ_{max}/%	地震动记录编号	1	0.1218	0.2684	0.5723	0.7332	1.1426	1.3859
		2	0.1097	0.2835	0.4975	0.7508	1.0037	1.2762
		3	0.1146	0.2862	0.5314	0.7345	0.9822	1.2348
		4	0.1051	0.2833	0.4297	0.7125	1.0246	1.3659
		5	0.1095	0.2762	0.5681	0.7736	1.0251	1.3510
		6	0.1082	0.2877	0.4560	0.7233	0.9681	1.3920
		7	0.1104	0.2846	0.5217	0.7951	1.0147	1.4132
		8	0.1132	0.2890	0.5362	0.7463	0.9462	1.2687
		9	0.1087	0.2885	0.4410	0.7492	1.1026	1.2354
		10	0.1063	0.2851	0.4393	0.7846	1.0455	1.3296
		11	0.1035	0.2894	0.5406	0.7156	1.1233	1.4087
		12	0.0986	0.2824	0.5571	0.7573	1.0687	1.3057
		13	0.0990	0.2815	0.4236	0.7681	1.0854	1.3288
		14	0.0984	0.2796	0.5672	0.7762	0.9239	1.2840
		15	0.0965	0.2781	0.4153	0.7072	0.9013	1.2561
		均值	0.1069	0.2829	0.4998	0.7485	1.0238	1.3224

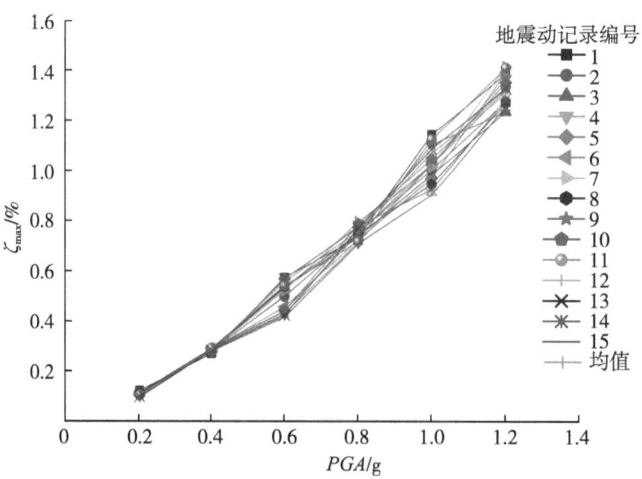

图 4.24 有支挡结构路堤的 ζ_{max}（见彩插）

第4章 路堤地震灾害易损性评价

根据式（4.20）和式（4.21）和表4.12对a、b值进行回归分析，得：$a = 1.0238$、$b = 1.4036$，如图4.25所示。则有支挡结构路堤的顶面最大沉降率ζ_{max}与PGA的对应关系如式（4.24）所示。

$$\zeta_{max} = 1.0238 PGA^{1.4036} \tag{4.24}$$

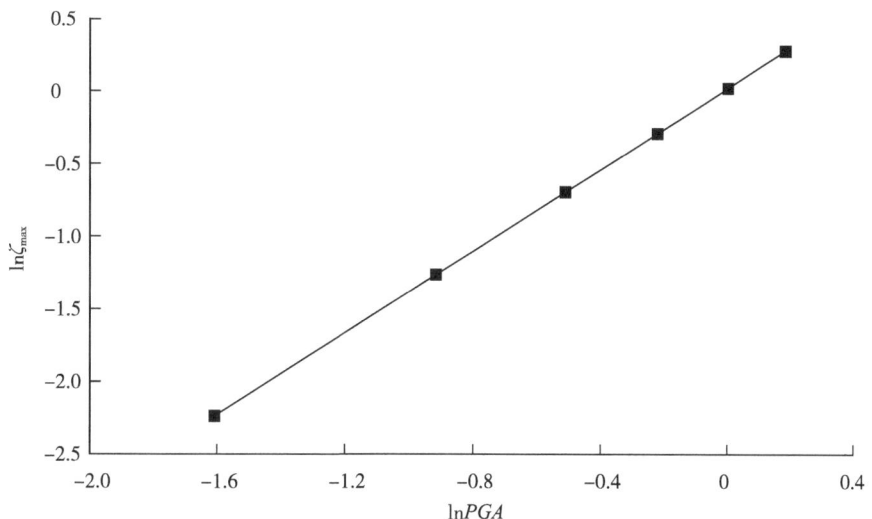

图4.25 有支挡结构路堤ζ_{max}与PGA的对应关系

4.6 路堤震害易损性评价

由于地震动输入和路堤本身的不确定性，需要采用概率方法对已有的（PGA，ε_{max}）和（PGA，ζ_{max}）样本对进行分析，从而获得地震动输入与路堤震害损伤参数之间的统计关系，即进行概率性地震需求分析。

路堤在地震作用下发生某一等级震害的超越概率如式（4.25）所示。

$$R_f = P(D_{\theta i}/D_c \leq 1) \tag{4.25}$$

式中：R_f为路堤在地震作用下发生某等级震害的超越概率；$D_{\theta i}$为某一等级路堤震害对应的损伤参数取值下限值，如表4.5所示；D_c为一定地震动作用下，路堤震害损伤参数的取值，即路堤顶面横向最大位移率ε_{max}和路堤顶面最大沉降率ζ_{max}的取值。

在样本容量足够大的前提下，$D_{\theta i}$和D_c均服从对数正态分布，则$\ln D_{\theta i}$和$\ln D_c$服从正态分布，因此R_f可以改写为式（4.26）的形式。

$$P_f = \Phi\left(\frac{\ln(D_c/D_{\theta i})}{\beta}\right) \tag{4.26}$$

式中：β 为路堤震害损伤对地震动强度的离散程度，反应了概率地震需求模型的不确定性，采用式（4.27）计算。

$$\beta = \sqrt{\frac{\sum_{i=1}^{N}\left(\ln D_c - \ln(aIM^b)\right)^2}{N-1}} \qquad (4.27)$$

式中：N 为 PGA 取值的数量，$N=6$。

4.6.1 无支挡结构路堤的震害易损性评价

（1）以 ε_{max} 为路堤震害损伤参数

当以路堤顶面横向最大位移率 ε_{max} 为震害损伤参数时，根据表 4.9 和式（4.27），可计算得 $\beta = 0.0967$，将式（4.19）和 $\beta = 0.0967$ 代入式（4.26）中，可得无支挡结构路堤发生各等级震害的超越概率如式（4.28）所示。

$$R_f = \Phi\left(\frac{\ln(1.1326 PGA^{1.1667}/D_{\theta i})}{0.0967}\right) \qquad (4.28)$$

因此，可得到以下结论：

1）根据式（4.28）和表 4.5，无支挡结构路堤在不同 PGA 作用下发生轻微损伤的超越概率如式（4.29）所示。

$$R_2 = \Phi\left(\frac{\ln(1.1326 PGA^{1.1667}/0.2)}{0.0967}\right) \qquad (4.29)$$

经计算，得无支挡结构路堤在 PGA 为 0.1 g、0.2 g、0.3 g、0.4 g、0.5 g、0.6 g、0.7 g、0.8 g、0.9 g、1.0 g、1.1 g 和 1.2 g 作用下发生轻微损伤的超越概率如表 4.13 所示。

表 4.13 无支挡结构路堤发生轻微损伤的超越概率（以 ε_{max} 为震害损伤参数）

PGA/g	超越概率	PGA/g	超越概率
0.1	0	0.7	1.00000
0.2	0.06811	0.8	1.00000
0.3	0.99968	0.9	1.00000
0.4	1.00000	1.0	1.00000
0.5	1.00000	1.1	1.00000
0.6	1.00000	1.2	1.00000

第4章 路堤地震灾害易损性评价

2）根据式（4.28）和表4.5，无支挡结构路堤在不同 PGA 作用下发生中等损伤的超越概率如式（4.30）所示。

$$R_3 = \Phi\left(\frac{\ln(1.1326PGA^{1.1667}/0.4)}{0.0967}\right)。 \tag{4.30}$$

经计算，得无支挡结构路堤在 PGA 为 0.1 g、0.2 g、0.3 g、0.4 g、0.5 g、0.6 g、0.7 g、0.8 g、0.9 g、1.0 g、1.1 g 和 1.2 g 作用下发生中等损伤的超越概率如表 4.14 所示。

表 4.14 无支挡结构路堤发生中等损伤的超越概率（以 ε_{max} 为震害损伤参数）

PGA/g	超越概率	PGA/g	超越概率
0.1	0	0.7	1.00000
0.2	0	0.8	1.00000
0.3	0.00008	0.9	1.00000
0.4	0.38591	1.0	1.00000
0.5	0.99180	1.1	1.00000
0.6	1.00000	1.2	1.00000

3）根据式（4.28）和表4.5，无支挡结构路堤在不同 PGA 作用下发生严重损伤的超越概率如式（4.31）所示。

$$R_4 = \Phi\left(\frac{\ln(1.1326PGA^{1.1667}/0.6)}{0.0967}\right)。 \tag{4.31}$$

经计算，得无支挡结构路堤在 PGA 为 0.1 g、0.2 g、0.3 g、0.4 g、0.5 g、0.6 g、0.7 g、0.8 g、0.9 g、1.0 g、1.1 g 和 1.2 g 作用下发生严重损伤的超越概率如表 4.15 所示。

表 4.15 无支挡结构路堤发生严重损伤的超越概率（以 ε_{max} 为震害损伤参数）

PGA/g	超越概率	PGA/g	超越概率
0.1	0	0.7	0.98840
0.2	0	0.8	0.99995
0.3	0	0.9	1.00000
0.4	0	1.0	1.00000
0.5	0.03673	1.1	1.00000
0.6	0.65910	1.2	1.00000

4）根据式（4.28）和表 4.5，无支挡结构路堤在不同 PGA 作用下发生毁坏的概率如式（4.32）所示。

$$R_5 = \Phi\left(\frac{\ln(1.1326 PGA^{1.1667}/1.0)}{0.0967}\right)。 \quad (4.32)$$

经计算，得无支挡结构路堤在 PGA 为 0.1 g、0.2 g、0.3 g、0.4 g、0.5 g、0.6 g、0.7 g、0.8 g、0.9 g、1.0 g、1.1 g 和 1.2 g 作用下发生毁坏的概率如表 4.16 所示。

表 4.16　无支挡结构路堤发生毁坏的概率（以 ε_{max} 为震害损伤参数）

PGA/g	概率	PGA/g	概率
0.1	0	0.7	0.00126
0.2	0	0.8	0.08076
0.3	0	0.9	0.50798
0.4	0	1.0	0.90147
0.5	0	1.1	0.99266
0.6	0	1.2	0.99976

根据表 4.13~表 4.16，可以绘制无支挡结构路堤的震害易损性曲线（以 ε_{max} 为路堤震害损伤参数），如图 4.26 所示。

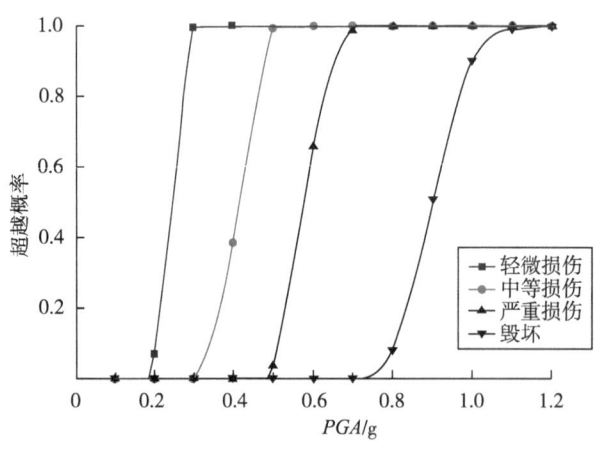

图 4.26　无支挡结构路堤的震害易损性曲线（以 ε_{max} 为震害损伤参数）

由图 4.26 可知，易损性曲线平均斜率较大，即线形较"陡"，这与 β 取值较小有关。在计算得到路堤在不同 PGA 作用下发生不同等级震害的超越概率基础上，可以根据式（4.33）计算得到在不同 PGA 作用下发生各等级震害的概率。

第4章 路堤地震灾害易损性评价

$$\begin{cases} P_i = R_i - R_{i+1} \\ P_5 = R_5 \end{cases} \quad (i \leq 4) \text{。} \tag{4.33}$$

式中：P_1、P_2、P_3、P_4、P_5 分别为路堤发生基本完好、轻微损伤、中等损伤、严重损伤和毁坏的概率；R_1、R_2、R_3、R_4、R_5 分别为路堤发生基本完好、轻微损伤、中等损伤、严重损伤和毁坏的超越概率。

则根据表 4.13～表 4.16，无支挡结构路堤在 PGA 为 0.1 g、0.2 g、0.3 g、0.4 g、0.5 g、0.6 g、0.7 g、0.8 g、0.9 g、1.0 g、1.1 g 和 1.2 g 作用下发生各等级震害的概率（以 $\varepsilon_{\max}$ 为震害损伤参数）如表 4.17 所示。

表4.17 无支挡结构路堤发生各等级震害的概率（以 $\varepsilon_{\max}$ 为震害损伤参数）

	PGA/g	0.1	0.2	0.3	0.4	0.5	0.6
基本完好	概率	1.00000	0.93189	0.00032	0	0	0
	PGA/g	0.7	0.8	0.9	1.0	1.1	1.2
	概率	0	0	0	0	0	0
轻微损伤	PGA/g	0.1	0.2	0.3	0.4	0.5	0.6
	概率	0	0.06811	0.99960	0.61409	0.00820	0
	PGA/g	0.7	0.8	0.9	1.0	1.1	1.2
	概率	0	0	0	0	0	0
中等损伤	PGA/g	0.1	0.2	0.3	0.4	0.5	0.6
	概率	0	0	0.00008	0.38591	0.95507	0.30490
	PGA/g	0.7	0.8	0.9	1.0	1.1	1.2
	概率	0.01160	0.00005	0	0	0	0
严重损伤	PGA/g	0.1	0.2	0.3	0.4	0.5	0.6
	概率	0	0	0	0	0.03673	0.65910
	PGA/g	0.7	0.8	0.9	1.0	1.1	1.2
	概率	0.98714	0.91919	0.49202	0.09853	0.00734	0.00024
毁坏	PGA/g	0.1	0.2	0.3	0.4	0.5	0.6
	概率	0	0	0	0	0	0
	PGA/g	0.7	0.8	0.9	1.0	1.1	1.2
	概率	0.00126	0.08076	0.50798	0.90147	0.99266	0.99976

（2）以 ζ_{max} 为路堤震害损伤参数

当以路堤顶面最大沉降率 ζ_{max} 为震害损伤参数时，根据表4.10和式（4.27），可计算得 $\beta=0.0743$，将式（4.22）和 β 代入式（4.26）中，可得典型路堤发生各等级震害的超越概率如式（4.34）所示。

$$R_f = \Phi\left(\frac{\ln(1.2654 PGA^{1.2687}/D_{\theta i})}{0.0743}\right)。 \quad (4.34)$$

因此，可得到以下结论：

1）根据式（4.34）和表4.5，无支挡结构路堤在不同 PGA 作用下发生轻微损伤的超越概率如式（4.35）所示。

$$R_2 = \Phi\left(\frac{\ln(1.2654 PGA^{1.2687}/0.2)}{0.0743}\right)。 \quad (4.35)$$

经计算，无支挡结构路堤在 PGA 为 0.1 g、0.2 g、0.3 g、0.4 g、0.5 g、0.6 g、0.7 g、0.8 g、0.9 g、1.0 g、1.1 g 和 1.2 g 作用下发生轻微损伤的超越概率如表4.18所示。

表4.18 无支挡结构路堤发生轻微损伤的超越概率（以 ζ_{max} 为震害损伤参数）

PGA/g	超越概率	PGA/g	超越概率
0.1	0	0.7	1.00000
0.2	0.00402	0.8	1.00000
0.3	0.99999	0.9	1.00000
0.4	1.00000	1.0	1.00000
0.5	1.00000	1.1	1.00000
0.6	1.00000	1.2	1.00000

2）根据式（4.34）和表4.5，无支挡结构路堤在不同 PGA 作用下发生中等损伤的超越概率如式（4.36）所示。

$$R_3 = \Phi\left(\frac{\ln(1.2654 PGA^{1.2687}/0.4)}{0.0743}\right)。 \quad (4.36)$$

经计算，得无支挡结构路堤在 PGA 为 0.1 g、0.2 g、0.3 g、0.4 g、0.5 g、0.6 g、0.7 g、0.8 g、0.9 g、1.0 g、1.1 g 和 1.2 g 作用下发生中等损伤的超越概率如表4.19所示。

第4章 路堤地震灾害易损性评价

表4.19 无支挡结构路堤发生中等损伤的超越概率（以 ζ_{max} 为震害损伤参数）

PGA/g	超越概率	PGA/g	超越概率
0.1	0	0.7	1.00000
0.2	0	0.8	1.00000
0.3	0	0.9	1.00000
0.4	0.44038	1.0	1.00000
0.5	0.99987	1.1	1.00000
0.6	1.00000	1.2	1.00000

3）根据式（4.34）和表4.5，无支挡结构路堤在不同 PGA 作用下发生严重损伤的超越概率如式（4.37）所示。

$$R_4 = \Phi\left(\frac{\ln(1.2654 PGA^{1.2687}/0.8)}{0.0743}\right) \quad (4.37)$$

经计算，得无支挡结构路堤在 PGA 为 0.1 g、0.2 g、0.3 g、0.4 g、0.5 g、0.6 g、0.7 g、0.8 g、0.9 g、1.0 g、1.1 g 和 1.2 g 作用下发生严重损伤的超越概率如表4.20所示。

表4.20 无支挡结构路堤发生严重损伤的超越概率（以 ζ_{max} 为震害损伤参数）

PGA/g	超越概率	PGA/g	超越概率
0.1	0	0.7	0.53188
0.2	0	0.8	0.99086
0.3	0	0.9	0.99999
0.4	0	1.0	1.00000
0.5	0	1.1	1.00000
0.6	0.00539	1.2	1.00000

4）根据式（4.34）和表4.5，根据无支挡结构路堤在不同 PGA 作用下发生毁坏的概率如式（4.38）所示。

$$R_5 = \Phi\left(\frac{\ln(1.2654 PGA^{1.2687}/1.2)}{0.0743}\right) \quad (4.38)$$

经计算，得无支挡结构路堤在 PGA 为 0.1 g、0.2 g、0.3 g、0.4 g、0.5 g、0.6 g、0.7 g、0.8 g、0.9 g、1.0 g、1.1 g 和 1.2 g 作用下发生毁坏的概率如表4.21所示。

表 4.21　无支挡结构路堤发生毁坏的概率（以 ζ_{max} 为震害损伤参数）

PGA/g	概率	PGA/g	概率
0.1	0	0.7	0
0.2	0	0.8	0.00104
0.3	0	0.9	0.14007
0.4	0	1.0	0.76115
0.5	0	1.1	0.99036
0.6	0	1.2	0.99994

根据表 4.18～表 4.21，可以绘制无支挡结构路堤的震害易损性曲线（以 ζ_{max} 为震害损伤参数），如图 4.27 所示。

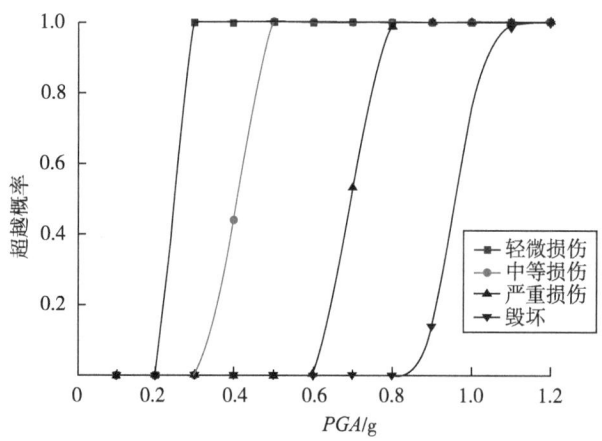

图 4.27　无支挡结构路堤的震害易损性曲线（以 ζ_{max} 为震害损伤参数）

根据表 4.18～表 4.21 和式（4.33）可知，无支挡结构路堤在 PGA 为 0.1 g、0.2 g、0.3 g、0.4 g、0.5 g、0.6 g、0.7 g、0.8 g、0.9 g、1.0 g、1.1 g 和 1.2 g 作用下发生基本完好、轻微损伤、中等损伤、严重损伤和毁坏的概率（以 ζ_{max} 为震害损伤参数）如表 4.22 所示。

第4章 路堤地震灾害易损性评价

表4.22 无支挡结构路堤发生各等级震害的概率（以 ζ_{max} 为震害损伤参数）

基本完好	PGA/g	0.1	0.2	0.3	0.4	0.5	0.6
	概率	1.00000	0.99598	0.00001	0	0	0
	PGA/g	0.7	0.8	0.9	1.0	1.1	1.2
	概率	0	0	1.00000	0	0	0
轻微损伤	PGA/g	0.1	0.2	0.3	0.4	0.5	0.6
	概率	0	0.00402	0.99999	0.55962	0.00013	0
	PGA/g	0.7	0.8	0.9	1.0	1.1	1.2
	概率	0	0	1.00000	0	0	0
中等损伤	PGA/g	0.1	0.2	0.3	0.4	0.5	0.6
	概率	0	0	0	0.44038	0.99987	0.99461
	PGA/g	0.7	0.8	0.9	1.0	1.1	1.2
	概率	0.46812	0.00914	0.00001	0	0	0
严重损伤	PGA/g	0.1	0.2	0.3	0.4	0.5	0.6
	概率	0	0	0	0	0	0.00539
	PGA/g	0.7	0.8	0.9	1.0	1.1	1.2
	概率	0.53188	0.98982	0.85992	0.23885	0.00964	0.00006
毁坏	PGA/g	0.1	0.2	0.3	0.4	0.5	0.6
	概率	0	0	0	0	0	0
	PGA/g	0.7	0.8	0.9	1.0	1.1	1.2
	概率	0	0.00104	0.14007	0.76115	0.99036	0.99994

由图4.26、图4.27可计算得无支挡结构路堤以超越概率30%、50%和80%发生各等级震害时，路堤对应的 PGA，如表4.23所示。

表4.23 不同超越概率下无支挡结构路堤震害等级对应的 PGA

超越概率	路堤震害等级与选用的震害损伤参数							
	轻微损伤		中等损伤		严重损伤		毁坏	
	ε_{max}	ζ_{max}	ε_{max}	ζ_{max}	ε_{max}	ζ_{max}	ε_{max}	ζ_{max}
超越概率30%对应的 PGA/g	0.217	0.227	0.392	0.391	0.555	0.676	0.860	0.930
超越概率50%对应的 PGA/g	0.226	0.234	0.410	0.403	0.580	0.697	0.899	0.959
超越概率80%对应的 PGA/g	0.243	0.246	0.439	0.425	0.622	0.734	0.964	1.010

4.6.2 有支挡结构路堤的震害易损性评价

(1) 以 ε_{max} 为路堤震害损伤参数

当以路堤顶面横向最大位移率 ε_{max} 为震害损伤参数时,根据表 4.11 和式 (4.27),可计算得 $\beta = 0.1036$,将式 (4.23) 和 β 代入式 (4.26) 中,可得有支挡结构路堤发生各等级震害的超越概率如式 (4.39) 所示。

$$R_f = \Phi\left(\frac{\ln(0.9142PGA^{1.2471}/D_{\theta i})}{0.1036}\right) \quad (4.39)$$

因此,可得到以下结论:

1) 有支挡结构路堤在不同 PGA 作用下发生轻微损伤的超越概率如式 4.40 所示。

$$R_2 = \Phi\left(\frac{\ln(0.9142PGA^{1.2471}/0.2)}{0.1036}\right) \quad (4.40)$$

经计算,得有支挡结构路堤在 PGA 为 0.1 g、0.2 g、0.3 g、0.4 g、0.5 g、0.6 g、0.7 g、0.8 g、0.9 g、1.0 g、1.1 g 和 1.2 g 作用下发生轻微损伤的超越概率如表 4.24 所示。

表 4.24 有支挡结构路堤发生轻微损伤的超越概率(以 ε_{max} 为震害损伤参数)

PGA/g	超越概率	PGA/g	超越概率
0.1	0	0.7	1.00000
0.2	0	0.8	1.00000
0.3	1.00000	0.9	1.00000
0.4	1.00000	1.0	1.00000
0.5	1.00000	1.1	1.00000
0.6	1.00000	1.2	1.00000

2) 有支挡结构路堤在不同 PGA 作用下发生中等损伤的超越概率如式 (4.41) 所示。

$$R_3 = \Phi\left(\frac{\ln(0.9142PGA^{1.2471}/0.4)}{0.1036}\right) \quad (4.41)$$

经计算,得有支挡结构路堤在 PGA 为 0.1 g、0.2 g、0.3 g、0.4 g、0.5 g、0.6 g、0.7 g、0.8 g、0.9 g、1.0 g、1.1 g 和 1.2 g 作用下发生中等损伤的超越概率如表 4.25 所示。

第4章 路堤地震灾害易损性评价

表 4.25 有支挡结构路堤发生中等损伤的超越概率（以 ε_{max} 为震害损伤参数）

PGA/g	超越概率	PGA/g	超越概率
0.1	0	0.7	0.99989
0.2	0	0.8	1.00000
0.3	0	0.9	1.00000
0.4	0.00114	1.0	1.00000
0.5	0.35746	1.1	1.00000
0.6	0.96637	1.2	1.00000

3）有支挡结构路堤在不同 PGA 作用下发生严重损伤的超越概率如式（4.42）所示。

$$R_4 = \Phi\left(\frac{\ln(0.9142 PGA^{1.2471}/0.6)}{0.1036}\right)。 \quad (4.42)$$

经计算，得有支挡结构路堤在 PGA 为 0.1 g、0.2 g、0.3 g、0.4 g、0.5 g、0.6 g、0.7 g、0.8 g、0.9 g、1.0 g、1.1 g 和 1.2 g 作用下发生严重损伤的超越概率如表 4.26 所示。

表 4.26 有支挡结构路堤发生严重损伤的超越概率（以 ε_{max} 为震害损伤参数）

PGA/g	超越概率	PGA/g	超越概率
0.1	0	0.7	0.40958
0.2	0	0.8	0.91601
0.3	0	0.9	0.99742
0.4	0	1.0	0.99998
0.5	0.00001	1.1	1.00000
0.6	0.01857	1.2	1.00000

4）有支挡结构路堤在不同 PGA 作用下发生毁坏的概率如式（4.43）所示。

$$R_5 = \Phi\left(\frac{\ln(0.9142 PGA^{1.2471}/1.0)}{0.1036}\right)。 \quad (4.43)$$

经计算，得有支挡结构路堤在 PGA 为 0.1 g、0.2 g、0.3 g、0.4 g、0.5 g、0.6 g、0.7 g、0.8 g、0.9 g、1.0 g、1.1 g 和 1.2 g 作用下发生毁坏的概率如表 4.27 所示。

表 4.27　有支挡结构路堤发生毁坏的概率（以 ε_{max} 为震害损伤参数）

PGA/g	概率	PGA/g	概率
0.1	0	0.7	0
0.2	0	0.8	0.00019
0.3	0	0.9	0.01642
0.4	0	1.0	0.19328
0.5	0	1.1	0.61079
0.6	0	1.2	0.90806

根据表 4.24～表 4.27，可以绘制有支挡结构路堤的震害易损性曲线（以 ε_{max} 为路堤震害损伤参数），如图 4.28 所示。

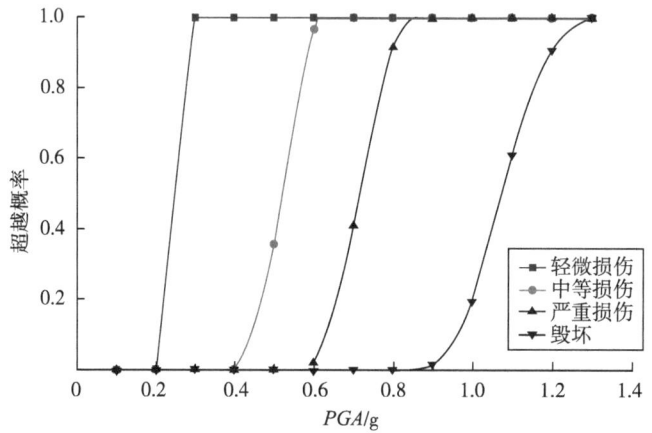

图 4.28　有支挡结构路堤的震害易损性曲线（以 ε_{max} 为震害损伤参数）

则根据表 4.24～表 4.27 和式（4.33），得有支挡结构路堤在 PGA 为 0.1 g、0.2 g、0.3 g、0.4 g、0.5 g、0.6 g、0.7 g、0.8 g、0.9 g、1.0 g、1.1 g 和 1.2 g 作用下发生各等级震害的概率（以 ε_{max} 为路堤震害损伤参数）如表 4.28 所示。

表 4.28　有支挡结构路堤发生各等级震害的概率（以 ε_{max} 为震害损伤参数）

	PGA/g	0.1	0.2	0.3	0.4	0.5	0.6
基本完好	概率	1.00000	1.00000	0	0	0	0
	PGA/g	0.7	0.8	0.9	1.0	1.1	1.2
	概率	0	0	0	0	0	0

第4章 路堤地震灾害易损性评价

续表

	PGA/g	0.1	0.2	0.3	0.4	0.5	0.6
轻微损伤	概率	0	0	1.00000	0.99886	0.64254	0.03363
	PGA/g	0.7	0.8	0.9	1.0	1.1	1.2
	概率	0.00011	0	0	0	0	0
中等损伤	PGA/g	0.1	0.2	0.3	0.4	0.5	0.6
	概率	0	0	0	0.00114	0.35754	0.94780
	PGA/g	0.7	0.8	0.9	1.0	1.1	1.2
	概率	0.59031	0.08399	0.00258	0.00002	0	0
严重损伤	PGA/g	0.1	0.2	0.3	0.4	0.5	0.6
	概率	0	0	0	0	0.00001	0.01857
	PGA/g	0.7	0.8	0.9	1.0	1.1	1.2
	概率	0.40958	0.91582	0.98100	0.80670	0.38921	0.09194
毁坏	PGA/g	0.1	0.2	0.3	0.4	0.5	0.6
	概率	0	0	0	0	0	0
	PGA/g	0.7	0.8	0.9	1.0	1.1	1.2
	概率	0	0.00019	0.01642	0.19328	0.61079	0.90806

（2）以 ζ_{max} 为路堤震害损伤参数

当以路堤顶面最大沉降率 ζ_{max} 为震害损伤参数时，根据表4.12和式（4.28），可计算得 $\beta = 0.0928$，将式（4.24）和 β 代入式（4.26）中，可得有支挡结构路堤发生各等级震害的超越概率如式（4.44）所示。

$$R_f = \Phi\left(\frac{\ln(1.0238 PGA^{1.4036}/D_{\theta i})}{0.0928}\right) \text{。} \tag{4.44}$$

因此，可得到以下结论：

1）根据式（4.44）和表4.5可知，有支挡结构路堤在不同 PGA 作用下发生轻微损伤的超越概率如式（4.45）所示。

$$R_2 = \Phi\left(\frac{\ln(1.0238 PGA^{1.4036}/0.2)}{0.0928}\right) \text{。} \tag{4.45}$$

经计算，得有支挡结构路堤在 PGA 为 0.1 g、0.2 g、0.3 g、0.4 g、0.5 g、0.6 g、0.7 g、0.8 g、0.9 g、1.0 g、1.1 g 和 1.2 g 作用下发生轻微损伤的超越概率如表4.29所示。

表4.29　有支挡结构路堤发生轻微损伤的超越概率（以 ζ_{max} 为震害损伤参数）

PGA/g	超越概率	PGA/g	超越概率
0.1	0	0.7	1.00000
0.2	0	0.8	1.00000
0.3	0.26977	0.9	1.00000
0.4	0.99991	1.0	1.00000
0.5	1.00000	1.1	1.00000
0.6	1.00000	1.2	1.00000

2）根据式（4.44）和表4.5可知，有支挡结构路堤在不同 PGA 作用下发生中等损伤的超越概率如式（4.46）所示。

$$R_3 = \Phi\left(\frac{\ln(1.0238PGA^{1.4036}/0.4)}{0.0928}\right) \quad (4.46)$$

经计算，得有支挡结构路堤在 PGA 为0.1 g、0.2 g、0.3 g、0.4 g、0.5 g、0.6 g、0.7 g、0.8 g、0.9 g、1.0 g、1.1 g 和1.2 g 作用下发生中等损伤的超越概率如表4.30所示。

表4.30　有支挡结构路堤发生中等损伤的超越概率（以 ζ_{max} 为震害损伤参数）

PGA/g	超越概率	PGA/g	超越概率
0.1	0	0.7	1.00000
0.2	0	0.8	1.00000
0.3	0	0.9	1.00000
0.4	0.00009	1.0	1.00000
0.5	0.36070	1.1	1.00000
0.6	0.99183	1.2	1.00000

3）根据式（4.44）和表4.5可知，有支挡结构路堤在不同 PGA 作用下发生严重损伤的超越概率如式（4.47）所示。

$$R_4 = \Phi\left(\frac{\ln(1.0238PGA^{1.4036}/0.8)}{0.0928}\right) \quad (4.47)$$

经计算，得有支挡结构路堤在 PGA 为0.1 g、0.2 g、0.3 g、0.4 g、0.5 g、0.6 g、0.7 g、0.8 g、0.9 g、1.0 g、1.1 g 和1.2 g 作用下发生严重损伤的超越概率如

第4章 路堤地震灾害易损性评价

表4.31所示。

表4.31 有支挡结构路堤发生严重损伤的超越概率（以 ζ_{max} 为震害损伤参数）

PGA/g	超越概率	PGA/g	超越概率
0.1	0	0.7	0.00310
0.2	0	0.8	0.23669
0.3	0	0.9	0.85643
0.4	0	1.0	0.99607
0.5	0	1.1	0.99998
0.6	0	1.2	1.00000

4）根据式（4.44）和表4.5可知，有支挡结构路堤在不同 PGA 作用下发生毁坏的概率如式（4.48）所示。

$$R_5 = \Phi\left(\frac{\ln(1.0238 PGA^{1.4036}/1.2)}{0.0928}\right). \tag{4.48}$$

经计算，得有支挡结构路堤在 PGA 为 0.1 g、0.2 g、0.3 g、0.4 g、0.5 g、0.6 g、0.7 g、0.8 g、0.9 g、1.0 g、1.1 g 和 1.2 g 作用下发生毁坏的概率如表4.32所示。

表4.32 有支挡结构路堤发生毁坏的概率（以 ζ_{max} 为震害损伤参数）

PGA/g	概率	PGA/g	概率
0.1	0	0.7	0
0.2	0	0.8	0
0.3	0	0.9	0.00048
0.4	0	1.0	0.04352
0.5	0	1.1	0.39373
0.6	0	1.2	0.85231

根据表4.29～表4.32，可以绘制有支挡结构路堤的震害易损性曲线（以 ζ_{max} 为震害损伤参数），如图4.29所示。

根据表4.29～表4.32和式（4.33）可知，有支挡结构路堤在 PGA 为 0.1 g、0.2 g、0.3 g、0.4 g、0.5 g、0.6 g、0.7 g、0.8 g、0.9 g、1.0 g、1.1 g 和 1.2 g 作用下发生各等级震害的概率（以 ζ_{max} 为震害损伤参数）如表4.33所示。

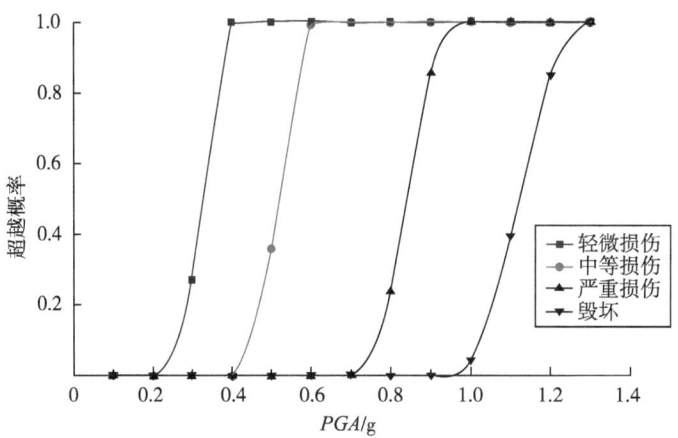

图 4.29　有支挡结构路堤的震害易损性曲线（以 ζ_{max} 为震害损伤参数）

表 4.33　有支挡结构路堤发生各等级震害的概率（以 ζ_{max} 为震害损伤参数）

基本完好	PGA/g	0.1	0.2	0.3	0.4	0.5	0.6
	概率	1.00000	1.00000	0.73023	0.00009	0	0
	PGA/g	0.7	0.8	0.9	1.0	1.1	1.2
	概率	0	0	0	0	0	0
轻微损伤	PGA/g	0.1	0.2	0.3	0.4	0.5	0.6
	概率	0	0	0.26977	0.99982	0.63930	0.00817
	PGA/g	0.7	0.8	0.9	1.0	1.1	1.2
	概率	0	0	0	0	0	0
中等损伤	PGA/g	0.1	0.2	0.3	0.4	0.5	0.6
	概率	0	0	0	0.00009	0.36070	0.99183
	PGA/g	0.7	0.8	0.9	1.0	1.1	1.2
	概率	0.99690	0.76331	0.14357	0.00393	0.00002	0
严重损伤	PGA/g	0.1	0.2	0.3	0.4	0.5	0.6
	概率	0	0	0	0	0	0
	PGA/g	0.7	0.8	0.9	1.0	1.1	1.2
	概率	0.00310	0.23669	0.85595	0.95255	0.60625	0.14769
毁坏	PGA/g	0.1	0.2	0.3	0.4	0.5	0.6
	概率	0	0	0	0	0	0
	PGA/g	0.7	0.8	0.9	1.0	1.1	1.2
	概率	0	0	0.00048	0.04352	0.39373	0.85231

第 4 章 路堤地震灾害易损性评价

由图 4.28、图 4.29 可计算得有支挡结构路堤以超越概率 30%、50% 和 80% 发生各等级震害时，路堤对应的 PGA，如表 4.34 所示。

表 4.34 不同超越概率下有支挡结构路堤震害等级对应的 PGA

超越概率	路堤震害等级与选用的震害损伤参数							
	轻微损伤		中等损伤		严重损伤		毁坏	
	ε_{max}	ζ_{max}	ε_{max}	ζ_{max}	ε_{max}	ζ_{max}	ε_{max}	ζ_{max}
超越概率 30% 对应的 PGA/g	0.309	0.302	0.493	0.494	0.683	0.810	1.029	1.082
超越概率 50% 对应的 PGA/g	0.296	0.312	0.515	0.512	0.713	0.839	1.075	1.120
超越概率 80% 对应的 PGA/g	0.317	0.330	0.553	0.541	0.765	0.887	1.152	1.184

4.6.3 支挡结构对路堤震害易损性的影响

根据对表 4.17 与表 4.28、表 4.22 与表 4.33、表 4.23 与表 4.34 的对比可以得到以下结论：

1）虽然挡土墙与路堤在地震作用下的耦合机理和力学过程还不甚明确，但无论采用何种震害损伤参数，当路堤发生某等级震害的超越概率相等时，有挡土墙路堤对应的 PGA 大于无挡土墙路堤对应的 PGA，例如，超越概率为 30%、50% 和 80% 时，有挡土墙路堤发生毁坏时对应的 PGA 平均比无挡土墙路堤高 17.93%、18.14% 和 18.34%，即在相同地震作用下，有挡土墙路堤比无挡土墙路堤更难发生严重震害。

2）无论采用何种震害损伤参数、有无挡土墙，PGA 越大，路堤发生更严重等级震害的概率越大，例如，$PGA=1.2g$ 时无挡土墙路堤和有挡土墙路堤发生毁坏的概率比 $PGA=1.0g$ 时平均高 16.854% 和 76.679%；另一方面，在相同 PGA 作用下，有挡土墙路堤发生的震害程度低于无挡土墙路堤，例如，$PGA=1.2g$ 时有挡土墙路堤发生毁坏的概率比无挡土墙路堤低 11.967%，即有挡土墙路堤比无挡土墙路堤的震害易损性普遍降低，这也验证了挡土墙对降低路堤震害易损性的重要作用。

4.7 本章小结

1）分析了经验性震害易损性评价和理论性震害易损性评价的主要工作内容和适用条件，结合路堤震害实际，最终选取理论方法进行西宝高速公路典型路堤震害易损性评价。

2）分析了路堤震害实例，将路堤震害分为路堤沉陷、路堤垮塌、路堤开裂、路堤错台、路堤错断和路堤隆起6类，并从地基变形、路堤动力放大作用和特殊路堤破坏3方面总结了路堤震害的成因，从场地条件、震中距、路堤防护设施及防护形式、路堤填料和填筑质量、路堤高度和坡度等6方面分析了路堤震害的影响因素。

3）结合路堤震害实例和已有研究成果，将路堤震害分为基本完好、轻微损伤、中等损伤、严重损伤和毁坏5级，选取路堤顶面横向最大位移率 ε_{max} 和路堤顶面最大沉降率 ζ_{max} 作为路堤震害损伤参数，并建立了路堤震害等级与路堤震害损伤参数的对应关系。

4）选取西宝高速公路 K1074+520 处路堤作为典型路堤进行研究，依托 Flac^{3D} 软件建立了无支挡结构和无支挡结构路堤的三维有限差分模型，确定了路堤填土、挡土墙和土基的本构关系和力学参数，分别选取自由场边界和瑞利阻尼作为模型的边界条件和阻尼条件。

5）选取 PEER 提供的15条地震动记录用于 IDA 分析，采用调幅方法对各地震动记录的 PGA 进行调整，将得到的地震动记录分别输入无支挡结构和有支挡结构路堤的三维有限差分模型中，获得一系列（PGA，ε_{max}）和（PGA，ζ_{max}）样本点，假设 PGA 与 ε_{max} 和 ζ_{max} 服从指数关系，采用回归方法得到 PGA 与 ε_{max} 和 ζ_{max} 之间的概率统计关系。

6）采用概率性地震需求分析方法对（PGA，ε_{max}）和（PGA，ζ_{max}）样本点进行分析，假设 $D_{\theta i}$ 和 D_c 均服从对数正态分布，采用双参数对数正态分布函数建立路堤发生各等级震害的超越概率模型，并绘制易损性曲线，完成西宝高速公路无支挡结构和有支挡结构路堤的震害易损性评价。

7）无论采用何种震害损伤参数、有无挡土墙，PGA 越大，路堤发生更严重等级震害的概率越大；在相同 PGA 作用下，有挡土墙路堤发生的震害程度低于无挡土墙路堤，即有挡土墙路堤比无挡土墙路堤的震害易损性普遍降低，验证了挡土墙对降低路堤震害易损性的重要作用。

第 5 章 路堤地震灾害风险概率评价

地震是自然灾害中危害最大的灾种，是群灾之首。受科技水平的限制，地震的预测是世界性难题，地震预报成功的案例寥寥无几，因此，地震风险评价成为防止和减轻地震灾害损失的重要途径之一。本章对风险的定义和应对策略进行研究，将路堤震害风险定义为考虑场地地震危险性的基础上，路堤在未来一段时间内发生各等级震害的概率，并分别采用 Monte Carlo 方法和危险性曲线方法对无支挡结构和有支挡结构路堤的震害风险进行评价，在此基础上引入风险可接受度的概念，确定路堤震害风险可接受度和路堤震害风险处置对策。

5.1 路堤震害风险概述

5.1.1 风险的定义

"风险"一词起源于远古时期，对风险的定义，不同学者有着不同的理解。韦伯字典将风险定义为"面临的伤害或损失的可能性（Exposure to the chance of injury or loss）"；Balkier 等提出的风险表达式为"风险度 = 危险度 + 易损度"；联合国国际减灾战略（United Nations International Strategy for Disaster Reduction，简称 UNISDR）对风险的定义为"灾害引发的人民生命和财产的期望损失"。可见，不同学者对风险的定义有很大不同，但主要可分为两类，一类定义强调了风险事件发生的不确定性，另一类定义则强调了风险事件造成损失的不确定性，但无论是何种定义，都与损失产生的可能性和概率有关。

（1）风险因素

路堤震害风险评价中，风险因素包括内在因素和外在因素两方面：内在因素是地震事件发生的影响因素，如研究区域和近场区的地震活动断裂和历史地震状况、潜在震源区划分以及现今地震活动性等；外在因素是影响路堤抗震能力的因素，如路堤填料的工程性质、路堤的结构稳定性和施工质量等。

(2) 风险事件

风险事件是造成财产损失和人员伤亡的偶发事件，是造成风险损失的直接的和外在的原因，即风险损失是以风险事件的发生为前提的。在路堤震害风险评价中，地震的发生就是造成风险损失的事件。

(3) 风险损失

风险损失是指非预期的、非计划的、非故意的人员伤亡和财产损失，风险事件的时间、空间和强度特征是影响风险损失大小的重要因素。

5.1.2 风险的应对策略

风险是一种客观存在，具有客观性和普遍性，人们不能彻底消灭风险，但可以在充分认识和了解风险规律的基础上，采取合理措施控制和管理风险。风险的大小取决于风险态势，风险态势包括风险事件的发生概率和风险的后果损失两方面，风险事件发生概率有高有低，后果损失有大有小，概率高低和后果大小构成了一个四维空间，即风险态势图，如图 5.1 所示。

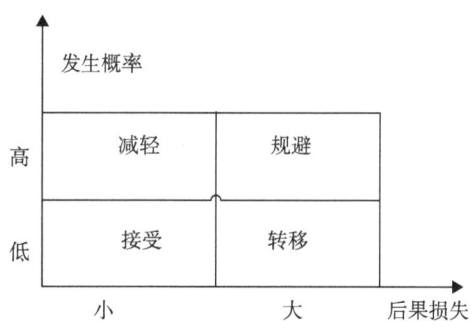

图 5.1 风险态势图

风险应对策略是对已有或潜在风险制定的整体策略和应对措施，按照风险态势的不同，一般将风险应对策略分为 4 类：接受风险、转移风险、减轻风险和规避风险，如表 5.1 所示。

表 5.1 风险应对策略

风险态势	风险应对策略
发生概率低、后果损失小	接受风险
发生概率低、后果损失大	转移风险
发生概率高、后果损失小	减轻风险
发生概率高、后果损失大	规避风险

第5章 路堤地震灾害风险概率评价

当然，风险态势与风险应对策略的关系并不是绝对的。风险和收益往往存在着某种关系，风险越大，带来的收益往往也越高，如果一味地回避高风险，有可能也就放弃了获得高收益的机会。因此，采用什么样的风险应对策略，要根据具体环境和不同的目标要求以及风险可接受度确定。

5.1.3 路堤震害风险

经过抗震设计的路堤仍可能在地震中遭到破坏，这一定程度上与没有完全解决路堤的震害风险评价问题有关。路堤震害风险的不确定性源自地震发生时间、发生位置和地震动强度的不确定性，路堤本身的随机性也会造成路堤震害风险难以准确预测。将路堤震害风险定义为考虑场地地震危险性的基础上，路堤在未来一段时间内发生各等级震害的概率，即路堤震害风险包括地震危险性和震害易损性两方面，其风险表达式为：路堤震害风险 = 场地地震危险性 × 路堤震害易损性，如图 5.2 所示。

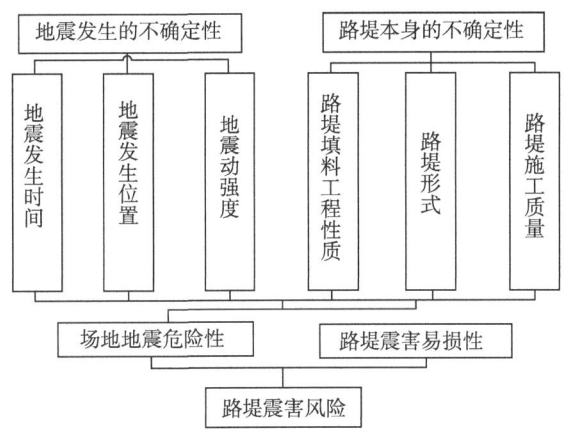

图 5.2 路堤震害风险的构成

路堤震害风险在数值上等于场地地震危险性与路堤震害易损性的卷积，即未来 t 年内所有地震事件作用下对路堤发生各等级震害可能性的积分，如式（5.1）所示。

$$P_{j,T=t} = P_{T=t}(R_{j-} \leqslant S < R_{j+}) = P_{T=t}\left(\int_{R_{j-}}^{R_{j+}} \mathrm{d}S\right) = \int_{R_{j-}}^{R_{j+}} f(S)\,\mathrm{d}S \text{。} \quad (5.1)$$

式中：$P_{j,T=t}$ 为未来 t 年内路堤发生第 j 级破坏的风险概率；R_{j-} 和 R_{j+} 分别为路堤对应于第 j 级破坏的震害损伤参数下限值和上限值，如表 4.5 所示；S 为地震对路堤的综合效应，即地震作用下路堤震害损伤参数的取值；R_{j-}、R_{j+} 和 S 均包括路堤顶面

最大横向位移率 ε_{max} 和路堤顶面最大沉降率 ζ_{max} 两类；$f(S)$ 为风险事件对路堤综合效应的概率密度函数，即未来 t 年内路堤震害损伤参数取值的概率密度函数，$f(S)$ 的计算方法如式（5.2）所示。

$$f(S) = f(S \mid E) f(E) 。 \tag{5.2}$$

式中：E 为地震事件；$f(E)$ 为地震事件发生的概率密度函数，即未来 t 年内场地 PGA 取值的概率密度函数；$f(S \mid E)$ 为发生地震事件 E 时，路堤震害损伤参数的取值的概率密度函数，即式（4.19）、式（4.22）～式（4.24）所示的 PGA 与路堤震害损伤参数的关系。

将式（5.2）代入式（5.1）中，得到路堤震害风险的计算方法如式（5.3）所示。

$$P_{j,T=t} = P_{j,T=t}(R_{j-} \leqslant S < R_{j+}) = \int_{R_{j-}}^{R_{j+}} \int_{0}^{+\infty} f(S \mid E) f(E) \mathrm{d}E \mathrm{d}S 。 \tag{5.3}$$

5.2 基于 Monte Carlo 方法的路堤震害风险评价

由式（5.3）可知，在进行路堤震害风险评价时，需要结合路堤所在场地的地震危险性评价结果和路堤震害易损性评价结果，其中，地震危险性评价是路堤震害风险评价的基础，其评价结果是以 PGA 的概率分布体现的。在进行西宝高速公路地震危险性评价时，得到了沿线各场地未来一段时间内一定超越概率水准的 PGA 值，本节根据场地地震烈度的概率分布模型以及地震烈度与 PGA 的转换关系，得到西宝高速公路典型路堤所在场地未来一段时间内的 PGA 概率分布模型，并采用 Monte Carlo 方法完成无支挡结构和有支挡结构路堤的震害风险评价。

5.2.1 场地 PGA 的概率分布模型

（1）场地地震烈度的概率分布

高小旺和鲍霭斌对我国"三北"地区数十个场地的地震危险性评价结果进行了分析[1]，结果表明，某一场地未来 50 年内的地震烈度服从极值Ⅲ型分布，其分布函数如式（5.4）所示。

---

[1] 高小旺，鲍霭斌. 地震作用的概率模型及其统计参数 [J]. 地震工程与工程振动，1985，5（1）：13–22.

第 5 章 路堤地震灾害风险概率评价

$$F_{\mathrm{III}}(x) = \exp\left[-\left(\frac{\omega-x}{\omega-\varepsilon}\right)^K\right] \text{。} \tag{5.4}$$

式中：ω 为最高烈度值，根据我国目前通用的烈度划分方法，ω 取 12；ε 为众值烈度（未来 50 年内超越概率 63% 的烈度值）；K 为形状参数。

确定 K 值主要有 3 种方法：①分位值法；②总体误差最小的最小二乘法；③极大似然法。从拟合的角度看，最小二乘法最佳，但从工程实用的角度，取基本烈度（未来 50 年内超越概率 10% 的烈度）对应的 K 值就可以满足要求，故采用后者计算 K 值。

由式（5.4）可得，未来 t 年内场地地震烈度的概率分布函数如式（5.5）所示。

$$F_{\mathrm{III}}^{t}(x) = \exp\left[-\left(\frac{\omega-x}{\omega-\varepsilon}\right)^K\right]^{t/50} = \exp\left[-\frac{t}{50}\left(\frac{\omega-x}{\omega-\varepsilon}\right)^K\right] \text{。} \tag{5.5}$$

对式（5.5）求导，可得未来 t 年内场地地震烈度的概率密度函数如式（5.6）所示。

$$f_{\mathrm{III}}^{t}(x) = \frac{tK(\omega-x)^{K-1}}{50(\omega-\varepsilon)^K}\exp\left[-\frac{t}{50}\left(\frac{\omega-x}{\omega-\varepsilon}\right)^K\right] \text{。} \tag{5.6}$$

（2）地震烈度与 PGA 的转换关系

地震烈度与 PGA 的转换关系十分复杂，国内外众多学者对此进行了研究。李大华、左惠强在不考虑观测台站众多影响因素的前提下，利用美国 1933—1971 年的 118 个地面强地震动记录的 PGA 数据，得到了建筑物平均地震烈度与 PGA 的转换关系。在进行路堤震害风险评价时采用世界地震工程之父——刘恢先先生提出的地震烈度与 PGA 的转换关系，如式（5.7）所示。

$$PGA = 10^{I\lg 2 - 0.01} \text{。} \tag{5.7}$$

式中：I 为地震烈度。

需要指出的是，虽然地震烈度是 1~12 的整数离散变量，但考虑到计算的精确性和模型的适用性，式（5.7）将地震烈度作为连续变量进行研究。将式（5.6）、式（5.7）、式（4.19）、式（4.22）~式（4.24）代入式（5.3）中，可得路堤震害的风险计算式，直接对该式求解需要进行复杂的积分运算，且无法保证在积分域上实现收敛，很难得到理想的结果。因此，利用 Monte Carlo 方法在积分估计上的独特优势计算路堤震害风险。

5.2.2 Monte Carlo 方法简介

Monte Carlo 方法是计算数学的一个分支，它是在 20 世纪 40 年代美国的"曼哈顿计划"中发展起来的。

(1) Monte Carlo 方法积分估计的基本思想

根据大数定理，当需要对某一事件的数值进行平均估计时，可以通过某种"抽样"方法得到事件发生的"频率"代替事件发生的"概率"，并用它作为问题的解。事实上，早在 17 世纪人们就开始利用经典抽样方法解决实际问题，20 世纪 40 年代电子计算机的出现，使得大量、快速地数学抽样成为可能。但是，传统的抽样方法不能逼近真实的物理过程，很难得到满意的结果，而 Monte Carlo 方法能够真实地模拟地震等复杂物理过程，这也是采用 Monte Carlo 方法计算路堤震害风险的主要原因。

Monte Carlo 方法的框架可以用式 (5.8) 所示的结构表示为：

$$\{\Omega; \omega \in \Omega; \vec{x}: \Omega \to R; f(\vec{x}); h(\vec{x}); \mu_h; \sigma_h; \overline{h_n}$$
$$= \left[\frac{1}{n}\sum_{i=1}^{n} h(\vec{x_i})\right] \xrightarrow{P} \mu_h; e \cong \frac{\overline{\sigma_h}}{\sqrt{n}}\}。 \quad (5.8)$$

全体事件空间 Ω 包含了简单的基本事件 $\{\omega \in \Omega\}$，一个随机变量或多维向量 $\vec{x}(\omega)$ 定义为事件空间上的一个实函数，并具有一个适当的联合概率密度函数，$h(\vec{x})$ 是该随机变量的一个函数，其均值为 μ_h，标准差为 σ_h。现考虑以下形式的积分：

$$T = \int_a^b g(x) \mathrm{d}x。 \quad (5.9)$$

这里 $g(x)$ 是定义在 $[a, b]$ 上的任意可积函数。令 $f(x)$ 为任意一个定义在该区间上的概率密度函数，且当 $g(x) \neq 0$ 时 $f(x) > 0$，于是式 (5.9) 可以写作：

$$T = \int_a^b \left[\frac{g(x)}{f(x)}\right] f(x) \mathrm{d}x = \int_a^b h(x) f(x) \mathrm{d}x$$
$$= \langle h \rangle。 \quad (5.10)$$

其中：

$$h(x) = \frac{g(x)}{f(x)}。 \quad (5.11)$$

因此，T 可以看作随机变量 x 的函数 $h(x)$ 的期望值的一种形式，于是对 T 进行

第5章 路堤地震灾害风险概率评价

估计，可得

$$\overline{T_n} = \overline{h_n} = \frac{1}{n}\sum_{i=1}^{n}h(x_i)。 \qquad (5.12)$$

这里 x_i 是从 $f(x)$ 对随机变量的一个抽样，而 $\overline{T_n}$ 为 T 的估计量，$\overline{T_n}$ 的二阶矩为：

$$S_h^2 = \int_a^b \left[\frac{g(x)}{f(x)}\right]^2 f(x)\mathrm{d}x = \int_a^b \frac{g(x)^2}{f(x)}\mathrm{d}x。 \qquad (5.13)$$

它可以用下面的式子来估计：

$$\overline{S_h^2} = \frac{1}{n}\sum_{i=1}^{n}h^2(x_i)。 \qquad (5.14)$$

则 $\overline{T_n}$ 的统计误差为：

$$e_s = \frac{\overline{\sigma_h}}{\sqrt{n}} = \sqrt{\frac{\overline{S_h^2} - (\overline{I_n})^2}{n}}。 \qquad (5.15)$$

（2）Monte Carlo 方法积分估计的计算步骤

采用 Monte Carlo 方法进行积分估计有三个主要步骤：①构造或描述概率过程；②实现从已知概率分布抽样；③建立各种估计量（图5.3）。

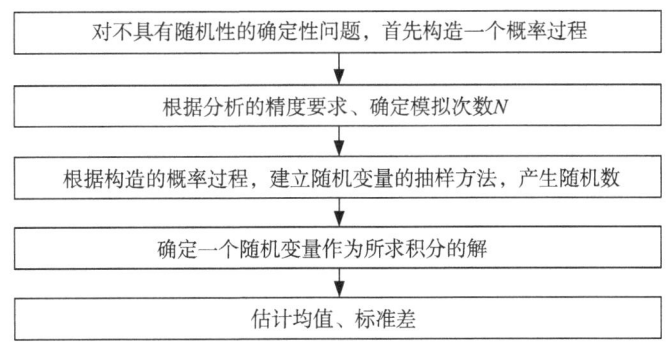

图 5.3 Monte Carlo 方法的计算步骤

（3）Monte Carlo 方法的优点

Monte Carlo 方法的诸多优点使其获得了广泛的应用基础，具体表现在：

1）能够逼真地描述所求问题的随机性。Monte Carlo 方法的功能非常强大，能够求解接近真实系统的问题的解，并产生有用的并与真实系统高度相关的结果。

2）受几何条件限制小。在具有随机性质的问题中，如考虑的系统形状很复杂，难以用一般数值方法求解，而使用 Monte Carlo 方法，不会有原则上的困难。

3）收敛速度和误差大小与问题的维数无关。问题的维数在工程领域中起着很重要的作用，"维数魔咒"限制了很多解析方法的应用，而 Monte Carlo 方法的收敛速度和误差大小与问题的复杂程度或相空间的维数无关，这一性质使得它在很多工程领域获得了重要应用。

4）程序结构简单，易于实现。

5.2.3 基于 Monte Carlo 方法的路堤震害风险评价

（1）基本思想

根据 Monte Carlo 方法的基本思想，采用 Matlab 软件按式（5.6）对地震烈度进行 n 次抽样，并根据式（5.7）对地震烈度和 PGA 进行转换，则每单个 PGA 样本在整体样本中出现的概率为 $1/n$。定义 $F(D_j, PGA_i)$ 为路堤在 PGA_i 作用下发生第 j 级震害的概率（即路堤震害易损性评价结果），则式（5.3）可以转化为式（5.16）的形式。

$$P_{j,T=t} = P_{j,T=t}(R_{j-} \leqslant S < R_{j+}) = \int_{R_{j-}}^{R_{j+}} \int_0^{+\infty} f(S \mid E) f(E) \mathrm{d}E \mathrm{d}S$$
$$= \frac{1}{n} \sum_{i=1}^{n} F(D_j, PGA_i) \text{。} \quad (5.16)$$

本章以西宝高速公路 K1074+520 处路堤为例，演示未来 50 年内路堤震害风险评价过程。根据西宝高速公路地震危险性评价结果，可得研究场地未来 50 年内一定超越概率水准的 PGA，结合式（5.7），可得相应的地震烈度值，如表 5.2 所示。

表 5.2 研究场地一定概率水准的 PGA 与地震烈度值

概率水准	50 年超越概率 2%	50 年超越概率 10%	50 年超越概率 63%
PGA/gal	309.18	206.35	83.42
地震烈度	8.292	7.705	6.385

根据表 5.2 和式（5.4），用未来 50 年超越概率 10% 的地震烈度和 50 年超越概率 63% 的众值烈度对形状参数 K 值进行待定，可得：

$$1 - 0.1 = \exp\left[-\left(\frac{12 - 7.705}{12 - 6.385}\right)^K\right] \text{。} \quad (5.17)$$

解得：$K = 8.397$。则研究场地未来 50 年内的地震烈度概率分布函数如式

第 5 章　路堤地震灾害风险概率评价

(5.18) 所示。

$$F_{\text{III}}(x) = \exp\left[-\left(\frac{12-x}{5.615}\right)^{8.397}\right]。 \quad (5.18)$$

由式（5.18）可知，研究场地未来 50 年内的地震烈度概率分布如图 5.4 所示。

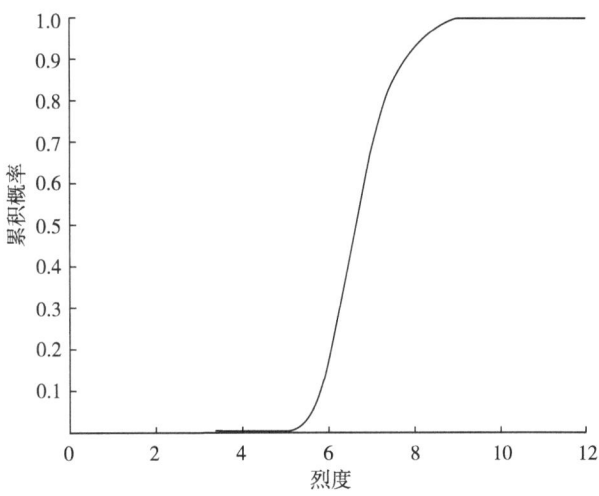

图 5.4　研究场地未来 50 年内的地震烈度概率分布

对式（5.18）求导，得到研究场地未来 50 年内地震烈度的概率密度函数，如式（5.19）所示。

$$f_{\text{III}}(x) = \frac{8.397(12-x)^{7.397}}{5.615^{8.397}} \exp\left[-\left(\frac{12-x}{5.615}\right)^{8.397}\right]。 \quad (5.19)$$

由式（5.19）可知，研究场地未来 50 年内的地震烈度概率密度分布如图 5.5 所示。

根据式（5.19）所示的研究场地地震烈度概率密度函数，采用 Matlab 软件根据 Monte Carlo 方法进行抽样，得到 1000 个随机数 I_1，I_2，I_3，I_4，…，I_{1000}，这 1000 个随机数表示研究场地未来 50 年内可能遭遇的 1000 个地震烈度的可能，且这 1000 个随机数符合场地地震危险性评价结果，即服从式（5.18）所示的概率分布函数。将 I_1，I_2，I_3，I_4，…，I_{1000} 代入式（5.7）中，可得研究场地未来 50 年内可能遭遇的地震动峰值加速度 PGA_1，PGA_2，PGA_3，PGA_4，…，PGA_{1000}。

（2）无支挡结构路堤的震害风险评价方法

1）采用 $\varepsilon_{\max}$ 作为路堤震害损伤参数。结合图 4.26 和表 4.17，利用 Matlab 软件，可得在 PGA_1，PGA_2，PGA_3，PGA_4，…，PGA_{10000} 作用下，无支挡结构路堤发生

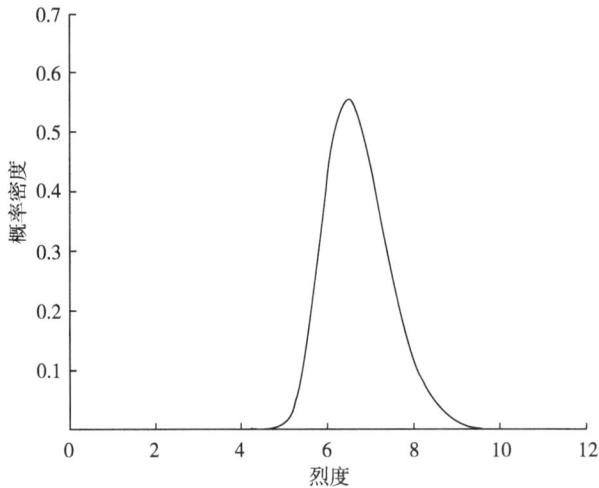

图 5.5 研究场地未来 50 年内的地震烈度概率密度分布

基本完好震害的概率分别为 $P^1_{1,IM=PGA_1}$，$P^1_{1,IM=PGA_2}$，$P^1_{1,IM=PGA_3}$，$P^1_{1,IM=PGA_4}$，…，$P^1_{1,IM=PGA_{1000}}$，则根据式（5.16）可得无支挡结构路堤在未来 50 年内发生基本完好震害的风险概率 P^1_1 如式（5.20）所示。

$$P^1_{1,T=50} = \frac{P^1_{1,IM=PGA_1} + P^1_{1,IM=PGA_2} + P^1_{1,IM=PGA_3} + P^1_{1,IM=PGA_4} + \cdots + P^1_{1,IM=PGA_{1000}}}{1000} \quad (5.20)$$

经计算得：$P^1_{1,T=50}=1.78\%$。同理，可得无支挡结构路堤未来 50 年内发生轻微损伤的风险概率 $P^1_{2,T=50}=30.19\%$，发生中等损伤的风险概率 $P^1_{3,T=50}=38.96\%$，发生严重损伤的风险概率 $P^1_{4,T=50}=21.45\%$，发生毁坏的风险概率 $P^1_{5,T=50}=7.62\%$。

因此，以 ε_{max} 为震害损伤参数时，无支挡结构路堤未来 50 年内发生基本完好震害的超越风险概率 $R^1_{1,T=50}=100\%$，发生轻微损伤的超越风险概率 $R^1_{2,T=50}=98.22\%$，发生中等损伤的超越风险概率 $R^1_{3,T=50}=68.03\%$，发生严重损伤的超越风险概率 $R^1_{4,T=50}=29.07\%$，如表 5.3 所示。

表 5.3 无支挡结构路堤未来 50 年内震害风险评价结果（以 ε_{max} 为震害损伤参数）

项目	风险评价结果				
震害等级	基本完好	轻微损伤	中等损伤	严重损伤	毁坏
风险概率/%	1.78	30.19	38.96	21.45	7.62
超越风险概率/%	100.00	98.22	68.03	29.07	7.62

第5章 路堤地震灾害风险概率评价

2）采用 ζ_{max} 作为路堤震害损伤参数。参照采用 ε_{max} 作为路堤震害损伤参数时的计算方法，可计算以 ζ_{max} 为路堤震害损伤参数时，无支挡结构路堤未来 50 年内发生基本完好震害的风险概率 $P^2_{1,T=50}=1.34\%$，发生轻微损伤的风险概率 $P^2_{2,T=50}=32.16\%$，发生中等损伤的风险概率 $P^2_{3,T=50}=50.85\%$，发生严重损伤的风险概率 $P^2_{4,T=50}=8.71\%$，发生毁坏的风险概率 $P^2_{5,T=50}=6.94\%$。

因此，以 ζ_{max} 为震害损伤参数时，无支挡结构路堤未来 50 年内发生基本完好震害的超越风险概率 $R^2_{1,T=50}=100\%$，发生轻微损伤的超越风险概率 $R^2_{2,T=50}=98.66\%$，发生中等损伤的超越风险概率 $R^2_{3,T=50}=66.50\%$，发生严重损伤的超越风险概率 $R^2_{4,T=50}=15.65\%$，如表 5.4 所示。

表 5.4 无支挡结构路堤未来 50 年内震害风险评价结果（以 ζ_{max} 为震害损伤参数）

项目	风险评价结果				
震害等级	基本完好	轻微损伤	中等损伤	严重损伤	毁坏
风险概率/%	1.34	32.16	50.85	8.71	6.94
超越风险概率/%	100.00	98.66	66.50	15.65	6.94

对采用 ε_{max} 和采用 ζ_{max} 为震害损伤参数得到的无支挡结构路堤震害风险评价结果取算数平均值，作为最终的风险评价结果，如式（5.21）和式（5.22）所示。

$$P_{i,T=50} = \frac{P^1_{i,T=50} + P^2_{i,T=50}}{2} \quad (5.21)$$

$$R_{i,T=50} = \frac{R^1_{i,T=50} + R^2_{i,T=50}}{2} \quad (5.22)$$

式中：$P_{i,T=50}$ 为无支挡结构路堤未来 50 年内发生各等级震害的风险概率；$R_{i,T=50}$ 为无支挡结构路堤未来 50 年内发生各等级震害的超越风险概率。则无支挡结构路堤未来 50 年内震害风险评价结果如表 5.5 和图 5.6 所示。

表 5.5 无支挡结构路堤未来 50 年内震害风险评价结果（Monte Carlo 方法）

项目	风险评价结果				
震害等级	基本完好	轻微损伤	中等损伤	严重损伤	毁坏
风险概率/%	1.560	31.175	44.905	15.080	7.280
超越风险概率/%	100.000	98.440	67.265	22.360	7.280

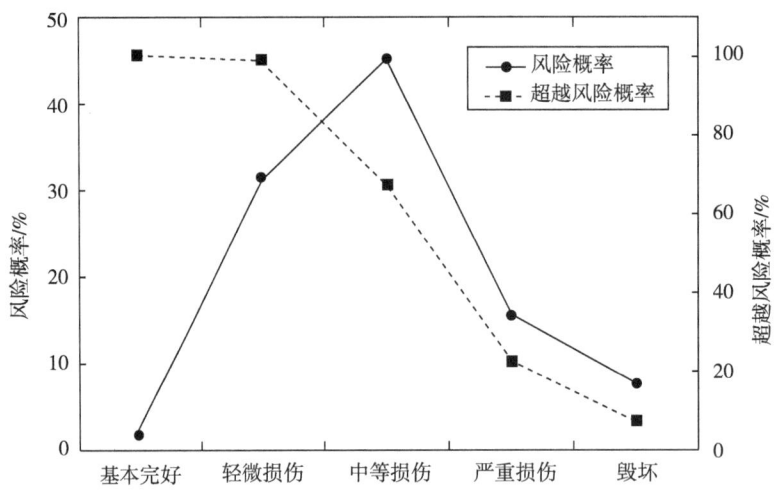

图 5.6　无支挡结构路堤未来 50 年内震害风险评价结果（Monte Carlo 方法）

(3) 有支挡结构路堤的震害风险评价方法

1) 采用 ε_{max} 作为路堤震害损伤参数。参照无支挡结构路堤的震害风险评价方法，当采用 ε_{max} 作为路堤震害损伤参数时，经计算可得有支挡结构路堤未来 50 年内发生基本完好震害的风险概率 $P^1_{1,T=50} = 3.95\%$，发生轻微损伤的风险概率 $P^1_{2,T=50} = 40.16\%$，发生中等损伤的风险概率 $P^1_{3,T=50} = 34.72\%$，发生严重损伤的风险概率 $P^1_{4,T=50} = 15.48\%$，发生毁坏的风险概率 $P^1_{5,T=50} = 5.69\%$。

因此，以 ε_{max} 为震害损伤参数时，有支挡结构路堤未来 50 年内发生基本完好震害的超越风险概率 $R^1_{1,T=50} = 100\%$，发生轻微损伤的超越风险概率 $R^1_{2,T=50} = 96.05\%$，发生中等损伤的超越风险概率 $R^1_{3,T=50} = 55.89\%$，发生严重损伤的超越风险概率 $R^1_{4,T=50} = 21.17\%$，如表 5.6 所示。

表 5.6　有支挡结构路堤未来 50 年内震害风险评价结果（以 ε_{max} 为震害损伤参数）

项目	风险评价结果				
震害等级	基本完好	轻微损伤	中等损伤	严重损伤	毁坏
风险概率/%	3.95	40.16	34.72	15.48	5.69
超越风险概率/%	100.00	96.05	55.89	21.17	5.69

2) 采用 ζ_{max} 作为路堤震害损伤参数。参照采用 ε_{max} 作为路堤震害损伤参数时的震害风险评价方法，以 ζ_{max} 为震害损伤参数时，经计算可得有支挡结构路堤未来 50 年内发生基本完好震害的风险概率 $P^2_{1,T=50} = 3.06\%$，发生轻微损伤的风险概率

第5章 路堤地震灾害风险概率评价

$P_{2,T=50}^2 = 34.14\%$，发生中等损伤的风险概率 $P_{3,T=50}^2 = 52.07\%$，发生严重损伤的风险概率 $P_{4,T=50}^2 = 6.38\%$，发生毁坏的风险概率 $P_{5,T=50}^2 = 4.35\%$。

因此，以 ζ_{max} 为震害损伤参数时，有支挡结构路堤未来 50 年内发生基本完好震害的超越风险概率 $R_{1,T=50}^2 = 100\%$，发生轻微损伤的超越风险概率 $R_{2,T=50}^2 = 96.94\%$，发生中等损伤的超越风险概率 $R_{3,T=50}^2 = 62.80\%$，发生严重损伤的超越风险概率 $R_{4,T=50}^2 = 10.73\%$，如表 5.7 所示。

表 5.7 有支挡结构路堤未来 50 年内震害风险评价结果（以 ζ_{max} 为震害损伤参数）

项目	风险评价结果				
震害等级	基本完好	轻微损伤	中等损伤	严重损伤	毁坏
风险概率/%	3.06	34.14	52.07	6.38	4.35
超越风险概率/%	100.00	96.94	62.80	10.73	4.35

参考式（5.21）和式（5.22），可得有支挡结构路堤未来 50 年内震害风险评价结果如表 5.8 和图 5.7 所示。

表 5.8 有支挡结构路堤未来 50 年内震害风险评价结果（Monte Carlo 方法）

项目	风险评价结果				
震害等级	基本完好	轻微损伤	中等损伤	严重损伤	毁坏
风险概率/%	3.505	37.150	43.395	10.930	5.020
超越风险概率/%	100.000	96.495	59.345	15.950	5.020

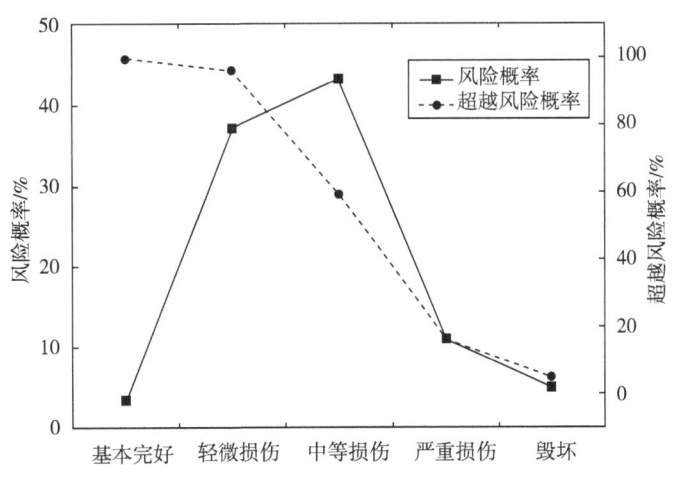

图 5.7 有支挡结构路堤未来 50 年内震害风险评价结果（Monte Carlo 方法）

5.3 基于地震危险性曲线的路堤震害风险评价

本节根据西宝高速公路地震危险性评价结果,通过绘制研究场地的地震危险性曲线,得到场地 PGA 的概率分布,从而完成路堤震害风险评价。

5.3.1 基本理论

(1) 地震危险性曲线

根据式(5.3)可知,路堤在未来 t 年内发生某等级震害的超越风险概率可以写为式(5.23)的形式。

$$R_{j,T=t} = \sum_{all x_i} P(R_{j-} \leq S \mid PGA = x_i) P_{T=t}(PGA = x_i)。 \quad (5.23)$$

式中:x_i 为研究场地未来 t 年内可能遭遇的 PGA。由于 PGA 的取值是连续的,因此,式(5.23)可以写成积分的形式,如式(5.24)所示。

$$R_{j,T=t} = \int P(R_{j-} \leq S \mid PGA = x_i) f(x) \mathrm{d}x。 \quad (5.24)$$

则路堤在未来 1 年内发生某等级震害的超越风险概率如式(5.25)所示。

$$R_{j,T=1} = \int P(R_{j-} \leq S \mid PGA = x_i) \mathrm{d}H(x)。 \quad (5.25)$$

式中:$R_{j,T=1}$ 为路堤在未来 1 年内发生某等级震害的超越风险概率;$H(x)$ 为研究场地 PGA 的年均分布函数;$H(x)$ 的形状即为地震危险性曲线。

根据已有研究成果,$H(x)$ 可以采用式(5.26)的形式表示。

$$H(x) = P(PGA \geq x) \approx k_0 x^{-k}。 \quad (5.26)$$

式中:k_0 和 k 为待定参数,采用公路地震危险性评价结果对 $H(x)$ 的形状进行拟合,从而确定 k_0 和 k。

(2) 基于地震危险性曲线的路堤震害风险评价方法

结合路堤震害易损性评价结果,可以得到式(5.27)和式(5.28)的结果。

$$R_{j,T=t}(R_{j-} \leq S \mid PGA = x_i) = \Phi\left(\frac{\ln(S/R_{j-})}{\beta}\right) = 1 - \Phi\left(\frac{\ln(R_{j-}/S)}{\beta}\right)。 \quad (5.27)$$

$$S_i = a x_i^b。 \quad (5.28)$$

其中:$\varepsilon_{\max}$ 和 $\zeta_{\max}$ 对应的 β、a 和 b 均已在第 4 章中求得,则式(5.23)可以改写为

第5章 路堤地震灾害风险概率评价

式（5.29）的形式。

$$R_{j,T=1} = \int P(R_{j-} \leq S \mid PGA = x_i) dH(x)$$

$$= \int \left(1 - \Phi\left(\frac{\ln(R_{j-}/ax^b)}{\beta}\right)\right) dH(x)_\circ \quad (5.29)$$

对式（5.29）进行积分变换，可以得到：

$$P_{j,T=1} = \int \frac{d\left(1 - \Phi\left(\frac{\ln(R_{j-}/ax^b)}{\beta}\right)\right)}{dx} H(x) dx_\circ \quad (5.30)$$

根据标准正态分布的定义，其概率分布函数如式（5.31）所示。

$$\Phi(u) = \frac{1}{\sqrt{2\pi}} e^{\frac{1}{2}u^2}_\circ \quad (5.31)$$

则有：

$$\frac{d\left(1 - \Phi\left(\frac{\ln(R_{j-}/ax^b)}{\beta}\right)\right)}{dx} = \frac{b}{x\beta} \Phi\left(\frac{\ln(R_{j-}/ax^b)}{\beta}\right)_\circ \quad (5.32)$$

则式（5.30）可以进一步改写为式（5.33）的形式。

$$P_{j,T=1} = \int \frac{b}{x\beta} \Phi\left(\frac{\ln(R_{j-}/ax^b)}{\beta}\right) H(x) dx$$

$$= \int_0^\infty \frac{b}{x\beta} \cdot \frac{1}{\sqrt{2\pi}} \exp\left(\frac{1}{2}\left(\frac{\ln R_{j-} - \ln a - b\ln x}{\beta}\right)^2\right) k_0 x^{-k} dx_\circ \quad (5.33)$$

对式（5.33）进行化简，可得：

$$P_{j,T=1} = k_0 \left(\frac{R_{j-}}{a}\right)^{-\frac{k}{b}} \exp\left(\frac{k^2\beta^2}{2b^2}\right)_\circ \quad (5.34)$$

根据式（5.28），可得式（5.35）的结果：

$$PGA_{j-} = \left(\frac{R_{j-}}{a}\right)^{\frac{1}{b}}_\circ \quad (5.35)$$

式中：PGA_{j-} 为路堤各级震害损伤参数下限值对应的临界 PGA。

将式（5.35）代入（5.34）中，可得：

$$P_{j,T=1} = k_0 (PGA_{j-})^{-k} \exp\left(\frac{k^2\beta^2}{2b^2}\right)_\circ \quad (5.36)$$

参照式（5.26）的形式，式（5.36）可以转化为式（5.37）的形式。

$$P_{j,T=1} = H(PGA_{j-})\exp\left(\frac{k^2\beta^2}{2b^2}\right)。 \tag{5.37}$$

5.3.2 实例分析

（1）地震危险性曲线的确定

在进行西宝高速公路地震危险性评价时，得到了研究场地未来 50 年内一定超越概率水准的 PGA，如表 5.9 所示。

表 5.9 研究场地未来 50 年内地震危险性评价结果

未来 50 年内的超越概率/%	2	5	10	30	50	63
PGA/g	0.3155	0.2547	0.2106	0.1312	0.1036	0.0851

在地震危险性评价时，采用泊松模型刻画地震发生预测模型，而泊松模型具有时间无记忆性特点，因此可以假设研究场地每年可能遭遇的 PGA 是相互独立的，由此，可将未来 50 年一定超越概率水准的 PGA 转化为未来 1 年内一定超越概率水准的 PGA，如表 5.10 所示。

表 5.10 研究场地未来 1 年内一定超越概率水准的 PGA

未来 1 年内的超越概率/%	0.0404	0.1025	0.2105	0.7108	1.3767	1.9689
PGA/g	0.3155	0.2547	0.2106	0.1312	0.1036	0.0851

根据式（5.26）和表 5.10 对地震危险性曲线进行回归分析，如图 5.8 所示。

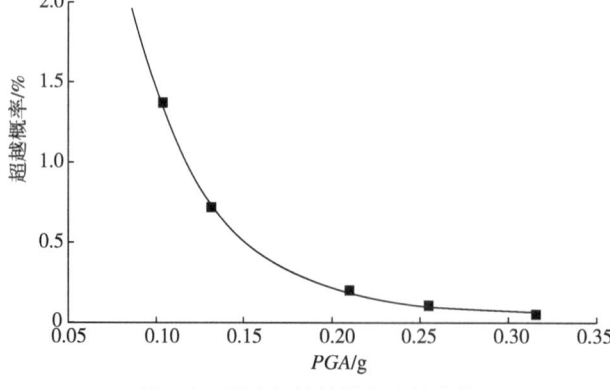

图 5.8 研究场地地震危险性曲线

第5章 路堤地震灾害风险概率评价

经过回归分析可得，式（5.26）中的 $k_0 = 0.0018$，$k = 2.908$，即研究场地地震危险性曲线如式（5.38）所示：

$$H(x) = 0.0018x^{-2.908}。 \tag{5.38}$$

根据式（5.35）和表 4.5 分别计算 ε_{max} 和 ζ_{max} 对应的各级 PGA_{j-}，如表 5.11 所示。

表 5.11 ε_{max} 和 ζ_{max} 对应的各级 PGA_{j-}

ε_{max}/%	0.2	0.4	0.6	1.0
PGA_{j-}/g	0.2262	0.4098	0.5801	0.8988
ζ_{max}/%	0.2	0.4	0.8	1.2
PGA_{j-}/g	0.2336	0.4034	0.6967	0.9590

（2）无支挡结构路堤震害风险评价

1）采用 ε_{max} 作为路堤震害损伤参数。根据式（5.37）和表 5.11 可知，采用 ε_{max} 作为路堤震害损伤参数时，无支挡结构路堤在未来 1 年内发生各等级震害的超越风险概率为：

①轻微损伤：$R^1_{2,T=1} = 0.135227$；

②中等损伤：$R^1_{3,T=1} = 0.024799$；

③严重损伤：$R^1_{4,T=1} = 0.009029$；

④毁坏：$R^1_{5,T=1} = 0.002526$。

根据式（5.39）计算无支挡结构路堤在未来 50 年内发生各等级震害的超越风险概率：

$$R_{j,T=50} = 1 - (1 - R_{j,T=1})^{50}。 \tag{5.39}$$

则无支挡结构路堤未来 50 年内震害风险评价结果（以 ε_{max} 为震害损伤参数）如表 5.12 所示。

表 5.12 无支挡结构路堤未来 50 年内震害风险评价结果（以 ε_{max} 为震害损伤参数）

项目	风险评价结果				
震害等级	基本完好	轻微损伤	中等损伤	严重损伤	毁坏
风险概率/%	0.06	28.43	35.05	24.58	11.88
超越风险概率/%	100.00	99.93	71.51	36.46	11.88

2）采用 ζ_{max} 作为路堤震害损伤参数。根据式（5.37）和表 5.11 可知，采用 ζ_{max} 作为

路堤震害损伤参数时，无支挡结构路堤在未来1年内发生各等级震害的超越风险概率为：

①轻微损伤：$R_{2,T=1}^2 = 0.125855$；

②中等损伤：$R_{3,T=1}^2 = 0.025197$；

③严重损伤：$R_{4,T=1}^2 = 0.005201$；

④毁坏：$R_{5,T=1}^2 = 0.002100$。

根据式（5.39），无支挡结构路堤未来50年内震害风险评价结果（以ζ_{max}为震害损伤参数）如表5.13所示。

表5.13 无支挡结构路堤未来50年内震害风险评价结果（以ζ_{max}为震害损伤参数）

项目	风险评价结果				
震害等级	基本完好	轻微损伤	中等损伤	严重损伤	毁坏
风险概率/%	0.12	27.22	49.71	12.97	9.98
超越风险概率/%	100.00	99.88	72.66	22.95	9.98

对采用ε_{max}和采用ζ_{max}作为路堤震害损伤参数得到的震害风险评价结果求算数平均值，则无支挡结构路堤未来50年内震害风险评价结果如表5.14和图5.9所示。

表5.14 无支挡结构路堤未来50年内震害风险评价结果（危险性曲线方法）

项目	风险评价结果				
震害等级	基本完好	轻微损伤	中等损伤	严重损伤	毁坏
风险概率/%	0.090	27.825	42.380	18.775	10.930
超越风险概率/%	100.000	99.910	72.085	29.705	10.930

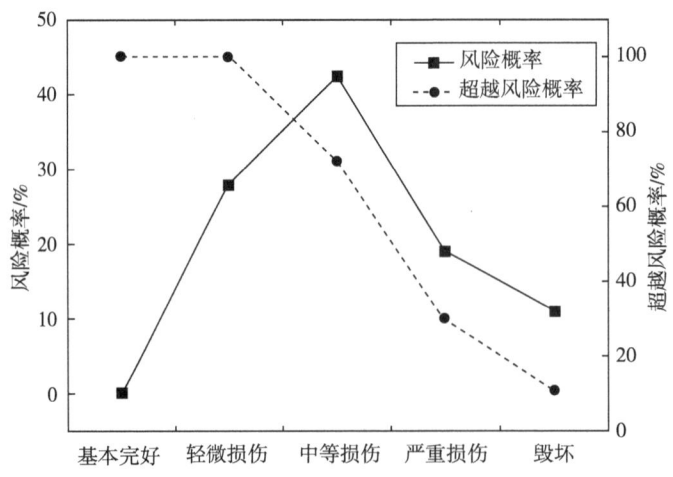

图5.9 无支挡结构路堤未来50年内震害风险评价结果（危险性曲线方法）

第5章 路堤地震灾害风险概率评价

（3）有支挡结构路堤震害风险评价

1）采用 ε_{max} 作为路堤震害损伤参数。根据式（5.37）和表5.11可知，采用 ε_{max} 作为路堤震害损伤参数时，有支挡结构路堤在未来1年内发生各等级震害的超越风险概率为：

①轻微损伤：$R^1_{2,T=1}=0.135227$；

②中等损伤：$R^1_{3,T=1}=0.021316$；

③严重损伤：$R^1_{4,T=1}=0.006796$；

④毁坏：$R^1_{5,T=1}=0.001560$。

根据式（5.39），有支挡结构路堤未来50年内震害风险评价结果（以 ε_{max} 为震害损伤参数）如表5.15所示。

表5.15 有支挡结构路堤未来50年内震害风险评价结果（以 ε_{max} 为震害损伤参数）

项目	风险评价结果				
震害等级	基本完好	轻微损伤	中等损伤	严重损伤	毁坏
风险概率/%	0.07	33.98	37.36	21.08	7.51
超越风险概率/%	100.00	99.93	65.95	28.89	7.51

2）采用 ζ_{max} 作为路堤震害损伤参数。根据式（5.37）和表5.11可知，采用 ζ_{max} 作为路堤震害损伤参数时，有支挡结构路堤在未来1年内发生各等级震害的超越风险概率为：

①轻微损伤：$R^2_{2,T=1}=0.098184$；

②中等损伤：$R^2_{3,T=1}=0.024373$；

③严重损伤：$R^2_{4,T=1}=0.003722$；

④毁坏：$R^2_{5,T=1}=0.001360$。

根据式（5.39），有支挡结构路堤未来50年内震害风险评价结果（以 ζ_{max} 为震害损伤参数）如表5.16所示。

表5.16 有支挡结构路堤未来50年内震害风险评价结果（以 ζ_{max} 为震害损伤参数）

项目	风险评价结果				
震害等级	基本完好	轻微损伤	中等损伤	严重损伤	毁坏
风险概率/%	0.57	28.55	53.87	10.43	6.58
超越风险概率/%	100.00	99.43	70.88	17.01	6.58

对采用 ε_{max} 和采用 ζ_{max} 作为路堤震害损伤参数得到的震害风险评价结果求算数平均值，则有支挡结构路堤未来 50 年内震害风险评价结果如表 5.17 和图 5.10 所示。

表 5.17 有支挡结构路堤未来 50 年内震害风险评价结果（危险性曲线方法）

项目	风险评价结果				
震害等级	基本完好	轻微损伤	中等损伤	严重损伤	毁坏
风险概率/%	0.320	31.265	45.615	15.755	7.045
超越风险概率/%	100.000	99.680	68.415	22.800	7.045

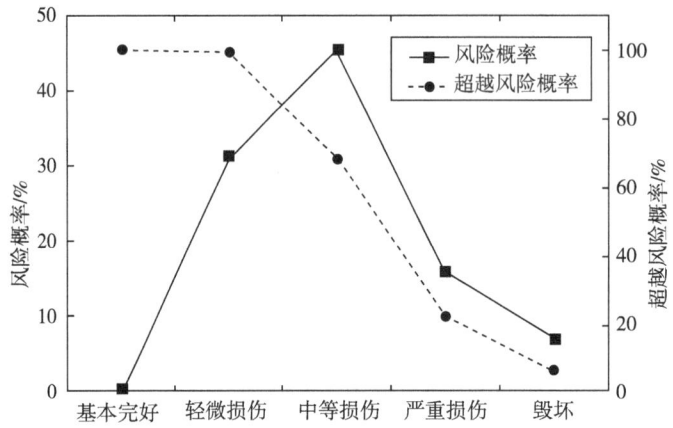

图 5.10 有支挡结构路堤未来 50 年内震害风险评价结果（危险性曲线方法）

5.4 路堤震害风险评价结果的讨论

5.4.1 两种路堤震害风险评价方法的对比

（1）基于 Monte Carlo 方法的路堤震害风险评价的特点

1）该方法通过经验公式得到研究场地的 PGA 分布模型，这种分布模型有时与研究场地的实际地震危险性有较大差异，因此，采用该方法得到的风险评价结果可能存在一定误差。

2）相对于危险性曲线方法，Monte Carlo 方法的计算过程较为复杂，需要借助计算机软件编程实现，计算成本较高。

3）该方法对地震危险性评价结果的要求较低，仅需知道研究场地未来 50 年内超越概率 10% 和 63% 的地震烈度即可，因此，该方法可以应用于地震危险性不是很

第5章 路堤地震灾害风险概率评价

明确的场地。

（2）基于危险性曲线的路堤震害风险评价的特点

1）该方法通过绘制危险性曲线获得研究场地 PGA 的概率分布模型，不需要进行编程计算，具有原理简单、结果精确的优点。

2）该方法本身需要较为精确的地震危险性评价结果，只能应用于对地震危险性较为明确的场地。

（3）两种震害风险评价方法的对比

基于 Monte Carlo 方法和基于危险性曲线方法得到的路堤震害风险评价结果如表 5.18、表 5.19、图 5.11 和图 5.12 所示。

表 5.18　两种震害风险评价方法的对比（无支挡结构路堤）

	计算方法	基本完好	轻微损伤	中等损伤	严重损伤	毁坏
风险概率/%	Monte Carlo 方法	1.560	31.175	44.905	15.080	7.280
	危险性曲线方法	0.090	27.825	42.380	18.775	10.930

表 5.19　两种震害风险评价方法的对比（有支挡结构路堤）

	计算方法	基本完好	轻微损伤	中等损伤	严重损伤	毁坏
风险概率/%	Monte Carlo 方法	3.505	37.150	43.395	10.930	5.020
	危险性曲线方法	0.320	31.265	45.615	15.755	7.045

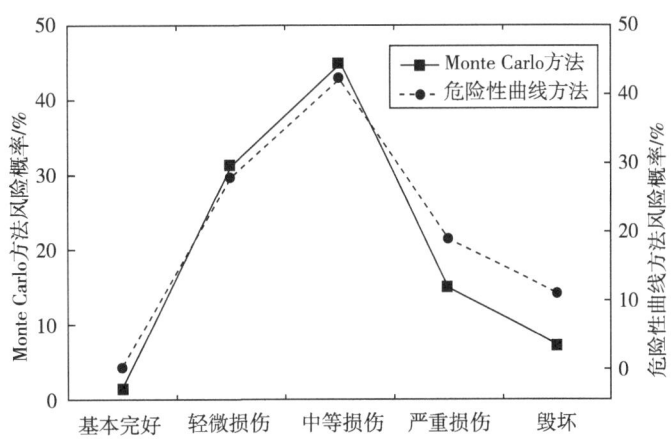

图 5.11　两种震害风险评价方法的对比（无支挡结构路堤）

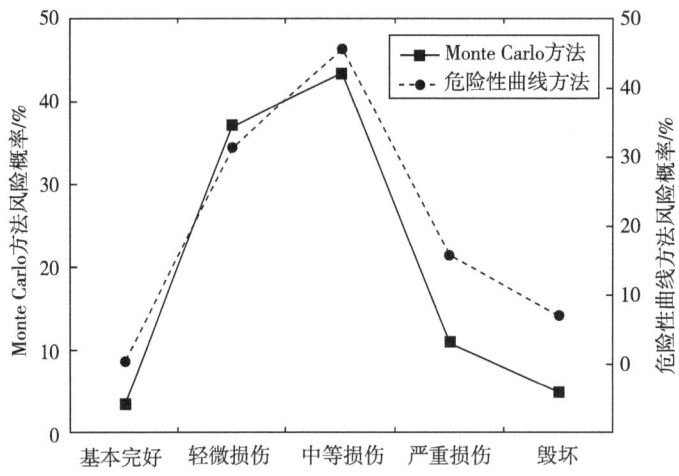

图 5.12　两种震害风险评价方法的对比（有支挡结构路堤）

通过对表 5.18、表 5.19、图 5.11 和图 5.12 的分析，可以得到以下结论：

1）基于危险性曲线方法的评价结果比 Monte Carlo 方法的评价结果更加保守，即在危险性曲线评价方法中，严重损伤和毁坏的风险概率高于 Monte Carlo 方法的评价结果，而轻微损伤和基本完好的风险概率低于 Monte Carlo 方法的评价结果。

2）两种风险评价方法的结果差别较小，可以互为验证。

5.4.2　支挡结构对路堤震害风险的影响

基于不同方法得到的无支挡结构和有支挡结构路堤震害风险评价结果如表 5.20、表 5.21、图 5.13 和图 5.14 所示。

表 5.20　支挡结构对路堤震害风险评价结果的影响（Monte Carlo 方法）

	计算方法	基本完好	轻微损伤	中等损伤	严重损伤	毁坏
风险概率/%	无支挡结构	1.560	31.175	44.905	15.080	7.280
	有支挡结构	3.505	37.150	43.395	10.930	5.020

表 5.21　支挡结构对路堤震害风险评价结果的影响（危险性曲线方法）

	计算方法	基本完好	轻微损伤	中等损伤	严重损伤	毁坏
风险概率/%	无支挡结构	0.090	27.825	42.380	18.775	10.930
	有支挡结构	0.320	31.265	45.615	15.755	7.045

第5章 路堤地震灾害风险概率评价

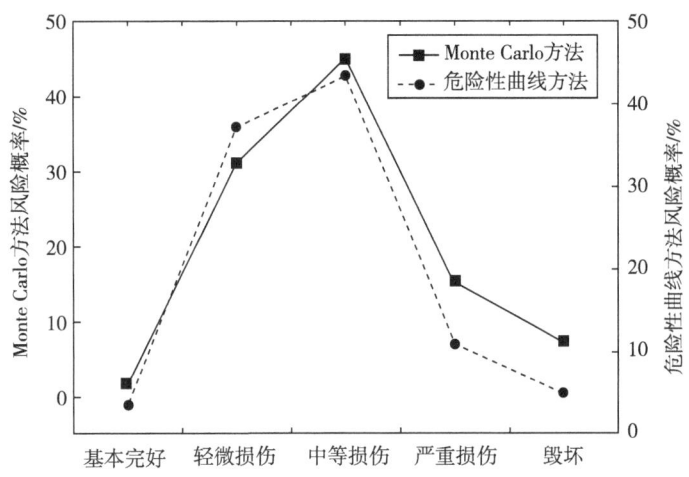

图 5.13 支挡结构对路堤震害风险评价结果的影响（Monte Carlo 方法）

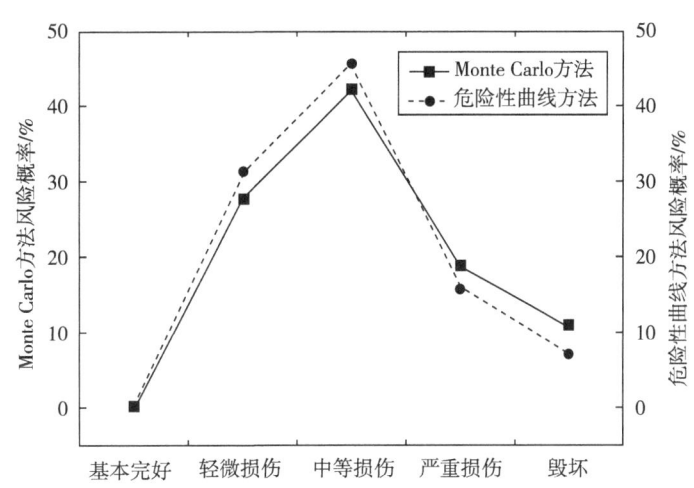

图 5.14 支挡结构对路堤震害风险评价结果的影响（危险性曲线方法）

通过对表 5.20、表 5.21、图 5.13 和图 5.14 的分析，可以得到以下结论：

1）有支挡结构路堤发生严重损伤和毁坏的概率低于无支挡结构路堤，而发生基本完好和轻微损伤的概率高于无支挡结构路堤，可见，支挡结构可以显著降低路堤的震害风险。

2）路堤震害风险评价结果除可以表示绝对意义外，还可以表示相对意义，即评价结果一方面揭示了单体路堤在未来一段时间内的损伤概率，另一方面，当对多处路堤进行风险评价时，评价结果可以体现不同路堤发生破坏的相对难易程度。

5.5 路堤震害风险可接受度和处置对策

5.5.1 路堤震害风险可接受度的确定

　　风险管理是风险评价的延续,从某种意义上说,风险评价是为风险管理服务的,而风险管理的第一要务就是划分风险等级和确定风险可接受度。风险可接受度是选取风险处置对策的重要标准和依据,即对于某一潜在风险,若高于风险可接受度则应采取一定的风险降低措施,若低于风险可接受度则可以采取风险自留的方式接受风险。风险可接受度的确定是风险管理的前提,也是沟通风险评价与风险管理的桥梁,如图 5.15 所示。

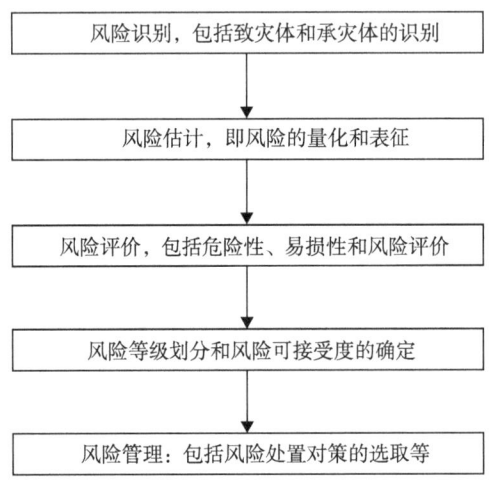

图 5.15　风险评价与风险管理的流程

　　对于公路等线性工程的风险等级划分方法和风险可接受度,国内外众多学者进行了研究。1975 年,美国学者 Duke 首次给出了地震作用下生命线工程各元件应具有的可靠性等级的建议,这一建议在实际应用中充当了风险可接受度的角色,事实上,这一建议是根据美国的实际情况给出的,中国应根据具体情况,经有关单位协调给出生命线工程中各元件的可靠性等级,如表 5.22 所示。

第5章 路堤地震灾害风险概率评价

表 5.22 生命线工程应具有的可靠性等级建议

生命线工程		在相应烈度区内的可靠性	
		高烈度地面运动（MMILX - X，有地表断层）	中等烈度地面运动（MMIVI - Ⅶ）
供水系统	贮水池*	对生命没有危害的破坏	全部功能
	消防系统	A 级 - 尚有足够的储存量	全部功能
	处理设备	A 级	全部功能
	配置系统	B 级 - 饮用水由水罐车供给	全部功能
污水系统	收集设备*	C 级	A 级
	处理设备*	B 级	全部功能
供电系统	发电厂（核电厂除外）*	A 级	全部功能
	传送系统*	A 级	全部功能
	终端设备	B 级	全部功能
	配置系统*	B 级	A 级
天然气系统	传送系统*	A 级	全部功能
	储气罐（地上*）	A 级	全部功能
	配置系统	B 级	A 级
公路、快车道和铁路	桥梁	A 级 - 没有倒塌	全部功能
	公路	B 级	全部功能
机场	控制设施	A 级	全部功能
	跑道和滑行道*	A 级	全部功能
港口设施		B 级	A 级
无线电和电话		A 级	全部功能
电话		A 级	全部功能

注：A 级可靠性：≤5% 烈度停止运行一天，一周内完全恢复；B 级可靠性：≤20% 烈度停止运行一周，一个月内完全修复；C 级可靠性：≤50% 烈度停止运行一个月，三个月内完全恢复；* 表示可能造成生命和私人财产损失的危害。

1998 年，张梁等选取期望损失作为划分地质灾害风险程度的指标，即在地质灾害活动概率分析的基础上，以核算出的期望破坏损失划分风险等级，如表 5.23 所示。

表 5.23　地质灾害风险等级划分

风险等级		高度风险	中度风险	轻度风险	微度风险（无风险）
期望损失	年均死亡人数	>10	10~1	0	0
	直接经济损失/（万元/a）	>100	100~10	10~1	<1

2011 年，齐洪亮从人员伤亡、经济损失和公路畅通状况 3 方面提出了公路崩塌、滑坡和洪水灾害的风险可接受度。

结合以上研究，根据路堤在未来 50 年内发生毁坏的风险概率，将路堤震害风险划分为高风险、中等风险和低风险 3 级，并认为高风险与中等风险的界限（未来 50 年内发生毁坏的风险概率为 40%）为风险可接受度，即中等风险和低风险是可接受的，而高风险是不可接受的，如表 5.24 所示。

表 5.24　公路震害风险等级划分方法

风险等级	高风险	中等风险	低风险
未来 50 年内路堤发生毁坏的风险概率	[0.4, 1.0]	[0.2, 0.4)	[0.0, 0.2)

表 5.24 中的风险等级划分方法是根据我国路堤震害多发的现实和社会经济条件，结合我国"小震不坏、中震可修、大震不倒"的三水准抗震设防原则综合确定的。根据路堤震害风险评价结果和风险可接受度，西宝高速公路 K1074+520 处路堤的震害风险等级为低风险，说明该路堤的震害风险是可接受的。

5.5.2　路堤震害风险处置对策

路堤震害风险处置对策包括规划控制、应急预案编制、物资和装备储备以及工程防护等 4 类。本章根据路堤震害风险评价结果和公路性质（新建公路或已建公路），建立如表 5.25 所示的路堤震害风险处置对策的选取方法。

表 5.25　路堤震害风险处置对策的选取方法

风险状况	风险处置对策	
	新建公路	已建公路
风险可接受	规划控制+编制应急预案+物资和装备储备	编制应急预案+物资和装备储备
风险不可接受	规划控制+编制应急预案+物资和装备储备+工程防护	编制应急预案+物资和装备储备+工程防护

(1) 规划控制

规划控制是针对新建公路而言的，一方面，根据地震危险性评价结果，在公路规划阶段尽量使公路路线远离地震危险性较高的区域；另一方面，结合公路等级、经济条件和路堤震害易损性，选取合适的路堤断面形式、建筑材料和施工方法，从而降低地震对公路的危害。

(2) 编制应急预案

应急预案是是为快速、准确、有效的对突发事件展开应急处置而事先制定的行动方针和计划，它明确了突发事件各责任主体的职责、任务和权力。根据应急预案的功能和目标的不同，可以分为综合预案、专项预案和现场预案3类，路堤震害风险应急预案属于专项预案的范畴。

(3) 物资和装备储备

物资和装备储备是在震前进行的，其核心目标是为震后公路抢通和修复提供紧急物质保障，合理的物资和装备储备是保障路堤震害风险管理顺利进行的基础。物资和装备储备的水平取决于地区的经济水平和应急能力，其中，储备的主体包括政府、军队、企业和个人等。

(4) 工程防护

工程防护是降低路堤震害风险的最直接和最有效的方法，但也是经济性最差的方法，因此，工程防护仅应用于震害风险不可接受的路堤。常用的路堤震害工程防护措施有挡土墙、抗滑桩、粉喷桩和灰土桩等。

5.6 本章小结

1) 在风险定义和应对策略研究的基础上，将路堤震害风险定义为考虑场地地震危险性的基础上，路堤在未来一段时间内发生各等级震害的概率，即路堤震害风险在数值上等于场地地震危险性与路堤震害易损性的卷积，并提出了路堤震害的风险表达式。

2) 分析了 Monte Carlo 方法在求解定积分中的应用，推导了采用 Monte Carlo 方法计算路堤震害风险的公式；通过选取场地地震烈度的概率分布模型以及地震烈度与 PGA 的转换关系，结合研究场地地震危险性评价结果，建立了研究场地 PGA 的概率密度函数；基于 Matlab 软件对研究场地的 PGA 进行了 1000 次抽样计算，结合无支挡结构和有支挡结构路堤的震害易损性评价结果，分别计算了采用 ε_{max} 和 ζ_{max} 作为路堤震害损伤参数时，路堤未来50年内发生各等级震害的风险概率和超越风险概率。

3）根据条件概率的基本理论，推导了利用地震危险性曲线方法计算路堤震害风险的公式；根据研究场地地震危险性评价结果，通过回归分析得到了研究场地的地震危险性曲线；结合无支挡结构和有支挡结构路堤震害易损性评价结果，分别计算了采用 ε_{max} 和 ζ_{max} 作为路堤震害损伤参数时，研究路堤未来 50 年内发生各等级震害的风险概率和超越风险概率。

4）总结了基于 Monte Carlo 方法和基于危险性曲线方法进行路堤震害风险评价的特点，结果发现：基于 Monte Carlo 方法的路堤震害风险评价可以应用于地震危险性不甚明确的场地，而基于危险性曲线的路堤震害风险评价适用于对地震危险性比较清楚的场地；基于危险性曲线的路堤震害风险评价的结果更为保守，但两者相差不大，可以互为验证。

5）支挡结构可以显著降低路堤的震害风险，即在未来一段时间内，有支挡结构路堤发生严重损伤和毁坏的概率低于无支挡结构路堤，而发生基本完好和轻微损伤的概率高于无支挡结构路堤。

6）根据路堤在未来 50 年内发生毁坏的概率，将路堤震害风险划分为高风险、中等风险和低风险 3 级，并确定了路堤震害风险可接受度，认为高风险是不可接受的，中等风险和低风险是可接受的；从规划控制、编制应急预案、物资和装备储备以及工程防护 4 个方面提出了路堤震害风险处置对策，根据路堤震害风险评价结果和公路性质（新建公路或已建公路），提出了路堤震害风险处置对策选取方法。

第 2 篇　其他公路自然灾害评价

我国地域辽阔，山川纵横，水文及地质条件复杂，气候多变，各类自然灾害发生频繁，给当地的经济建设和人民群众的生命财产造成了巨大的损失。各类自然灾害发生的同时，也对公路、桥涵、隧道等交通基础设施的正常运行造成了严重的威胁，每年造成公路、桥梁的直接经济损失巨大，针对上述问题，本篇对其他公路自然灾害进行了评价，取得了以下研究成果：

1) 针对陕西省干线公路雪灾频发的问题，开展了陕西省干线公路雪灾危险性、承灾体易损性和风险评价，明确了陕西省干线公路雪灾风险等级，进一步确定了全国公路的雪灾风险等级。

2) 从地形地貌、降水、岩土和植被 4 方面进行了公路泥石流灾害危险源辨识，根据潜在公路泥石流灾害调查结果，采用遗传算法提取危险性评价指标，并通过云模型改进 AHP 算法计算了各指标权重，基于 ArcGIS 软件绘制了各评价指标的基础图件并进行了公路泥石流灾害危险性空间分析，并以公路泥石流灾害危险度为主导依据，编制了中国公路泥石流灾害危险性区划方案。

3) 在灾害影响因素分析和灾害调查的基础上基于主成分分析法提取了灾害危险性评价指标；依托粒子群和遗传算法对支持向量机的惩罚参数 C 和核参数 σ 进行寻优，采用粒子群支持向量机和遗传算法支持向量机开展了灾害危险性评价，基于曲线下面积法验证评价结果并选取评价模型；依托 GIS 开展了公路滑坡灾害危险性空间分析，根据公路滑坡灾害危险性概率编制了中国公路滑坡灾害危险性区划方案。

4）在划分平原区和山区范围的基础上，提出了 9 类平原区公路洪水灾害影响因子，并在灾害调查的基础上分析灾害发生规律，明确了 16 组影响因子组合；通过嵌入式小波神经网络、粒子群改进支持向量机和 Logistic 回归法开展了灾害危险性评价，通过曲线下面积法明确了最佳评价模型和最优影响因子组合，并结合山区公路洪水灾害研究成果提出了公路洪水灾害危险性区划方案。

5）以基于多种数据源和地质调查资料建立的包含 61 处滑坡灾害点的博山区滑坡数据库为研究对象，通过频率比法对 14 项滑坡致灾因子进行了分级；基于单因素 Logistic 回归法筛选出坡度、高程、坡向、土地利用类型、断层距离、道路距离、剖面曲率、NDVI 和 SPI 共 9 项致灾因子用于滑坡敏感性建模并绘制了致灾因子分布图；基于 Chest clinic Network 和 TANK Network 生成的数据集验证了 MMHC、MMPC-Tabu、Fast.iamb-Tabu 和 Inter.iamb-Tabu 算法的建模效果，通过引入错误指数选取 Inter.iamb-Tabu 算法开展了博山区 LSA。

6）将博山区 99 处滑坡分为 42 处自然滑坡和 57 处工程滑坡，基于 K 均值聚类分析验证了分类的准确性；采用 Pearson 相关系数法筛选了滑坡致灾因子，并基于信息量法分别对全部滑坡、自然滑坡和工程滑坡的致灾因子进行了分级；将栅格数据转换为二维方阵结构形式，建立了包含 2 轮卷积和池化的 7 层改进 CNN，分别对全部滑坡、自然滑坡和工程滑坡进行了评价模型的训练和验证，采用 AUC 法验证了模型的准确性；基于 ArcGIS12.0 计算了博山区所有栅格的滑坡敏感性概率，绘制了博山区滑坡敏感性区划图。

7）选取公路边坡灾害空间预测因子，基于三维激光扫描开展了公路边坡灾害调查，并采用云模型改进的层次分析法明确了 147 处公路边坡的稳定状况；通过 ECG-CNN 模型建立了公路边坡灾害空间预测模型，并基于 GIS 绘制了博山区公路边坡灾害空间易发性图；验证了预测因子数量和训练样本数量对预测成功率的影响。

第6章 陕西省干线公路雪灾风险评价

陕西省干线公路雪灾频发，开展陕西省干线公路雪灾危险性、承灾体易损性和风险评价可以为干线公路日常养护、灾害应急预案制定和防治资金分配提供理论基础。选取年平均积雪深度不小于 1 cm 日数为空间危险性评价指标，从空间和时间维度开展陕西省干线公路雪灾危险性评价，选取区域路网密度为承灾体易损性评价指标开展承灾体易损性评价，通过引入风险度指数建立风险评价模型，基于 GIS 完成陕西省干线公路雪灾风险评价，明确了陕西省干线公路雪灾风险等级。研究结果显示：陕西省干线公路雪灾风险度指数的区域分异特征明显，榆林北部、渭南东部及汉中大部分地区风险较低，延安、安康及商洛大部分地区次之，秦岭山区及咸阳西北部地区最高；干线公路雪灾风险分为低风险、中等风险、较高风险、高风险和极高风险 5 级，高风险区和极高风险区主要集中于秦岭山区和咸阳西北部地区，分别占陕西省总面积的 10.74% 和 9.42%，计算结果与陕西省已发干线公路雪灾状况基本一致；G108、G210、G211、G310、G312 和 S101、S107、S209、S304、S306 等干线公路均有部分路段位于高风险区或极高风险区内，这些路段应引起公路管养部门的高度重视。

6.1 概述

2008 年 1 月中旬至 2 月上旬，我国南方部分地区连续遭遇 4 轮低温雨雪极端天气袭击，对公路交通造成了严重危害：全国 13 个省（自治区、直辖市）累计 23 万 km 公路受阻，其中"五纵七横"国道主干线有 9 条近 2 万 km 被迫封闭交通，全国 68 条共 13.3 万 km 国道有 21 条近 4 万 km 因积雪严重及路面结冰导致通行不畅。雪灾对公路交通的危害包括：①道路结冰导致行车速度下降、运输受阻，甚至交通中断；②降低路面摩擦系数，导致车辆制动困难，易发生交通事故；③与温度、湿度等因素耦合作用，发生冻涨、翻浆和唧泥等病害；④路基路面封冻导致重金属等物质加速析出，破坏环境。

鉴于雪灾对公路交通造成的严重经济损失和人员伤亡，国内外学者开展了大量研究。Bjorn 等分析了公路积雪深度与公路环境破坏程度的关系。Joshua 等研究了降雪量、降雪时间和雨雪混合降水过程对公路交通事故发生频率的影响。Michael 等研究了公路除雪盐水径流对地表水和地下水的影响。William 采用人工神经网络建立了季冻区公路融雪径流模型。Yu 等分析了青藏公路常年积雪区路堤沉降的形成和发展机理。刘钊提出了果洛州乡镇级公路雪灾风险评价方法。韩秀君等基于1951—2014年降雪日数资料开展了辽宁省雪灾区划。Wang 等基于物元理论建立了常年积雪区公路路线优选模型。

通过分析已有文献可知，公路雪灾研究大多是针对单条公路或自然条件类似的多条公路进行的，区域性公路雪灾区划研究还未见报道。陕西省是受 2008 年初低温雨雪冰冻灾害影响最严重的省份之一，共造成 7 条高速公路（15 段）共 2046 km、4 条国道共 488 km、8 条省道共 1276 km 间断性封闭，高寒山区道路和大部分县乡道路、桥面普遍结冰，直接经济损失 7.5 亿元。虽然陕西省灾害损失十分严重，但不同地区的受灾程度存在明显差异，主要原因为：陕西省部分干线公路等级较低、抗灾能力较差的基本没有得到根本改变；陕西地跨陕北黄土地区、关中平原和陕南秦巴山区 3 个特征迥异的自然地理单元，降雪量、气温和平均冻深等自然指标差异较大，导致雪灾的时空分异特征十分明显。鉴于此，本章开展陕西省干线公路雪灾危险性、承灾体易损性和风险评价，基于 GIS 绘制干线公路雪灾风险分级图，明确陕西省干线公路雪灾风险等级，从而为干线公路的日常养护、灾害应急预案制定和防治资金分配提供理论基础。

6.2 陕西省干线公路雪灾危险性评价

公路雪灾危险性是从自然环境角度出发的，体现了公路遭受雪灾的可能性大小，雪灾危险性评价的基本任务是分析雪灾的活动强度、频度和密度，即分析区域孕灾环境（时间和空间）对灾害发生的敏感性，因此，分别从空间和时间维度评价陕西省干线公路雪灾危险性。

6.2.1 陕西省干线公路雪灾空间危险性评价

（1）陕西省雪灾空间分布特点

1）年降雪日数分布特点。陕西省年降雪日数分布具有山区多、平原少、中西部多、南部少的特点。从北部的白于山、黄龙山，经子午岭的东南部到六盘山东部

第6章 陕西省干线公路雪灾风险评价

和秦岭一线地区，年降雪日数约20~50 d，其中大于30 d的区域有延安西部的子午岭、宝鸡北部的六盘山和陕南的秦岭山区，其中秦岭主峰太白山可达50 d左右。陕北的榆林，关中的西安、渭南和汉中、安康北部的部分地区年降雪日数为10~15 d。汉中东部到安康西部的汉江河谷地区为降雪少发区，年降雪日数不足10 d。

2）积雪深度分布特点。陕西省最大积雪深度分布有1个高值区，为商洛地区东南部和安康东部，大部分地区为25~30 cm，最大为30~40 cm。榆林地区东部、延安西南部、宝鸡东部、西安西南部、汉中南部有5个次高值区，年最大积雪深度为25~30 cm。

（2）陕西省干线公路雪灾空间危险性评价指标

雪灾危险性评价指标较多，如降雪量、降雪强度、降雪历时、降雪频率、初雪时间、末雪时间、积雪深度、积雪天数和积雪融化速率等。根据评价对象的功能、自然环境条件等特点，在进行雪灾危险性评价时应灵活选用。

由于降雪主要影响公路的通行能力和服务水平，因此公路雪灾危险性与降雪量和积雪天数密切相关。降雪量对公路通行能力的影响十分明显，降雪量越大，公路通行能力越低。但是，由于降雪是一个时间过程，并非降雪的所有阶段都对公路通行能力有明显影响，只有路面积雪达到一定深度后，公路通行能力才会显著降低。同时，当积雪深度一定时，积雪天数与雪灾对公路通行能力的影响成正比，即积雪天数越长，公路通行能力越低。因此，公路雪灾危险性评价应综合考虑降雪量和积雪天数两方面因素，即降雪的强度特征和持时特征。鉴于此，结合陕西省干线公路雪灾特点，选取年平均积雪深度不小于1 cm日数作为公路雪灾空间危险性评价指标。

（3）陕西省干线公路雪灾空间危险性计算

在进行陕西省干线公路雪灾空间危险性计算时，采用陕西省及周边地区52个气象站1961—2003年共43年的观测资料，对各气象站年平均积雪深度不小于1 cm日数进行计算和统计，结果显示，陕北、关中西北部较高，大部分地区大于15 d，其中子午岭一带最高，达到40 d左右；关中东部和南部大部分地区为5~10 d；秦岭以南的汉中、安康地区最小，大部分地区小于5 d。

6.2.2 陕西省干线公路雪灾时间危险性评价

从降雪的月际变化规律出发分析陕西省干线公路雪灾时间危险性。由于陕西省仅在个别年份的5—10月出现过零星降雪，因此不考虑5—10月的降雪月际变化规律。表6.1、表6.2分别为陕西省各地市（咸阳市资料暂缺）11月至次年4月平均降雪日数和平均积雪深度不小于 1 cm 日数统计。

表 6.1　陕西省各地市 11 月至次年 4 月平均降雪日数统计

地市名称	平均降雪日数/d					
	11 月	12 月	1 月	2 月	3 月	4 月
西安	1.33	3.70	4.78	4.52	1.87	0.15
渭南	1.54	3.46	4.87	4.20	1.87	0.15
铜川	2.83	5.15	6.35	6.87	4.61	0.63
宝鸡	1.67	4.43	6.65	5.93	2.37	0.17
汉中	0.54	2.26	4.22	3.43	0.80	0.07
安康	0.54	1.52	3.39	3.04	1.17	0.07
商洛	2.20	5.24	6.78	6.83	3.46	0.39
榆林	2.15	3.22	4.04	4.52	3.46	0.76
延安	2.98	4.02	4.28	5.63	4.15	0.65

表 6.2　陕西省各地市 11 月至次年 4 月平均积雪深度不小于 1 cm 日数统计

地市名称	平均积雪深度不小于 1 cm 日数/d					
	11 月	12 月	1 月	2 月	3 月	4 月
西安	0.00	0.64	1.95	4.93	2.54	1.08
渭南	0.00	0.51	1.68	4.03	2.44	0.72
铜川	0.00	1.50	3.79	7.00	3.80	2.80
宝鸡	0.00	0.47	1.84	3.92	3.28	0.71
汉中	0.00	0.19	0.54	1.22	0.89	0.38
安康	0.00	0.05	0.13	0.65	0.56	0.33
商洛	0.00	0.94	1.58	4.62	2.84	1.53
榆林	0.21	1.22	7.26	7.17	4.56	1.67
延安	0.07	1.38	3.08	4.53	3.31	1.86

通过分析表 6.1、表 6.2 可得以下结论：

1）陕西省各地市的降雪时间主要分布于 12 月至次年 3 月，积雪深度不小于 1 cm 时间主要分布于 1—3 月，且纬度越高，降雪日数和积雪深度不小于 1 cm 日数分布周期越长。

2）积雪深度不小于 1 cm 日数的时间分布受降雪日数、气温、海拔和冻深等因素共同影响，例如，榆林积雪深度不小于 1 cm 日数大于降雪日数的月份为 1—4 月，而安康、商洛等陕南地市仅为 4 月，这是由榆林冬季气温较低，降雪后不易融化，而陕南气温相对较高造成的。

3）陕西省各地市降雪日数和积雪深度不小于 1 cm 日数除存在空间分异特征外，还存在显著的时间分异特征：首先，降雪和积雪时间分布的相对集中缩短了公路管养部门防灾、备灾的时间周期，降低了公路雪灾防治和应急处置的难度；其次，降雪和积雪的月际变化特点加大了雪灾预测预报的难度，提高了公路雪灾危险性水平。

6.3 陕西省干线公路雪灾承灾体易损性

6.3.1 承灾体易损性及评价指标

承灾体易损性是由不利事件引起的客体遭受损失的期望值，即损失的不确定性。承灾体易损性反映灾前区域经济条件和社会发展水平对突发灾害的敏感程度，与灾害可能造成的损失密切相关。承灾体易损性包括物质易损性和社会易损性，物质易损性可用财产损失量或经济损失量度量，社会易损性可用区域抗灾能力或应急响应能力度量。

根据降雪对公路的影响特点，公路雪灾的承灾体主要为公路通行能力。公路雪灾承灾体易损性是由降雪造成公路通行能力下降导致的损失。以市级行政区为研究单位，选取区域路网密度为承灾体易损性评价指标，其依据包括：

1）公路雪灾承灾体物质易损性主要为由车辆拥堵、滞留、封闭交通和交通事故等造成的间接经济损失，计算十分复杂且准确性较差，但可以肯定的是，间接损失与公路里程成正比，即在其他条件相同时，公路里程越长则遭遇雪灾的承灾体数量越多，易损性越大，反之亦然。

2）影响承灾体社会易损性的因素很多，如区域社会经济水平、区域灾害管理能力和区域灾害概况等。区域社会经济水平可以反映防灾减灾的资金投入；区域灾害管理贯彻于防灾减灾的整个阶段，可以反映区域防灾减灾的政策水平；区域灾害概况指灾害的类型、频次和数量等特点。公路灾害发生越频繁的地区，公路管养人员和广大群众对灾害发生的规律和特点有较好的了解和认识，在防灾减灾方面有较大优势。公路防灾减灾投入及灾害管理工作由各地市公路管理局在省局统一要求下实施，防灾减灾投入由省局根据各地市公路里程和灾害特点拨付，各地市局也根据辖区内的公路里程适量培训防灾人员、储备防灾物资和设备，因此选取区域路网密度作为承灾体易损性评价指标。

需要指出的是，区域交通量也可体现公路雪灾承灾体易损性，但由于区域交通量具有时变特点，因此，区域交通量不宜作为评价指标；另外评价指标选取的基本原则是指标间相互独立，而区域交通量与路网密度存在正相关关系，因此，以路网密度作为公路雪灾承灾体易损性评价指标是合理的。

6.3.2 陕西省干线公路雪灾承灾体易损性计算

根据承灾体易损性评价指标，统计陕西省各地市的国、省道里程和国土面积，如表6.3所示。

表6.3 陕西省各地市干线公路里程和国土面积

地市名称	西安	咸阳	渭南	铜川	宝鸡	汉中	安康	商洛	榆林	延安
国道里程/km	901	657	706	189	335	1124	1001	501	1251	911
省道里程/km	466	643	550	140	863	267	547	614	1090	1087
国土面积/km²	10100	10300	13000	3900	18100	27100	23500	19600	43100	37000

于国道和省道在交通量和防灾备灾能力方面存在较大差异，因此，在计算干线公路路网密度时采用李家春等提出的方法修正国道和省道的差别[①]，如式（6.1）所示。

$$D = \frac{aM + N}{A}。 \quad (6.1)$$

式中：D 为干线公路路网密度；M 为区域国道里程；N 为区域省道里程；A 为区域国土面积；a 为调整系数，根据陕西省国、省道不同的交通定位、平均交通量和在抢险救灾等区域性政治、经济活动中担负的作用，取 $a = 1.5$。

根据表6.3和式（6.1）计算各地市干线公路路网密度，结果显示，西安市最大为 0.18 km/km^2，延安市最小为 0.0663 km/km^2，如表6.4所示。

---

① 李家春，尹超，田伟平，等. 中国公路自然灾害易损性评价[J]. 北京工业大学学报，2015，41(7)：1067−1072.

第6章 陕西省干线公路雪灾风险评价

表 6.4 陕西省各地市干线公路路网密度

地市名称	西安	咸阳	渭南	铜川	宝鸡	汉中	安康	商洛	榆林	延安
干线公路路网密度/(km/km²)	0.18	0.1581	0.1238	0.1086	0.0754	0.0721	0.0872	0.0697	0.0688	0.0663

6.4 陕西省干线公路雪灾风险评价

6.4.1 公路雪灾风险

风险是在特定环境和时间段内，不利事件发生的可能性及造成损失的可能性，体现了不利事件发生和损失的不确定性，将公路雪灾风险定义为降雪对公路交通的影响及造成损失的可能性和大小。

目前，风险计算主要按照1991年联合国提出的风险表达式进行，即：风险度＝危险度×易损度，该公式较全面地反映了风险的本质。在参考上述风险表达式的基础上，引入风险度指数 RI 计算陕西省干线公路雪灾风险，如式（6.2）所示：

$$RI = f(H) \cdot f(V)。 \tag{6.2}$$

式中：RI 为陕西省干线公路雪灾风险度指数；$f(H)$ 为公路雪灾危险度，即陕西省年平均积雪深度不小于1cm日数；$f(V)$ 为公路雪灾承灾体易损度，即陕西省各地市干线公路路网密度。

6.4.2 评价指标无量纲化

由于陕西省年平均积雪深度不小于1 cm日数和陕西省各地市干线公路路网密度具有不同量纲，无法按式6.2直接计算，需进行处理和转化，即评价指标的公度。采用评价指标分级并评分的方法进行无量纲化处理。根据陕西省年平均积雪深度不小于1cm日数的分布特征及其对公路通行能力的影响程度，采用GIS重分类模块的Natural Breaks（Jenks）分级方法，将陕西省年平均积雪深度不小于1 cm日数分为低危险、中等危险、较高危险、高危险和极高危险5级，并分别评分1、3、5、7和10，如表6.5所示。同理，对各地市干线公路路网密度进行分级和评分，如表6.6所示。年平均积雪深度不小于1 cm日数和各地市干线公路路网密度分级界限是根据陕西省干线公路雪灾现状和各地市公路管养部门的备灾水平、干线公路网抗灾能力等因素综合确定的。

表 6.5　陕西省年平均积雪深度不小于 1 cm 日数分级及评分

危险性评价指标	危险性分级				
	低危险	中等危险	较高危险	高危险	极高危险
年平均积雪深度不小于 1 cm 日数/d	<5	5~10	10~15	15~20	>20
危险性标度/$f(H)$	1	3	5	7	10

表 6.6　陕西省各地市干线公路路网密度分级及评分

易损性评价指标	易损性分级				
	低易损	中等易损	较高易损	高易损	极高易损
路网密度/（km/km²）	<0.07	0.07~0.085	0.085~0.11	0.11~0.16	>0.16
易损性标度/$f(V)$	1	3	5	7	10

6.4.3　陕西省干线公路雪灾风险计算

根据表 6.5、表 6.6 和式（6.2）计算得到陕西省干线公路雪灾风险度指数 RI 分布，结果显示，陕西省干线公路雪灾风险度指数 RI 最小为 1.0，最大为 70.0。其中，榆林北部、渭南东部及汉中大部分地区风险较低；延安、安康及商洛大部分地区次之；秦岭山区及咸阳西北部地区风险最高。评价结果与陕西省干线公路实际雪灾分布状况一致。

为更加直观地反映干线公路雪灾风险，根据风险度指数，将陕西省干线公路雪灾风险分为低风险、中等风险、较高风险、高风险和极高风险 5 级，如表 6.7 所示。

表 6.7　陕西省干线公路雪灾风险等级划分

风险评价指标	风险等级				
	低风险（Ⅰ）	中等风险（Ⅱ）	较高风险（Ⅲ）	高风险（Ⅳ）	极高风险（Ⅴ）
风险度指数 RI	<5	5~10	10~25	25~35	35~70

陕西省大部分地区的干线公路雪灾风险等级为低风险和中等风险，分别占陕西省总面积的 45.74% 和 19.58%；高风险区和极高风险区主要为秦岭山区和咸阳西北部地区，分别占总面积的 10.74% 和 9.42%；较高风险区主要位于高风险区和极高风险区的外围，占总面积的 14.52%。

陕西省境内现有 8 条国道、24 条省道，其中，G108、G210、G211、G310、

第6章 陕西省干线公路雪灾风险评价

G312 和 S101、S107、S209、S304、S306 等干线公路均有部分路段位于高风险或极高风险区。这些路段应引起公路管养部门的高度重视：首先，应加强日常养护、物资和装备储备以及编制灾害应急预案；其次，一旦发生雪灾，应保证抢险救灾人员和物资装备迅速到达灾害现场开展工作以降低灾害风险，减轻灾害损失。

6.5 本章小结

1）选取年平均积雪深度不小于 1 cm 日数为空间危险性评价指标，从空间和时间维度开展了陕西省干线公路雪灾危险性评价，选取区域路网密度为承灾体易损性评价指标开展了承灾体易损性评价，通过引入风险度指数建立了风险评价模型，基于 GIS 完成了陕西省干线公路雪灾风险评价，明确了陕西省干线公路雪灾风险等级。

2）陕西省干线公路雪灾风险度指数的区域分异特征十分明显，榆林北部、渭南东部及汉中大部分地区风险较低，延安、安康及商洛大部分地区次之，秦岭山区及咸阳西北部地区风险最高；干线公路雪灾风险分为低风险、中等风险、较高风险、高风险和极高风险 5 级，高风险区和极高风险区主要集中于秦岭山区和咸阳西北部地区，分别占陕西省总面积的 10.74% 和 9.42%，计算结果与陕西省已发干线公路雪灾状况基本一致；G108、G210、G211、G310、G312 和 S101、S107、S209、S304、S306 等干线公路均有部分路段位于高风险区或极高风险区内，这些路段应引起公路管养部门的高度重视。

3）本章开展了陕西省干线公路雪灾风险评价，取得了良好效果，但在以下方面仍可改进：①年平均积雪深度不小于 1 cm 日数和区域路网密度作为评价指标虽可满足要求，但无法完全反应陕西省干线公路雪灾的危险性和易损性特点，其他评价指标的评价效果需进一步验证；②风险度指数等级划分通过主观判断确定，缺乏明确依据，客观上降低了雪灾风险评价的精度，基于快速聚类等方法的风险度指数划分需进一步开展。

第7章 基于频率比法和改进贝叶斯网络的博山区滑坡敏感性评价

滑坡敏感性评价（LSA）是从孕育滑坡的自然因素出发，在选取致灾因子并分级的基础上基于数据驱动模型计算滑坡发生概率并分析其空间分异状况，为滑坡防治政策制定和土地利用规划提供依据。频率比法通过引入区间面积（比）和滑坡面积（比）分析致灾因子的不同区间对滑坡发生的影响，从而降低它与不同数据驱动模型耦合造成的不确定性，而近几年出现的基于贝叶斯网络（BN）的混合算法可以显著提高滑坡敏感性建模的准确率。本章基于多种数据源和地质调查资料，建立了包含99处滑坡灾害点的博山区滑坡数据库并绘制了博山区滑坡分布图。通过频率比法对14项滑坡致灾因子进行分级，基于单因素Logistic回归法筛选出坡度、高程、坡向、土地利用类型、断层距离、道路距离、剖面曲率、NDVI和SPI共9项致灾因子用于滑坡敏感性建模并绘制了致灾因子分布图。基于Chest clinic Network和TANK Network生成的数据集验证MMHC、MMPC-Tabu、Fast. iamb-Tabu和Inter. iamb-Tabu算法的建模效果，通过引入错误指数选取Inter. iamb-Tabu算法开展博山区LSA。基于博山区99处滑坡灾害点数据和99处无灾害迹象的边坡数据构建滑坡敏感性BN模型，采用AUC法对该模型进行验证。利用ArcGIS10.2的栅格计算器得到博山区774 570个栅格的滑坡敏感性概率，采用自然间断点法开展博山区滑坡敏感性区划。研究结果显示：博山区滑坡敏感性BN模型包含10个节点（9个致灾因子节点和1个结局节点）、14条有向边，AUC值达到0.907，说明该模型具有很高的准确率。博山区滑坡敏感性概率最高为0.809、最小为0.287；滑坡敏感性概率较高的区域是域城镇西部、池上镇和博山镇南部、石马镇和北博山镇的山区地带；较低的区域是源泉镇北部、白塔镇和博山城区、八陡镇和崮山镇的平原地带。博山区划分为极高敏感区、高敏感区、中等敏感区、低敏感区和极低敏感区，分别占博山区总面积的7.3%（49.8006 km^2）、16.5%（112.563 km^2）、26.1%（178.0542 km^2）、33.2%（226.4904 km^2）和16.9%（115.2918 km^2），99处滑坡灾害点分别有69处、14处、6处、5处和5处位于极高敏感区、高敏感区、中等敏感区、低敏感区和极低敏

第7章 基于频率比法和改进贝叶斯网络的博山区滑坡敏感性评价

感区，分别占博山区滑坡灾害点总数的 67.21%、22.95%、4.92%、3.28% 和 1.64%，占滑坡总面积的 85.32%（538 369 m^2）、10.58%（66 760 m^2）、2.17%（13 693 m^2）、1.09%（6978 m^2）和 0.84%（5300 m^2）。

7.1 概述

天然或人工边坡在形成、演化过程中将引发应力重分布和应力集中等效应，边坡岩土体为适应新的应力状态将发生不同形式和规模的变形，变形量过大将导致边坡出现贯通性结构面并在短时间内剧烈破坏。滑坡的形成是孕灾环境诸要素在时变过程中超过一定阈值的结果，其力学机制是贯通性结构面上的剪应力超过了抗剪强度。发生于 2008 年 5 月 12 日的中国汶川大地震诱发了大量滑坡灾害，导致超过 22 000 人死亡；根据联合国灾害风险减轻办公室的调查，2005—2015 年全世界有超过 700 000 人死于滑坡灾害。滑坡敏感性评价（LSA）是从孕育滑坡的自然因素出发，在选取致灾因子并分级的基础上基于数据驱动模型计算滑坡发生概率并分析其空间分异状况，为滑坡防治政策制定和土地利用规划提供依据。

致灾因子选取和分级是 LSA 的关键步骤。常用的致灾因子选取方法包括定性和定量两类，其中，定性方法是在充分揭示滑坡发生规律和孕灾环境特征的基础上，结合专家意见选取致灾因子。定量方法是根据孕灾环境信息并基于特征提取算法筛选致灾因子，其本质是有监督特征提取问题。致灾因子分级通常采用经验判断法、等距划分法和统计分析法，其中，经验判断法和等距划分法应用广泛，但因其主要依赖主观经验而忽视客观数据，导致 LSA 结果准确率较低。统计分析法包括频率比法、信息量法、熵指数法和证据权法等，其中，频率比法是目前广泛使用的致灾因子与数据驱动模型的联结方法，它通过引入区间面积（比）和滑坡面积（比）分析致灾因子的不同区间对滑坡发生的影响，从而降低它与不同模型耦合造成的不确定性，能够在一定程度上提高 LSA 的准确率。

过去几十年，世界各国学者采用各种数据驱动模型开展了 LSA，这些模型可分为 3 类。第一类是数据统计法，如 Logistic 回归法、层次分析法（AHP）和二元/多元统计法等。第二类是机器学习法，如人工神经网络（ANN）和支持向量机（SVM）等。近几年，深度学习算法取得了长足进步，它在 LSA 中可以避免传统浅层学习算法易出现过拟合和拓扑结构不稳定等弊端，其中以卷积神经网络（CNN）和贝叶斯网络（BN）应用最为广泛。第三类是数据统计法和机器学习法的混合算法，其也常被用于 LSA，例如，贝叶斯逻辑回归法、Levenberg-Marquardt（LM）-贝叶斯正则神经网络法、基于双变量统计的随机森林法、群智能优化极端学习机法、CNN-贝叶斯优化模型法和 DBSCAN-AHD（Density Based Spatial Clustering of Application with Noise-Adaptive Hausdorff Distance）法等。

  BN 是由 Pearl Judea 在 1987 年提出的，其实质是利用一个联合概率分布描述变量间的概率依赖关系，一些基于 BN 的混合算法在 LSA 中取得了较好结果。MMHC（Max-Min Hill Climbing）算法是广泛使用的一种基于 BN 的混合算法，其建模过程包括结构学习和参数学习两个环节，其中，结构学习较为复杂，可分为两个阶段，一是采用 MMPC（Multiple Model Predictive Control）算法确定网络框架，二是采用爬山算法确定网络中边的方向。由于爬山算法易陷入局部极小值，而 MMPC 在独立性检验时易因检验次数过多造成结果不精确，因此，本章对 MMHC 进行改进并引入禁忌搜索（Tabu Search）算法，建立 MMPC-Tabu、Fast. iamb-Tabu、Inter. iamb-Tabu 三种混合算法并以 MMHC 为对照，基于不同样本数量的数据集选择性能最好的混合算法开展滑坡敏感性建模。

  山东省淄博市博山区是滑坡高易发区，区内大、中、小型滑坡较为密集。博山区已有滑坡相关研究多集中于单个灾害点的形成机制、预测预警和治理措施，而对区域性 LSA 的研究较少。鉴于此，本章主要开展以下工作：①基于多种数据源和地质调查结果建立包含 61 处滑坡灾害点的博山区滑坡数据库；②采用频率比法分析滑坡孕灾环境特征并对致灾因子进行分级；③比较 MMPC-Tabu、Fast. iamb-Tabu、Inter. iamb-Tabu 三种混合算法对 Chest clinic Network 和 TANK Network 两个标准网络的建模效果，并选择 LSA 性能最好的算法；④构建博山区滑坡敏感性 BN 模型并绘制博山区滑坡敏感性区划图。研究结果有助于进一步了解博山区滑坡灾害现状和发展趋势，为滑坡防治政策制定和土地利用规划提供依据。

7.2 研究区域和滑坡数据库

7.2.1 研究区域概况

  博山区位于山东省中部、鲁中山区北部、淄博市南部，介于 117°43′E ~ 118°42′E 和 36°16′N ~ 36°31′N，南北长 49.4 km，东西宽 20.0 km，总面积 682.2 km^2。属暖温带季风区半湿润气候，年平均气温 13.6 ℃，最高年 14.4 ℃ (1998 年、1999 年)，最低年 12.9 ℃ (1986 年)，全年无霜期 201 天。1951—2017 年降水量为 304.6 ~ 1853.1mm，年平均降水量 719.3 mm。其中，6—9 月为汛期，

第7章 基于频率比法和改进贝叶斯网络的博山区滑坡敏感性评价

约占全年降水量的75.8%。年平均相对湿度60%，呈半湿润状态；夏季风控制的6—10月降水量占全年降水量的60%~80%，冬季风控制的11月至次年5月降水量占全年降水量的50%~60%。年平均蒸发量1939.7mm，各季相差较大，5—6月超过280 mm，12月至次年2月不足80 mm。境内河流主要有淄河、孝妇河、青阳河和牛角河，其中，淄河、孝妇河和青阳河属小青河水系，牛角河属黄河水系。

博山区总体地势南高北低，海拔为99~1068 m，海拔800 m以上的山峰47座，500 m以上的山峰81座。南、东、西三面环绕中低山，中部低山、丘陵、山涧、河谷排列，北部为丘陵河谷地带。其中，南部中低山区（包括淄河流域南部）面积334.8 km^2，占全区总面积的49.1%；中部低山丘陵区（包括淄河流域中北部和孝妇河流域南部）面积297.6 km^2，占全区总面积的43.6%；北部丘陵区面积49.8 km^2，占全区总面积的7.3%。博山区存在两种地质构造类型：一是太古代的基底构造，以线状紧密褶皱为主，褶皱轴向与片理方向一致，呈330°~340°展布，基底断裂也较发育，只是由于岩性的区域地质作用而难以识别；二是中、新生代的盖层结构，以断裂为主，褶皱次之。主要断裂包括姚家峪断裂、淄河断裂、秋谷断裂、石马断裂、桃花峪断裂和福山镇断裂，其中，姚家峪断裂自苗山东南一带向北经樵岭前、姚家峪至金山，全长60.7 km，破碎带宽120~200 m，垂直断距约300 m，水平断距约10 km。淄博向斜是最大的褶皱构造，由于受桃花峪断裂的影响而形成不对称性，呈狭窄状向北开阔的箕形盆地。

博山区地层发育较全，共有4界7系：太古界泰山群分布于岭西、乐疃、博山镇、池上、李家等地，厚2700~15 000 m；寒武系分布于石门、博山镇、李家、池上、源泉、岭西等地，厚约600 m；奥陶系分布于石门、夏家庄、石马、乐疃、八陡、源泉、岳庄、博山镇等地，厚约800 m；石炭系分布于八陡、福山、山头、域城、白塔、夏家庄等，厚约140 m；二迭系分布于八陡、山头、福山、夏家庄、白塔、蕉庄、域城等，厚约430 m；中生界由砂岩、页岩组成，属河湖沼泽沉积，含植物化石，厚约180 m；第四系广泛分布于河谷、河川、低洼处，以粘质沙土为主，间夹砂砾层，厚3~4 m。

7.2.2 滑坡数据库

基于多种数据源和地质调查资料，构建了博山区滑坡数据库。采用的数据源包括：①GDEMV2 30m分辨率数字高程模型，来自地理空间数据云（http：//www.gscloud.cn/）；②Landsat 8 OLI_TIRS卫星的Landsat TM影像，来自地理空间数据云（http：//www.gscloud.cn/）；③清华大学10m分辨率土地利用数据，来自清华大学地理空间数据库（http：//data.ess.tsinghua.edu.cn/）；④山东省断层数据，来自地质专业知识服务系统（http：//geol.ckcest.cn/）；⑤博山区道路数据，来自 Openstreetmap 网（https：//www.openstreetmap.org/#map=5/34.574/113.247）；⑥淄博市自然资源和规划局编制的博山区地质灾害防治方案；⑦淄博市自然资源和规划局、淄博市交通运输局提供的博山区地质灾害普查数据。

笔者于 2015 年 7 月至 2021 年 11 月陆续开展了博山区工程岩组和地质灾害调查，累计调查 73 天，调查方法包括现场观察、全站仪测量、三维激光扫描仪扫侧和无人机扫侧等，对部分岩石样品进行了实验室鉴定，确定了其力学参数和形成年代，基于调查结果绘制了博山区滑坡分布图，如图 7.1 所示。

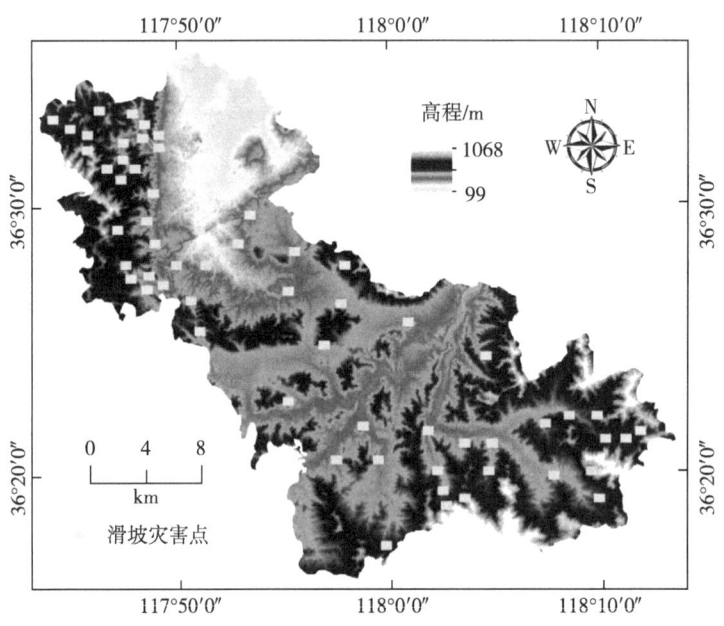

图 7.1　博山区滑坡分布图（见彩插）

调查结果显示：博山区共有滑坡灾害点 99 处，总面积 0.631 km²，最大灾害点面积 0.11 km²、最小 45 m²，面积在 1000 m² 以下的灾害点 18 处，分别占灾害点总数和总面积的 29.51% 和 0.87%。博山区 99 处滑坡灾害点面积分布如图 7.2、图 7.3 所示，典型滑坡灾害点如图 7.4 所示。池板滑坡位于太河水库上游淄河支脉，两条支流交汇处的河谷中，如图 7.4（a）、（b）所示。边坡经人工挖掘和自然风化而成，平面形态呈直线形，坡脚为宽约 5.3 m 的村级道路，道路东侧为深约 3.0 m 的灌溉用蓄水池。边坡顶部高约 469.1 m，坡脚高约 449.7 m，平均高差 19.4 m。边坡整体地势西高东低，纵向（沿滑动方向）呈台阶状，纵向长约 22.4 m，横向宽约

第 7 章 基于频率比法和改进贝叶斯网络的博山区滑坡敏感性评价

66.0 m，坡度约 39°。博山区谢家店至石泉村公路因连续降雨发生滑坡灾害，造成断道 40 余天，如图 7.4（c）所示。2019 年 8 月 10—14 日，"利奇马"台风袭击博山区，全区降雨量为 350～560 mm，平均降水量 358.9 mm。罕见的暴雨导致博山区发生各类地质灾害 94 处，图 7.4（d）为 G205 博山段马公祠隧道洞口滑坡。

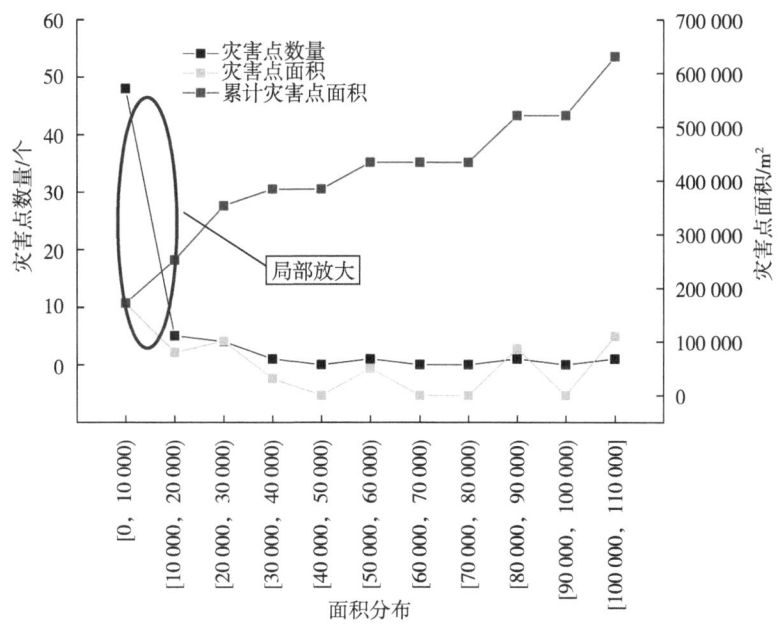

图 7.2 滑坡面积分布（见彩插）

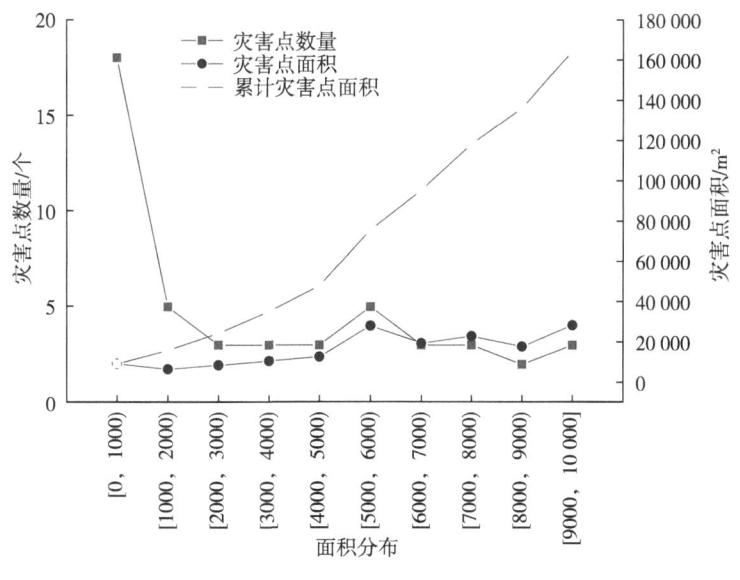

图 7.3 局部放大图（见彩插）

(a) 池板滑坡（一）   (b) 池板滑坡（二）

(c) 博山区谢家店至石泉村公路滑坡   (d) G205博山段马公祠隧洞口滑坡

图 7.4 典型滑坡灾害点

由图 7.5 可知，博山区大部分镇及街道的滑坡面积与滑坡数量幅度曲线相似，但池上镇和博山镇滑坡面积与滑坡数量的比值明显增大，说明这两个镇的滑坡灾害点面积大于平均值。实际调查发现，池上镇和博山镇地形起伏较大，地表切割强烈，斜坡上、下岩土层多为不整合接触，接触面普遍向坡外倾斜，且地层以石灰岩为主，接触面附近含水率较高，力学性质差，滑体平均厚度 3～6 m，在工程建设、降水、气温骤变和地震等作用下易发生复活和大规模滑动。

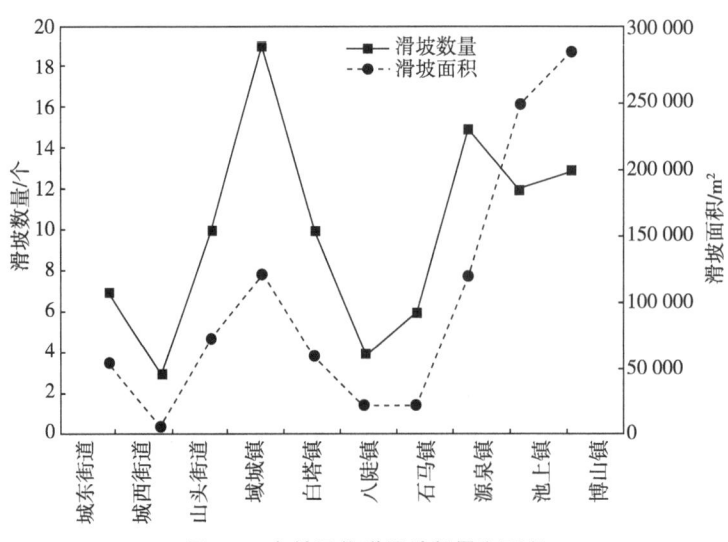

图 7.5 各镇及街道滑坡数量和面积

第7章 基于频率比法和改进贝叶斯网络的博山区滑坡敏感性评价

7.3 滑坡致灾因子分析

7.3.1 致灾因子

通过分析已有文献并兼顾数据的可获取性，选取14项滑坡致灾因子：坡度、高程、坡向、土地利用类型、工程岩组、断层距离、河流距离、道路距离、累积降水量、平面曲率、剖面曲率、归一化植被指数（NDVI）、地形湿度指数（TWI）和河流动力指数（SPI）。

其中，坡度、高程和坡向是影响滑坡稳定性的地形地貌因素。在一定范围内，滑坡数量随坡度和高程的增大而增加，但当增加到一定程度后，滑坡数量会明显减少；坡向与土壤湿度、植被盖度和降雨路径等密切相关，从而显著影响边坡小气候的形成。

曲率是地表面一点的弯曲变形程度，当曲率大于0时，边坡为凸型坡，当曲率小于0时，边坡为凹型坡。平面曲率是地表面一点在其等高线上的弯曲程度，即曲率在水平方向的分量；剖面曲率是坡度从最大降落方向的高程变化率，即曲率在垂直方向的分量。

$NDVI$ 是反映植被覆盖度的指标，其值为 $-1 \sim 1$。当 $NDVI < 0$ 时，地表覆盖云、水、雪等，对可见光高反射；当 $NDVI = 0$ 时，地表多为岩石或裸土；当 $NDVI > 0$ 时，地表有植被覆盖，且植被覆盖度随 $NDVI$ 的增大而增大。$NDVI$ 的计算方法如式（7.1）所示：

$$NDVI = \frac{NIR - R}{NIR + R}。 \quad (7.1)$$

式中：NIR 为近红外波段的反射值；R 为红光波段的反射值。

TWI 是反映区域地形对径流流向和蓄积影响的指标，它量化了地形对基本水文过程的控制。基于GIS获取 TWI 包括5个步骤：填洼、计算填洼后的坡度、计算流向、计算流量和计算单位面积的汇流量。TWI 的计算方法如式（7.2）所示：

$$TWI = \ln(A_s/\tan\beta)。 \quad (7.2)$$

式中：A_s 为单位长度等高线上地表水流经的上游区域面积，可根据汇流累积量面积与上游水流长度计算得到；β 为地形坡度。

SPI 是反映地表水流侵蚀能力的指标，可用于确定水流汇集而形成的强水流路径和可能出现沟谷侵蚀的地点，地表水流的侵蚀能力随 SPI 的增大而增强。SPI 的计算方法如式（7.3）所示：

$$SPI = A_s \cdot \tan\beta 。 \tag{7.3}$$

7.3.2 致灾因子分级

滑坡的发生服从孕灾环境类比原则，即某些环境条件下发生过或易发生滑坡，则具有类似环境条件的地区也易发生滑坡，鉴于此，基于博山区 99 处滑坡灾害点数据，采用频率比法对滑坡致灾因子进行分级。滑坡致灾因子频率比的计算方法如式（7.4）所示：

$$FR = \frac{N_i/N}{M_i/M} 。 \tag{7.4}$$

式中：FR 为频率比，N_i 为某一致灾因子第 i 区间的滑坡面积；N 为滑坡总面积；M_i 为某一致灾因子第 i 区间的面积；M 为博山区总面积。

当 $FR<1$ 时，说明该区间对滑坡发生具有限制作用；当 $FR>1$ 时，说明该区间对滑坡发生具有促进作用；当 $FR\approx1$ 时，说明该区间对滑坡发生的影响不明显。计算 14 项致灾因子各区间的 FR，如表 7.1 所示。以高程为例，当高程为 0～300 m 和 450～600 m 时，$FR>1$，而当高程为 300～450 m 和 600～1200 m 时，$FR<1$，据此将高程分为 0～300 m、300～450 m、450～600 m 和 600～1200 m 共 4 级，同理，根据表 7.1 对其他 13 项致灾因子进行分级，分级结果如表 7.2 所示。

表 7.1 频率比法计算结果

致灾因子	区间面积（比）	滑坡面积（比）	FR
坡度	[0,2):27.1188 km²(0.081) [2,4):19.0836 km²(0.057) [4,6):14.7312 km²(0.044) [6,8):17.7444 km²(0.053) [8,10):15.4008 km²(0.046) [10,12.5):14.3964 km²(0.043) [12.5,15):23.7708 km²(0.071) [15,17.5):31.1364 km²(0.093) [17.5,20):35.8236 km²(0.107)	[0,2):0(0) [2,4):0(0) [4,6):6941 m²(0.011) [6,8):14 513 m²(0.023) [8,10):17 668 m²(0.028) [10,12.5):53 004 m²(0.084) [12.5,15):61 207 m²(0.097) [15,17.5):103 484 m²(0.164) [17.5,20):117 366 m²(0.186)	[0,2):0 [2,4):0 [4,6):0.2500 [6,8):0.4340 [8,10):0.6087 [10,12.5):1.9535 [12.5,15):1.3662 [15,17.5):1.7634 [17.5,20):1.7383

第7章 基于频率比法和改进贝叶斯网络的博山区滑坡敏感性评价

续表

致灾因子	区间面积（比）	滑坡面积（比）	FR
坡度	[20,22.5):24.4494 km²(0.073) [22.5,25):22.0968 km²(0.066) [25,35):23.7708 km²(0.071) [35,45):20.088 km²(0.060) [45,55):15.066 km²(0.045) [55,65):8.0352 km²(0.024) [65,75):12.0528 km²(0.036) [75,85):7.3656 km²(0.022) [85,90]:2.6784 km²(0.008)	[20,22.5):117 997 m²(0.187) [22.5,25):59 945 m²(0.095) [25,35):22 085 m²(0.035) [35,45):19 561 m²(0.031) [45,55):11 989 m²(0.019) [55,65):5679 m²(0.009) [65,75):14 513 m²(0.023) [75,85):5048 m²(0.008) [85,90]:0(0)	[20,22.5):2.5614 [22.5,25):1.4394 [25,35):0.4930 [35,45):0.5167 [45,55):0.4222 [55,65):0.3750 [65,75):0.6389 [75,85):0.3636 [85,90]:0
高程	[0,150):4.6873 km²(0.014) [150,300):15.7356 km²(0.047) [300,400):54.2376 km²(0.162) [400,450):59.5944 km²(0.178) [450,480):74.9952 km²(0.224) [480,520):64.6164 km²(0.193) [520,560):25.4448 km²(0.076) [560,600):17.4096 km²(0.052) [600,900):11.0484 km²(0.033) [900,1200]:7.0308 km²(0.021)	[0,150):10 727 m²(0.017) [150,300):38 491 m²(0.061) [300,400):71 303 m²(0.113) [400,450):79 506 m²(0.126) [450,480):165 953 m²(0.263) [480,520):148 285 m²(0.235) [520,560):60 576 m²(0.096) [560,600):39 122 m²(0.062) [600,900):15 775 m²(0.025) [900,1200]:1262 m²(0.002)	[0,150):1.2143 [150,300):1.2979 [300,400):0.6975 [400,450):0.7079 [450,480):1.1741 [480,520):1.2176 [520,560):1.2632 [560,600):1.1923 [600,900):0.7576 [900,1200]:0.0952
坡向	[0,30):32.4756 km²(0.097) [30,60):27.7884 km²(0.083) [60,90):24.7752 km²(0.074) [90,120):34.4844 km²(0.103) [120,150):20.7576 km²(0.062) [150,180):27.4536 km²(0.082) [180,210):26.1144 km²(0.078) [210,230):16.4052 km²(0.049) [230,250):31.806 km²(0.095) [250,270):27.7884 km²(0.083) [270,315):31.1364 km²(0.093) [315,360]:33.9148 km²(0.101)	[0,30):66 255 m²(0.105) [30,60):71 303 m²(0.113) [60,90):58 052 m²(0.092) [90,120):51 742 m²(0.082) [120,150):35 967 m²(0.057) [150,180):39 122 m²(0.062) [180,210):37 229 m²(0.059) [210,230):59 945 m²(0.095) [230,250):66 255 m²(0.105) [250,270):71 934 m²(0.114) [270,315):39 753 m²(0.063) [315,360]:33 443 m²(0.053)	[0,30):1.0825 [30,60):1.3614 [60,90):1.2432 [90,120):0.7961 [120,150):0.9194 [150,180):0.7561 [180,210):0.7564 [210,230):1.9388 [230,250):1.1053 [250,270):1.3735 [270,315):0.6774 [315,360]:0.5248
土地利用类型	建筑用地:36.4932 km²(0.109) 道路用地:30.4668 km²(0.091) 未开发用地:67.9644 km²(0.203) 耕地:2.0088 km²(0.006) 其他用地:175.4352 km²(0.524) 草地:22.4316 km²(0.067)	建筑用地:116 104 m²(0.184) 道路用地:87 709 m²(0.139) 未开发用地:95 912 m²(0.152) 耕地:4417 m²(0.007) 其他用地:285 843 m²(0.453) 草地:41 015 m²(0.065)	建筑用地:1.6881 道路用地:1.5275 未开发用地:0.7488 耕地:1.1667 其他用地:0.8645 草地:0.9701

续表

致灾因子	区间面积（比）	滑坡面积（比）	FR
工程岩组	石灰岩层:51.2244 km²(0.153) 砂页岩互层:34.4844 km²(0.103) 泥岩层:27.7884 km²(0.083) 砂质土:125.2152 km²(0.374) 粉质土:96.0876 km²(0.287)	石灰岩层:13 251 m²(0.021) 砂页岩互层:68 148 m²(0.108) 泥岩层:21 454 m²(0.034) 砂质土:295 939 m²(0.694) 粉质土:232 208 m²(0.368)	石灰岩层:0.1373 砂页岩互层:1.0485 泥岩层:0.4096 砂质土:1.2540 粉质土:1.2822
断层距离	[0,400):80.6868 km²(0.241) [400,1200):62.6076 km²(0.187) [1200,2000):45.198 km²(0.135) [2000,3000):35.8236 km²(0.107) [3000,4000):26.4492 km²(0.079) [4000,4800):21.0924 km²(0.063) [4800,5600):19.4184 km²(0.058) [5600,6400):17.0748 km²(0.051) [6400,7200):15.4008 km²(0.046) [7200,8000]:11.0484 km²(0.033)	[0,400):197 503 m²(0.313) [400,1200):153 333 m²(0.243) [1200,2000):117 997 m²(0.187) [2000,3000):71 303 m²(0.113) [3000,4000):51 742 m²(0.082) [4000,4800):19 561 m²(0.031) [4800,5600):16 496 m²(0.026) [5600,6400):3155 m²(0.005) [6400,7200):0(0) [7200,8000]:0(0)	[0,400):1.2988 [400,1200):1.2995 [1200,2000):1.3852 [2000,3000):1.0561 [3000,4000):1.0380 [4000,4800):0.4921 [4800,5600):0.4483 [5600,6400):0.0980 [6400,7200):0 [7200,8000]:0
河流距离	[0,400):55.242 km²(0.165) [400,800):52.5636 km²(0.157) [800,1200):44.1936 km²(0.132) [1200,1600):41.5152 km²(0.124) [1600,2000):44.5284 km²(0.133) [2000,2400):38.8368 km²(0.116) [2400,2800):40.8456 km²(0.122) [2800,3200]:17.0748 km²(0.051)	[0,400):117 366 m²(0.186) [400,800):112 949 m²(0.179) [800,1200):100 329 m²(0.159) [1200,1600):76 351 m²(0.121) [1600,2000):84 554 m²(0.134) [2000,2400):73 827 m²(0.117) [2400,2800):46 063 m²(0.073) [2800,3200]:19 561 m²(0.031)	[0,400):1.1273 [400,800):1.1401 [800,1200):1.2045 [1200,1600):0.9758 [1600,2000):1.0075 [2000,2400):1.0086 [2400,2800):0.5984 [2800,3200]:0.6078
道路距离	[0,200):46.5372 km²(0.139) [200,400):42.8544 km²(0.128) [400,600):37.4976 km²(0.112) [600,900):35.154 km²(0.105) [900,1200):40.8456 km²(0.122) [1200,1500):45.198 km²(0.135) [1500,2000):42.5196 km²(0.127) [2000,+∞):44.1936 km²(0.132)	[0,200):99 067 m²(0.157) [200,400):96 543 m²(0.153) [400,600):85 816 m²(0.136) [600,900):65 624 m²(0.104) [900,1200):76 351 m²(0.121) [1200,1500):70 672 m²(0.112) [1500,2000):65 624 m²(0.104) [2000,+∞):71 303 m²(0.113)	[0,200):1.1295 [200,400):1.1953 [400,600):1.2143 [600,900):0.9905 [900,1200):0.9918 [1200,1500):0.8296 [1500,2000):0.8189 [2000,+∞):0.8561
累积降水量	[600,700):135.9288 km²(0.406) [700,800]:198.8712 km²(0.594)	[600,700):235 363 m²(0.373) [700,800]:395 637 m²(0.627)	[600,700):0.9187 [700,800]:1.0556

第7章 基于频率比法和改进贝叶斯网络的博山区滑坡敏感性评价

续表

致灾因子	区间面积（比）	滑坡面积（比）	FR
平面曲率	$[-\infty, -0.5)$：135.2592 km²（0.404） $[-0.5, 0.5)$：106.1316 km²（0.317） $[0.5, +\infty)$：93.4092 km²（0.297）	$[-\infty, -0.5)$：178 573 m²（0.243） $[-0.5, 0.5)$：198 765 m²（0.315） $[0.5, +\infty)$：253 662 m²（0.402）	$[-\infty, -0.5)$：0.7005 $[-0.5, 0.5)$：0.9937 $[0.5, +\infty)$：1.4409
剖面曲率	$[-\infty, -0.5)$：86.3784 km²（0.258） $[-0.5, 0.5)$：112.158 km²（0.335） $[0.5, +\infty)$：136.2636 km²（0.407）	$[-\infty, -0.5)$：264 389 m²（0.419） $[-0.5, 0.5)$：209 492 m²（0.332） $[0.5, +\infty)$：157 119 m²（0.249）	$[-\infty, -0.5)$：1.6240 $[-0.5, 0.5)$：0.9910 $[0.5, +\infty)$：0.6118
NDVI	$[-1, -0.4)$：81.3564 km²（0.243） $[-0.4, -0.1)$：77.3388 km²（0.231） $[-0.1, -0.05)$：58.9248 km²（0.176） $[-0.05, 0)$：38.1672 km²（0.114） $[0, 0.05)$：32.4756 km²（0.097） $[0.05, 0.1)$：23.7708 km²（0.071） $[0.1, 0.4)$：15.7356 km²（0.047） $[0.4, 1]$：7.0308 km²（0.021）	$[-1, -0.4)$：168 477 m²（0.267） $[-0.4, -0.1)$：160 905 m²（0.255） $[-0.1, -0.05)$：109 163 m²（0.173） $[-0.05, 0)$：70 672 m²（0.112） $[0, 0.05)$：60 576 m²（0.096） $[0.05, 0.1)$：30 288 m²（0.048） $[0.1, 0.4)$：22 085 m²（0.035） $[0.4, 1]$：8834 m²（0.014）	$[-1, -0.4)$：1.0988 $[-0.4, -0.1)$：1.1039 $[-0.1, -0.05)$：0.9830 $[-0.05, 0)$：0.9825 $[0, 0.05)$：0.9897 $[0.05, 0.1)$：0.6761 $[0.1, 0.4)$：0.7447 $[0.4, 1]$：0.6667
TWI	$[0, 2)$：38.1672 km²（0.114） $[2, 4)$：42.5196 km²（0.127） $[4, 6)$：49.5504 km²（0.148） $[6, 8)$：57.9204 km²（0.173） $[8, 10)$：75.9996 km²（0.227） $[10, 12)$：70.6428 km²（0.211）	$[0, 2)$：52 373 m²（0.083） $[2, 4)$：58 683 m²（0.093） $[4, 6)$：94 019 m²（0.149） $[6, 8)$：109 794 m²（0.174） $[8, 10)$：160 905 m²（0.255） $[10, 12)$：155 226 m²（0.246）	$[0, 2)$：0.7281 $[2, 4)$：0.7323 $[4, 6)$：1.0068 $[6, 8)$：1.0058 $[8, 10)$：1.1233 $[10, 12)$：1.1659
SPI	$[0, 15)$：52.2288 km²（0.156） $[15, 30)$：67.9644 km²（0.203） $[30, 50)$：42.5196 km²（0.127） $[50, 70)$：57.5856 km²（0.172） $[70, 100)$：53.2332 km²（0.159） $[100, +\infty)$：61.2684 km²（0.183）	$[0, 15)$：74 458 m²（0.118） $[15, 30)$：102 222 m²（0.162） $[30, 50)$：79 506 m²（0.126） $[50, 70)$：109 163 m²（0.173） $[70, 100)$：138 189 m²（0.219） $[100, +\infty)$：127 462 m²（0.202）	$[0, 15)$：0.7564 $[15, 30)$：0.7980 $[30, 50)$：0.9921 $[50, 70)$：1.0058 $[70, 100)$：1.3774 $[100, +\infty)$：1.1038

表 7.2 致灾因子分级结果

致灾因子	分级
坡度	Ⅰ:[0,10);Ⅱ:[10,25);Ⅲ:[25,90]
高程	Ⅰ:[0,300);Ⅱ:[300,450);Ⅲ:[450,600);Ⅳ:[600,1200]
坡向	Ⅰ:[0,90);Ⅱ:[90,210);Ⅲ:[210,270);Ⅳ:[270,360]
土地利用类型	Ⅰ:建筑及道路用地;Ⅱ:耕地及草地;Ⅲ:未开发用地及其他用地
工程岩组	Ⅰ:石灰岩层、泥岩层;Ⅱ:砂页岩互层;Ⅲ:砂质土、粉质土
断层距离	Ⅰ:[0,2000);Ⅱ:[2000,4000);Ⅲ:[4000,8000]
河流距离	Ⅰ:[0,1200);Ⅱ:[1200,2400);Ⅲ:[2400,3200]
道路距离	Ⅰ:[0,600);Ⅱ:[600,1200);Ⅲ:[1200,+∞)
累积降水量	Ⅰ:[600,700);Ⅱ:[700,800]
平面曲率	Ⅰ:(-∞,-0.5);Ⅱ:[-0.5,0.5);Ⅲ:[0.5,+∞)
剖面曲率	Ⅰ:(-∞,-0.5);Ⅱ:[-0.5,0.5);Ⅲ:[0.5,+∞)
NDVI	Ⅰ:[-1,-0.1);Ⅱ:[-0.1,0.05);Ⅲ:[0.05,1]
TWI	Ⅰ:[0,4);Ⅱ:[4,8);Ⅲ:[8,12]
SPI	Ⅰ:[0,30);Ⅱ:[30,70);Ⅲ:[70,+∞)

7.3.3 致灾因子筛选

在开展基于 BN 的 LSA 时,网络节点数量对结构学习的复杂程度有显著影响,即训练样本一定时,网络节点过多将导致模型精度下降,且不利于反映主要节点与结局的关系;另外,滑坡致灾因子并非完全独立,如河流距离、TWI 和 SPI 都是反映地表径流强度的指标,三者包含重复信息。为消除滑坡致灾因子的多重共线性并提高 BN 的建模效率,基于单因素 Logistic 回归法筛选滑坡致灾因子,分析结果如表 7.3 所示。

表 7.3 单因素 Logistic 回归分析结果

致灾因子	分级	区间面积/m²	滑坡面积/m²	面积比	χ^2	P
	[0, 10)	94 078 800	39 122	0.000 415 843		
坡度	[10, 25)	151 664 400	513 003	0.003 382 488	4.081	0.146
	[25, 90]	89 056 800	78 875	0.000 885 671		

第7章 基于频率比法和改进贝叶斯网络的博山区滑坡敏感性评价

续表

致灾因子	分级	区间面积/m²	滑坡面积/m²	面积比	χ^2	P
高程	[0, 300)	20 422 800	49 218	0.002 409 954	0.536	0.182
	[300, 450)	113 832 000	150 809	0.001 324 838		
	[450, 600)	182 466 000	413 936	0.002 268 565		
	[600, 1200]	18 079 200	17 037	0.000 942 354		
坡向	[0, 90)	85 039 200	195 610	0.002 300 233	0.486	0.125
	[90, 210)	108 810 000	164 060	0.001 507 766		
	[210, 270)	75 999 600	198 134	0.002 607 040		
	[270, 360]	64 951 200	73 196	0.001 126 938		
土地利用类型	建筑及道路用地	66 960 000	203 813	0.003 043 802	1.457	0.156
	耕地及草地	24 440 400	45 432	0.001 858 889		
	未开发用地及其他用地	243 399 600	381 755	0.001 568 429		
工程岩组	石灰岩层、泥岩层	79 012 800	34 705	0.000 439 233	10.547	0.278
	砂页岩互层	34 484 400	68 148	0.001 976 198		
	砂质土、粉质土	221 302 800	528 147	0.002 386 536		
断层距离	[0, 2000)	188 492 400	468 833	0.002 487 278	11.481	0.128
	[2000, 4000)	62 272 800	123 045	0.001 975 903		
	[4000, 8000]	84 034 800	39 122	0.000 465 545		
河流距离	[0, 1200)	151 999 200	330 644	0.002 175 301	1.745	0.396
	[1200, 2400)	124 880 400	234 732	0.001 879 654		
	[2400, 3200)	57 920 400	65 624	0.001 133 003		
道路距离	[0, 600)	126 889 200	281 426	0.002 217 888	0.974	0.173
	[600, 1200)	75 999 600	141 975	0.001 868 102		
	[1200, +∞)	131 911 200	207 599	0.001 573 778		
累积降水量	[600, 700)	135 928 800	235 363	0.001 731 517	0.347	0.047
	[700, 800]	198 871 200	395 637	0.001 989 413		
平面曲率	(-∞, -0.5)	13 525 9200	178 573	0.001 320 228	1.267	0.264
	[-0.5, 0.5)	106 131 600	198 765	0.001 872 816		
	[0.5, +∞)	93 409 200	253 662	0.002 715 600		
剖面曲率	(-∞, -0.5)	86 378 400	264 389	0.003 060 823	2.784	0.145
	[-0.5, 0.5)	112 158 000	209 492	0.001 867 829		
	[0.5, +∞)	136 263 600	157 119	0.001 153 052		

续表

致灾因子	分级	区间面积/m²	滑坡面积/m²	面积比	χ^2	P
NDVI	[−1, −0.1)	158 695 200	329 382	0.002 075 564	1.465	0.171
	[−0.1, 0.05)	129 567 600	240 411	0.001 855 487		
	[0.05, 1]	46 537 200	61 207	0.001 315 227		
TWI	[0, 4)	80 686 800	111 056	0.001 376 384	1.063	0.036
	[4, 8)	107 470 800	203 813	0.001 896 450		
	[8, 12]	146 642 400	316 131	0.002 155 795		
SPI	[0, 30)	120 193 200	176 680	0.001 469 967	1.928	0.162
	[30, 70)	100 105 200	188 669	0.001 884 707		
	[70, +∞)	114 501 600	265 651	0.002 320 064		

结合已有研究和表7.3，选取 P 值为0.1~0.2的9项致灾因子用于博山区滑坡敏感性建模，包括：坡度、高程、坡向、土地利用类型、断层距离、道路距离、剖面曲率、NDVI 和 SPI。采用 30m×30m 分辨率栅格单元作为 LSA 基本单元，利用 GDEMV2 30m 分辨率数字高程模型提取坡度、高程、坡向、剖面曲率和 SPI 信息，利用 Landsat 8 OLI_TIRS 卫星的 Landsat TM 影像提取 NDVI 信息，利用清华大学 10 m 分辨率土地利用数据提取土地利用类型信息，利用山东省断层数据提取断层距离信息，利用博山区道路数据提取道路距离信息，基于 ArcGIS10.2 绘制上述9项致灾因子的分布图，如图7.6所示。

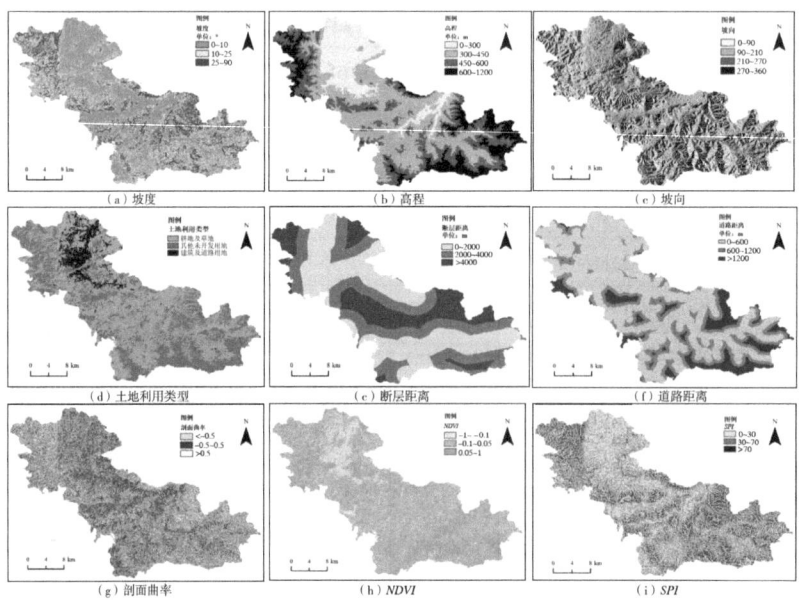

图7.6 致灾因子分布图（见彩插）

第 7 章 基于频率比法和改进贝叶斯网络的博山区滑坡敏感性评价

7.4 基于 BN 的博山区滑坡敏感性评价

7.4.1 基于 BN 的混合模型性能比较

在贝叶斯网络资源库中选取两个标准网络（Chest clinic Network 和 TANK Network）验证 MMHC、MMPC-Tabu、Fast.iamb-Tabu 和 Inter.iamb-Tabu 算法的建模效果，并选取性能最佳的模型开展博山区 LSA，其中，Chest clinic Network 又称 Asia Network，包含 8 个节点和 8 条有向边，TANK Network 包含 14 个节点和 20 条有向边，Chest clinic Network 和 TANK Network 的有向无环图如图 7.7、图 7.8 所示。

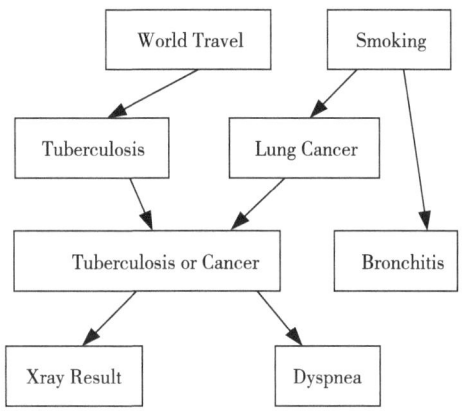

图 7.7 Chest clinic Network 的有向无环图

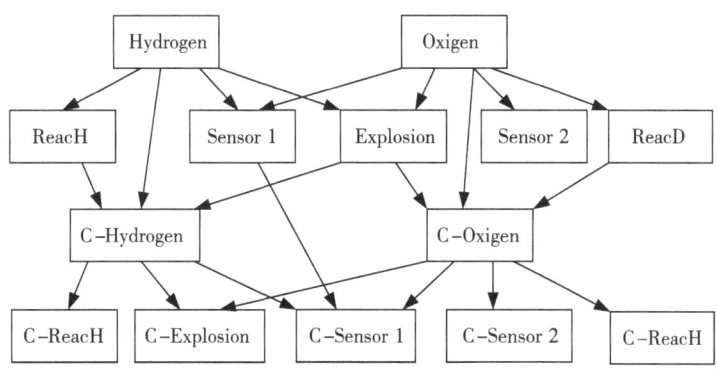

图 7.8 TANK Network 的有向无环图

分别采用 Chest clinic Network 和 TANK Network 生成样本数量为 1200、1500、1800 和 2100 的数据集，以数据集为训练样本，基于 MMHC、MMPC-Tabu、

Fast. iamb-Tabu、Inter. iamb-Tabu 生成贝叶斯网络并与 Chest clinic Network 和 TANK Network 的有向无环图进行对比，记录新生成网络的缺失边、错误边和反向边数量并计算错误指数，错误指数计算方法如式（7.5）所示，对比结果如表 7.4 所示。

$$E_n = n_a + n_b + 0.5 n_c \tag{7.5}$$

式中：E_n 为错误指数；n_a 为缺失边数量；n_b 为错误边数量；n_c 为反向边数量。

表 7.4 不同样本数量和算法的对比结果

样本数量	算法	Chest clinic Network				TANK Network			
		n_a	n_b	n_c	E_n	n_a	n_b	n_c	E_n
1200	MMHC	2	2	1	4.5	5	4	4	11
	MMPC-Tabu	2	1	1	4	4	4	3	9.5
	Fast. iamb-Tabu	2	1	1	3.5	3	4	2	8
	Inter. iamb-Tabu	1	1	0	2	3	3	2	7
1500	MMHC	2	1	1	3.5	3	3	4	8
	MMPC-Tabu	1	1	1	2.5	3	3	3	7.5
	Fast. iamb-Tabu	1	0	1	1.5	2	2	3	5.5
	Inter. iamb-Tabu	1	0	0	1	1	2	2	4
1800	MMHC	1	1	1	2.5	2	2	2	5
	MMPC-Tabu	0	1	1	1.5	2	1	1	3.5
	Fast. iamb-Tabu	0	1	0	1	1	1	0	2
	Inter. iamb-Tabu	0	0	0	0	0	0	0	0
2100	MMHC	1	1	1	2.5	2	2	2	5
	MMPC-Tabu	0	1	1	1.5	2	1	1	3.5
	Fast. iamb-Tabu	0	1	0	1	1	1	0	2
	Inter. iamb-Tabu	0	0	0	0	0	0	0	0

由表 7.4 可知，样本数量分别为 1800 和 2100 时，MMHC、MMPC-Tabu、Fast. iamb-Tabu、Inter. iamb-Tabu 对 Chest clinic Network 和 TANK Network 的错误指数均相等，说明样本数量达到 1800 即可满足模型训练要求，继续增加样本数量对提高建模准确率没有显著影响；样本数量为 1800 时，Inter. iamb-Tabu 算法对 Chest clinic Network 和 TANK Network 的错误指数均为 0，而其他算法对 Chest clinic Network 和 TANK Network 的错误指数均不为 0，说明样本数量为 1800 时 Inter. iamb-Tabu 算法已

经训练成熟且其性能明显优于其他算法,因此,选取 Inter. iamb-Tabu 开展博山区滑坡敏感性评价。

7.4.2 基于 Inter. iamb-Tabu 算法的博山区滑坡敏感性评价

(1) 模型建立

采用 30 m×30 m 分辨率栅格单元作为滑坡敏感性评价基本单元,经 ArcGIS10.2 的栅格计算器统计可知,博山区 99 处滑坡共有栅格 1849 个,此外,在非滑坡区域任意选取 1849 个栅格,建立滑坡栅格数据集和非滑坡栅格数据集。基于 900 个滑坡栅格和 900 个非滑坡栅格构建训练样本集,采用 Inter. iamb-Tabu 构建博山区滑坡敏感性模型,并根据极大似然估计法计算各节点的条件概率,建模的计算机硬件环境为 CPU i7 – 6700 处理器、8G 内存、GTX1050 Ti – 8G 显卡,软件环境为 R3.5.0 软件中的贝叶斯网络学习程序包,致灾因子各分级的条件概率如表 7.5 所示。

表 7.5 致灾因子各分级的条件概率

致灾因子	致灾因子各分级的条件概率			
	Ⅰ	Ⅱ	Ⅲ	Ⅳ
坡度	0.062	0.813	0.125	
高程	0.078	0.239	0.656	0.027
坡向	0.31	0.26	0.314	0.116
土地利用类型	0.323	0.072	0.605	
断层距离	0.743	0.195	0.062	
道路距离	0.446	0.225	0.329	
剖面曲率	0.419	0.332	0.249	
NDVI	0.522	0.381	0.097	
SPI	0.28	0.299	0.421	

由表 7.5 和图 7.9 可知,博山区滑坡敏感性 BN 模型包含 10 个节点(9 个致灾因子节点和 1 个结局节点)、14 条有向边;坡度、高程、土地利用类型和断层距离是滑坡的父节点,对滑坡具有直接诱发作用;剖面曲率和 *NDVI* 是滑坡的子节点,即滑坡发生可能改变孕灾环境的剖面曲率和 *NDVI*;坡向、道路距离和 *SPI* 与其他致灾因子存在互馈关系,并通过这种互馈关系对滑坡发生起间接作用。

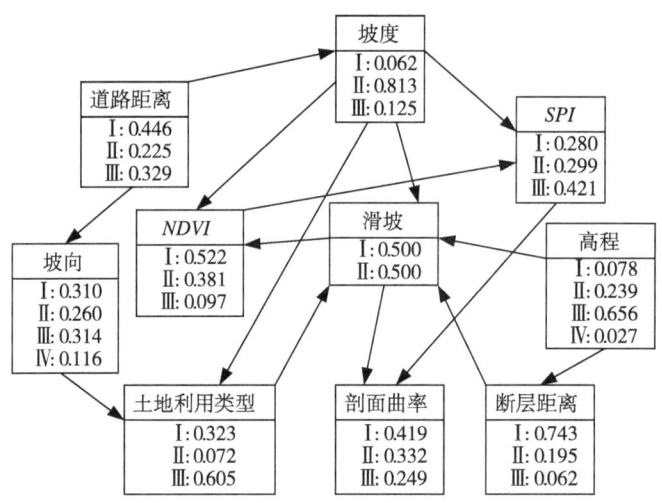

图 7.9 博山区滑坡敏感性 BN 模型

（2）模型验证

基于剩余 949 个滑坡栅格和 949 个非滑坡栅格构建验证样本集，采用受试者工作特征（ROC）曲线下面积（AUC）法对博山区滑坡敏感性模型进行验证。ROC 曲线是以真阳性率（灵敏度）为纵坐标，假阳性率（1—特异度）为横坐标绘制的曲线，其中，真阳性率是实际为滑坡且模型判断为滑坡的概率，假阳性率是实际为非滑坡但模型判断为滑坡的概率。用 AUC 表示 ROC 曲线下的面积值，当 AUC 为 0.5 ~ 0.7 时评价结果有较低的准确率，当 AUC 为 0.7 ~ 0.9 时评价结果有较高的准确率，当 AUC 为 0.9 ~ 1.0 时评价结果有很高的准确率。图 7.10 为博山区滑坡敏感性 BN 模型验证结果，由于 AUC 值达到 0.907，说明模型具有很高的准确率。

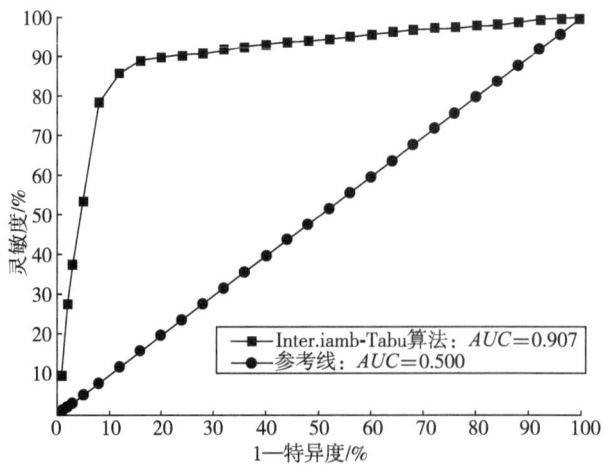

图 7.10 博山区滑坡敏感性 BN 模型验证结果

第 7 章 基于频率比法和改进贝叶斯网络的博山区滑坡敏感性评价

7.4.3 博山区滑坡敏感性制图

利用 ArcGIS10.2 的栅格计算器,将博山区滑坡敏感性 BN 模型按表 7.5、图 7.8 进行计算,经过 32.78 h 后得到了 774 570 个栅格的滑坡敏感性概率,绘制了博山区滑坡敏感性概率分布图,如图 7.11 所示。

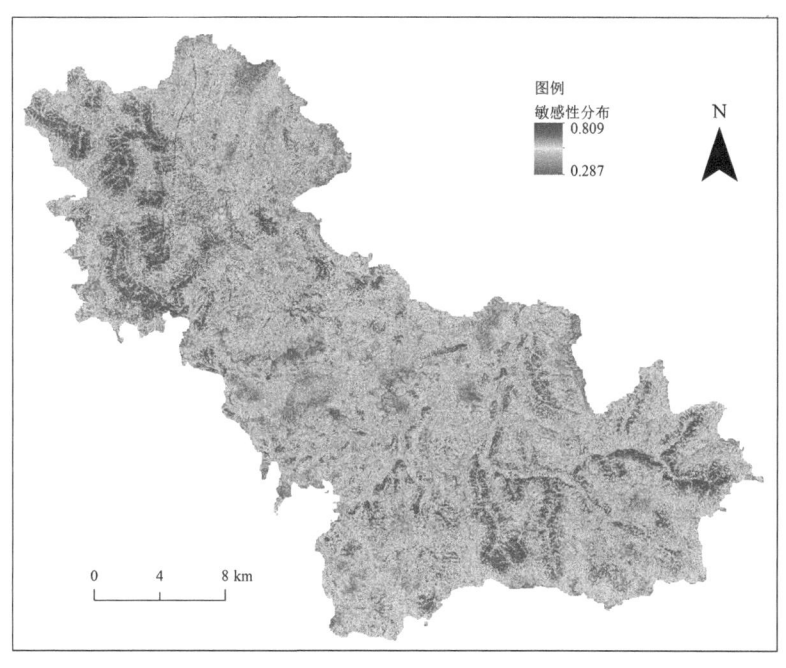

图 7.11 博山区滑坡敏感性概率分布图 (见彩插)

由图 7.11 可知,博山区滑坡敏感性概率最高为 0.809、最小为 0.287;滑坡敏感性概率较高的区域是域城镇西部、池上镇和博山镇南部、石马镇和北博山镇的山区地带;滑坡敏感性概率较低的区域是源泉镇北部、白塔镇和博山城区、八陡镇和崮山镇的平原地带。利用自然间断点法进行博山区滑坡敏感性区划,将博山区划分为 5 个敏感性区间,即极高敏感区、高敏感区、中等敏感区、低敏感区和极低敏感区,间断点为 0.395、0.505、0.615 和 0.730,博山区滑坡敏感性区划如图 7.12 所示。

由图 7.12 可知,极高敏感区、高敏感区、中等敏感区、低敏感区和极低敏感区分别占博山区总面积的 7.3% (49.8006 km^2)、16.5% (112.563 km^2)、26.1% (178.0542 km^2)、33.2% (226.4904 km^2) 和 16.9% (115.2918 km^2),99 处滑坡灾害点分别有 69 处、14 处、6 处、5 处和 5 处位于极高敏感区、高敏感区、中等敏感

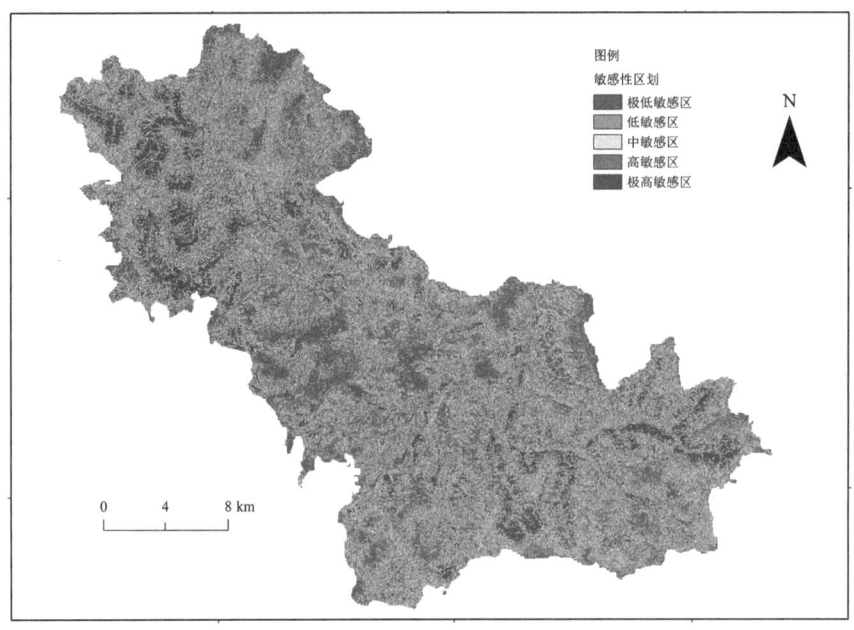

图 7.12　博山区滑坡敏感性区划图（见彩插）

区、低敏感区和极低敏感区，分别占博山区滑坡灾害点总数的 67.21%、22.95%、4.92%、3.28% 和 1.64%，占滑坡总面积的 85.32%（538 369 m^2）、10.58%（66 760 m^2）、2.17%（13 693 m^2）、1.09%（6978 m^2）和 0.84%（5300 m^2）。

7.5　本章小结

1）LSA 是从孕育滑坡的自然因素出发，在选取致灾因子并分级的基础上基于数据驱动模型计算滑坡发生概率并分析其空间分异状况，为滑坡防治政策制定和土地利用规划提供依据。致灾因子分级和数据驱动模型选取是 LSA 的重要步骤，频率比法是目前广泛使用的致灾因子与数据驱动模型的联结方法，它通过引入区间面积（比）和滑坡面积（比）分析致灾因子的不同区间对滑坡发生的影响，从而降低它与不同模型耦合造成的不确定性。数据统计法和机器学习法被广泛用于 LSA，相较于 ANN 和 SVM 等浅层学习算法，以 CNN 和 BN 为代表的深度学习算法可以避免过拟合和拓扑结构不稳定等弊端，而近几年出现的基于 BN 的混合算法可以显著提高 LSA 的准确率。

2）基于多种数据源和地质调查资料，建立了包含 99 处滑坡灾害点的博山区滑坡数据库并绘制了博山区滑坡分布图。通过频率比法对 14 项滑坡致灾因子进行分

第7章 基于频率比法和改进贝叶斯网络的博山区滑坡敏感性评价

级,基于单因素 Logistic 回归法筛选出坡度、高程、坡向、土地利用类型、断层距离、道路距离、剖面曲率、NDVI 和 SPI 共 9 项致灾因子用于滑坡敏感性建模并绘制了各致灾因子的分布图。在贝叶斯网络资源库中选取两个标准网络(Chest clinic Network 和 TANK Network)生成不同样本数量的数据集,基于数据集验证 MMHC、MMPC-Tabu、Fast. iamb-Tabu 和 Inter. iamb-Tabu 算法的建模效果,通过引入错误指数确定选取 Inter. iamb-Tabu 算法开展博山区 LSA。

3) 基于博山区 99 处滑坡灾害点数据和 99 处无灾害迹象的边坡数据构建博山区滑坡敏感性 BN 模型,根据极大似然估计法计算各节点的条件概率,采用 AUC 法对该模型进行验证,结果显示:博山区滑坡敏感性 BN 模型包含 10 个节点(9 个致灾因子节点和 1 个结局节点)、14 条有向边;坡度、高程、土地利用类型和断层距离对滑坡具有直接诱发作用,滑坡发生可能改变孕灾环境的剖面曲率和 NDVI,坡向、道路距离和 SPI 对滑坡发生起间接作用;AUC 值达到 0.907,说明该模型具有很高的准确率。

4) 基于博山区滑坡敏感性 BN 模型,利用 ArcGIS10.2 的栅格计算器经过 32.78 h 计算后得到了博山区 774 570 个栅格的滑坡敏感性概率,采用自然间断点法开展了博山区滑坡敏感性区划,结果显示:博山区滑坡敏感性概率最高为 0.809、最小为 0.287;滑坡敏感性概率较高的区域是域城镇西部、池上镇和博山镇南部、石马镇和北博山镇的山区地带;滑坡敏感性概率较低的区域是源泉镇北部、白塔镇和博山城区、八陡镇和崮山镇的平原地带。将博山区划分为极高敏感区、高敏感区、中等敏感区、低敏感区和极低敏感区 5 个敏感性区间,分别占博山区总面积的 7.3% (49.8006 km^2)、16.5% (112.563 km^2)、26.1% (178.0542 km^2)、33.2% (226.4904 km^2) 和 16.9% (115.2918 km^2),99 处滑坡灾害点分别有 69 处、14 处、6 处、5 处和 5 处位于极高敏感区、高敏感区、中等敏感区、低敏感区和极低敏感区,分别占博山区滑坡灾害点总数的 67.21%、22.95%、4.92%、3.28% 和 1.64%,占滑坡总面积的 85.32% (538 369 m^2)、10.58% (66 760 m^2)、2.17% (13 693 m^2)、1.09% (6978 m^2) 和 0.84% (5300 m^2)。

第8章 基于滑坡分类和改进卷积神经网络的滑坡敏感性区划

滑坡敏感性区划是根据研究区域的滑坡调查数据和地质环境条件，分析致灾因子的组合特征对滑坡发生的影响并基于 GIS 将研究区域划分为不同等级的敏感区，为土地利用规划和滑坡防治政策制定提供理论依据。对山东省淄博市博山区开展了工程岩组和地质灾害调查，结合多种数据源和地质调查资料建立了博山区滑坡数据库；将博山区 99 处滑坡分为 42 处自然滑坡和 57 处工程滑坡，基于 K 均值聚类分析验证了分类的准确性；采用 Pearson 相关系数法筛选了滑坡致灾因子，基于信息量法分别对全部滑坡、自然滑坡和工程滑坡的致灾因子进行了分级；将栅格数据转换为二维方阵结构形式，建立了包含 2 轮卷积和池化的 7 层改进 CNN，分别对全部滑坡、自然滑坡和工程滑坡进行了评价模型的训练和验证，采用 AUC 法验证了模型的准确性；基于 ArcGIS12.0 计算了博山区所有栅格的滑坡敏感性概率，绘制了博山区滑坡敏感性区划图。研究结果表明：滑坡致灾因子包括高程、坡度、坡向、剖面曲率、平面曲率、距河流距离、STI、TWI、距道路距离、土地利用类型、距断层距离、工程岩组和 $NDVI$；博山区滑坡敏感性概率最小为 0.136、最大为 0.841；极高敏感区、高敏感区、中敏感区、低敏感区和极低敏感区分别占博山区总面积的 8.08%（56.4 km^2）、17.62%（123.0 km^2）、25.33%（176.8 km^2）、32.87%（229.4 km^2）和 16.10%（112.4 km^2），极高敏感区主要分布在博山区西北部、南部、东北部及其他地区，其中，自然滑坡主要分布于西北部极高敏感区，工程滑坡主要分布于东北部极高敏感区。

8.1 概述

滑坡的发生是孕灾环境各要素超过一定阈值的结果，其力学机制为滑动面上的剪应力超过了该面的抗剪强度。中国地质条件复杂，地质环境持续恶化，滑坡灾害平均每年造成超过 400 人死亡和数十亿元经济损失。2015 年 12 月 20 日，广东省深圳市光明新区红坳余泥渣土受纳场发生滑坡灾害，面积超过 38 万 m^2，造成 73 人死

第8章　基于滑坡分类和改进卷积神经网络的滑坡敏感性区划

亡，直接经济损失达 8.8 亿余元；2016 年 5 月 8 日，福建省三明市因连日暴雨发生山体滑坡灾害，大量滑体冲毁村庄和道路，导致数条国省干道中断、35 人死亡。滑坡敏感性区划是根据研究区域的滑坡调查数据和地质环境条件，分析致灾因子的组合特征对滑坡发生的影响并基于 GIS 将研究区域划分为不同等级的敏感区，为土地利用规划和滑坡防治政策制定提供理论依据。

滑坡敏感性评价是滑坡敏感性区划的前提和基础，一般采用 3 类方法，第一类是定性方法，它利用专家经验分析已有滑坡孕灾环境的时空要素特征，因其重视主观经验而忽略客观数据导致评价准确率较低。第二类是基于物理力学模型的评价方法，其核心工作是建立滑坡发育和稳定性分析的力学模型，但由于力学模型需较多参数支持，而较大区域的力学参数难以获取，因此该方法仅适用于特定滑坡灾害点。第三类是基于数据驱动模型的滑坡敏感性评价方法，第一种常用的数据驱动模型是数学统计法，如层次分析法（AHP）、证据权法和 Logistic 回归法等；第二种是浅层机器学习法，如人工神经网络（ANN）和支持向量机（SVM）等；第三种是深度学习法，如卷积神经网络（CNN）、递归神经网络和随机森林等，深度学习法通过强调模型的结构深度和特征学习的重要性，避免了浅层机器学习法易出现过拟合的弊端。

近年来，CNN 被广泛用于滑坡敏感性评价，例如，Wang 等基于不同的样本数据形式构建 CNN，验证了 CNN 用于滑坡敏感性评价的可行性；Mandal 等利用 CNN 对锡金及周边地区进行滑坡敏感性评价，构建了包含单个池化层和单个全连接层的基础 CNN；Fang 等采用集成方法对 CNN 和常规机器学习分类器进行组合，基于生成的 CNN-SVM、CNN-RF 和 CNN-LR 开展了滑坡敏感性评价；Pham 等构建了基于过程模型的优化方法（MFO）等群体智能算法与 CNN 的耦合模型，验证了这些模型用于滑坡敏感性评价的可行性；Yin 等通过构建 ECG-CNN 模型开展了山东省淄博市博山区公路边坡灾害敏感性评价，验证了致灾因子数量对评价结果的影响。综合已有研究可知，CNN 可以有效表征滑坡致灾因子与滑坡发生的非线性相关关系，在训练样本的复杂内在规律学习上具有优势。

模型训练和模型验证是基于 CNN 开展滑坡敏感性评价的关键步骤，由于致灾因子不同分级对不同类型滑坡发生的贡献有较大差异，如果训练样本不能区分滑坡类型，则 CNN 会在模型训练时自动忽略不同类型滑坡的孕灾环境差异，造成评价结果准确率降低。山东省淄博市博山区已有滑坡研究多为单个灾害点的形成机制、预测预警和治理措施，对区域性滑坡敏感性区划研究较少，鉴于此，本章从滑坡分类入手，为不同类型滑坡建立不同的致灾因子分级方法，并构建基于二维方阵样本数据形式的改进 CNN 进行博山区滑坡敏感性区划，具体内容包括：①基于多种数据源和实地调查结果构建博山区滑坡数据库；②对博山区滑坡进行分类，利用K均值聚类算法验证分类的准确性；③利用相关性分析筛选致灾因子，采用信息量法对不同类型滑坡的致灾因子进行分级；④采用基于二维方阵样本数据形式的改进CNN进行滑坡敏感性评价，绘制博山区滑坡敏感性区划图。

8.2 滑坡致灾因子与类型分析

8.2.1 滑坡致灾因子

滑坡孕灾环境一般涉及14类因子，包括高程、坡度、坡向、剖面曲率、平面曲率、距河流距离、水流强度指数（SPI）、地表流沙输送量（STI）、地形湿度指数（TWI）、距道路距离、土地利用类型、距断层距离、工程岩组和归一化植被覆盖指数（$NDVI$），其中，高程、坡度、坡向、剖面曲率和平面曲率为地形地貌因子，距河流距离、SPI、STI和TWI为水文因子，距道路距离和土地利用类型为人类活动因子，距断层距离和工程岩组为地质因子，$NDVI$可综合反映地形地貌、水文和人类活动因素。

8.2.2 滑坡分类

在博山区工程岩组和地质灾害调查中，笔者根据滑坡形成机理和孕灾环境特征将99处滑坡分为42处自然滑坡和57处工程滑坡。自然滑坡是周围无人工工程且受河流、土壤等自然因素影响较大的滑坡，它是由斜坡内部孔隙水压力过大、坡体受河流冲刷和土壤过度软化等导致的。工程滑坡是由公路建设时斜坡开挖、水库蓄排水时坡体动水压力过大、山体堆填加载和爆破等导致的。博山区典型滑坡灾害点如图8.1所示。

（a）自然滑坡

（b）工程滑坡

图8.1 博山区典型滑坡灾害点

第8章 基于滑坡分类和改进卷积神经网络的滑坡敏感性区划

8.2.3 滑坡分类的验证

K 均值聚类算法是一种迭代求解的聚类分析方法，其原理为：在数据集中划定 k 个类并随机选取 k 个对象作为各类的初始聚类中心，计算其他对象到初始聚类中心的距离并将各对象划分给距离最近的初始聚类中心所属的类。所有对象划分完毕后，重新计算各类中对象的平均值作为新的聚类中心，重复上述操作，直至类间离散度总和最小，类间离散度总和计算方法如式（8.1）所示。

$$J = \sum_{j=1}^{k} \sum_{X_i \in K_j} d(X_i, Z_j) 。 \tag{8.1}$$

式中：数据集 $X = [X_1, X_2, X_3, \cdots, X_n]$ 的任一对象 X_i 为 m 维矢量数据，K 为划分域 $K = [K_1, K_2, K_3, \cdots, K_k]$，$Z_j$ 为第 j 类的聚类中心，$d(X_i, Z_j)$ 为 X_i 到聚类中心 Z_j 的距离。聚类中心 Z_j 计算方法如式（8.2）所示。

$$Z_j = \frac{1}{N_j} \sum_{X_i \in K_j} X_i 。 \tag{8.2}$$

式中：N_j 为第 j 类中对象的个数。

$d(X_i, Z_j)$ 计算方法如式（8.3）所示。

$$d(X_i, Z_j) = \| X_i - Z_j \| 。 \tag{8.3}$$

采用以上方法对博山区滑坡分类结果进行验证。博山区共有滑坡 99 处，即 $n = 99$，将滑坡分为自然滑坡和工程滑坡 2 类，即 $k = 2$。工程滑坡的距道路距离、SPI、STI 和 TWI 值较小，而自然滑坡的值较大，另外，工程滑坡的距河流距离值较大，而自然滑坡的值较小，因此，选取距道路距离、SPI、STI、TWI 和距河流距离 5 类因子为区分工程滑坡和自然滑坡的特异性指标，即 $m = 5$。基于 SPSS24.0 对 99 处滑坡的特异性指标进行 K 均值聚类计算，经过 247 次迭代后，类间离散度总和 J 趋于收敛，此时得到各特异性指标的最终聚类中心和各类的滑坡数量，如表 8.1 所示。

表 8.1 最终聚类中心

特异性指标	距道路距离/m	SPI	STI	TWI	距河流距离/m	滑坡数量/个
第一类	454.05	243.20	33.62	8.73	201.49	44
第二类	233.88	37.19	13.08	5.74	442.70	55

由表 8.1 可知，第一类滑坡距道路距离、SPI、STI 和 TWI 的最终聚类中心明显大于第二类滑坡，而距河流距离的最终聚类中心明显小于第二类滑坡，这与自然滑坡与工程滑坡的规律一致，且上一节中确定的 42 处自然滑坡均为第一类，因此可认定第一类滑坡为自然滑坡，第二类滑坡为工程滑坡。通过对比上一节的分类结果和 K 均值聚类分析结果可知，两者的滑坡分类准确率仅相差 2.02%，说明上一节的滑坡分类结果是准确、可信的。

8.3 滑坡致灾因子分析

8.3.1 致灾因子筛选

在滑坡敏感性评价时，致灾因子数量对模型训练的复杂程度有显著影响且致灾因子间并非完全独立，因此，当训练样本一定时，致灾因子过多将导致模型精度下降。为消除致灾因子的多重共线性并提高 CNN 的建模效率，本章采用 Pearson 相关系数法筛选 8.1.2 节提出的 14 类孕灾环境因子。

Pearson 相关系数用于度量两个变量的相关程度，其值为 $-1.0\sim1.0$，计算方法如式（8.4）所示。

$$\rho_{X,Y} = \frac{\text{cov}(X,Y)}{\sigma_X \sigma_Y} = \frac{E[(X-\mu_X)(Y-\mu_Y)]}{\sigma_X \sigma_Y} \quad (8.4)$$

式中：$\rho_{X,Y}$ 为变量 X、Y 的 Pearson 相关系数；μ_X、μ_Y 为变量 X、Y 的均值；σ_X、σ_Y 为变量 X、Y 的方差；E 为期望。

$\rho_{X,Y}=1.0$ 代表 X、Y 的所有数据点均落在一条直线上，且 Y 随 X 的增大而增大；$\rho_{X,Y}=-1.0$ 也代表 X、Y 的数据点均落在一条直线上，但 Y 随 X 的增大而减小；$\rho_{X,Y}=0$ 代表 X、Y 无线性关系。一般认为，$|\rho_{X,Y}|>0.4$ 时 X、Y 存在强相关性。博山区滑坡孕灾环境因子 Pearson 相关系数计算结果如表 8.2 所示。

第8章 基于滑坡分类和改进卷积神经网络的滑坡敏感性区划

表8.2 Pearson相关系数计算结果

影响因子	高程	坡度	坡向	剖面曲率	平面曲率	距河流距离	SPI	STI	TWI	距道路距离	土地利用	距断层距离	工程岩组	NDVI
高程	1.000													
坡度	0.470	1.000												
坡向	−0.052	−0.019	1.000											
剖面曲率	−0.037	0.119	0.019	1.000										
平面曲率	0.246	0.099	−0.092	−0.358	1.000									
距河流距离	0.190	−0.112	0.162	0.069	0.044	1.000								
SPI	−0.034	0.002	0.091	0.257	−0.261	0.040	1.000							
STI	0.163	0.369	0.047	0.366	−0.360	−0.053	0.826	1.000						
TWI	0.060	−0.234	0.060	0.229	−0.333	0.206	0.478	0.222	1.000					
距道路距离	0.287	0.074	0.052	−0.027	0.060	0.312	0.001	0.040	0.087	1.000				
土地利用	0.356	0.368	−0.022	0.204	0.053	0.112	0.083	0.210	−0.164	0.171	1.000			
距断层距离	0.085	0.098	0.113	0.050	−0.055	−0.021	0.037	0.149	0.012	0.287	0.041	1.000		
工程岩组	−0.164	−0.104	0.006	0.005	−0.093	−0.093	−0.101	−0.105	0.006	−0.243	−0.085	−0.009	1.000	
NDVI	0.191	0.110	−0.191	0.020	0.027	0.104	−0.018	0.012	−0.176	0.175	0.139	−0.128	−0.068	1.000

由表 8.2 可知，SPI 与 STI 的 Pearson 相关系数为 0.826，SPI 与 TWI 的 Pearson 相关系数为 0.478，说明 SPI 与 STI、TWI 均存在强相关性；其他致灾因子间相关系数均为 −0.4～0.4，说明其他致灾因子的独立性较强，因此排除 SPI，选取其他 13 类致灾因子（高程、坡度、坡向、剖面曲率、平面曲率、距河流距离、STI、TWI、距道路距离、土地利用类型、距断层距离、工程岩组和 NDVI）用于博山区滑坡敏感性评价。

8.3.2 致灾因子分级

致灾因子分级是滑坡敏感性评价的重要步骤，本章采用信息量法开展 11 类定量致灾因子（高程、坡度、坡向、剖面曲率、平面曲率、距河流距离、STI、TWI、距道路距离、距断层距离和 NDVI）的分级研究，信息量 IV_i 的计算方法如式（8.5）所示。

$$IV_i = \ln\left(\frac{N_i/N}{S_i/S}\right) \quad (8.5)$$

式中：IV_i 为某致灾因子 i 区间的信息量；N_i 为该致灾因子 i 区间滑坡栅格数；N 为研究区域滑坡栅格总数；S_i 为该致灾因子 i 区间栅格数；S 为研究区域栅格总数。

IV_i 反映某致灾因子 i 区间对滑坡发生的有利程度，IV_i 越大则滑坡发生概率越大，$IV_i>0$ 说明该致灾因子 i 区间有利于滑坡发育，$IV_i<0$ 说明该致灾因子 i 区间不利于滑坡发育，$IV_i=0$ 说明该致灾因子 i 区间对滑坡发育的影响不明显。

在基于 CNN 开展滑坡敏感性评价时，若不区分滑坡类型及其致灾因子分级差异，则 CNN 会在学习滑坡发生规律时自动忽略不同类型滑坡的差异，造成评价结果准确率降低。因此，本章基于信息量法分别对博山区全部 99 处滑坡（以下简称全部滑坡）、自然滑坡和工程滑坡的定量致灾因子进行分级，计算结果如表 8.3 所示。

以全部滑坡的 STI 为例，当 STI 介于 0～1、1～2 和 2～5 时 $IV<0$，当 STI 介于 5～10、10～20、20～40、40～60、60～80 和 80～100 时 $IV>0$，当 STI >100 时 $IV<0$，因此将 STI 分为 0～5、5～100、100～+∞ 共 3 级，同理，根据全部滑坡、自然滑坡和工程滑坡各致灾因子不同区间的 IV 值对致灾因子进行分级。此外，将土地利用类型分为耕地、草地、灌木林、林区、湿地、水域、建筑及道路用地、裸地（未开发）8 类，将工程岩组分为棕壤、褐土类、潮土、石灰（岩）、粗骨土类、新积土、赤红壤 7 类，如表 8.4 所示。

第8章 基于滑坡分类和改进卷积神经网络的滑坡敏感性区划

表8.3 IV值计算结果

致灾因子	变量值范围	区间栅格数	区间占比	区间滑坡栅格数	区间滑坡占比	以全部滑坡为对象的IV	自然滑坡栅格数	自然滑坡占比	以自然滑坡为对象的IV	工程滑坡栅格数	工程滑坡占比	以工程滑坡为对象的IV
高程/m	0~200	49 339	0.063 698 568	163	0.111 643 836	0.561 151 683	30	0.048 465 267	-0.273 314 694	133	0.158 145 065	0.909 350 665
	200~300	97 022	0.125 259 176	341	0.233 561 644	0.623 061 043	105	0.169 628 433	0.303 225 358	236	0.280 618 312	0.806 610 425
	300~400	208 706	0.269 447 564	290	0.198 630 137	-0.304 929 316	102	0.164 781 906	-0.491 750 984	188	0.223 543 401	-0.186 768 222
	400~500	185 792	0.239 864 699	371	0.254 109 589	0.057 690 617	181	0.292 407 108	0.198 072 027	190	0.225 921 522	-0.059 887 319
	500~600	125 738	0.162 332 649	132	0.090 410 959	-0.585 282 132	119	0.192 245 557	0.169 125 881	13	0.015 457 788	-2.351 534 642
	600~700	73 287	0.094 616 368	76	0.052 054 795	-0.597 533 58	30	0.048 465 267	-0.668 983 096	46	0.054 696 79	-0.548 025 469
	700~800	26 496	0.034 207 367	27	0.018 493 151	-0.615 040 6	27	0.043 618 74	0.243 045 842	0	0	0
	800~900	5517	0.007 122 662	20	0.013 698 63	0.654 014 306	9	0.014 539 58	0.713 593 052	11	0.013 079 667	0.607 777 36
	900~1000	1880	0.002 427 153	28	0.019 178 082	2.067 049 109	13	0.021 001 616	2.157 880 398	15	0.017 835 91	1.994 494 855
	1000~1100	793	0.001 023 794	12	0.008 219 178	2.082 954 88	3	0.004 846 527	1.554 746 96	9	0.010 701 546	2.346 872 862
坡度/°	0~5	111 662	0.144 159 986	74	0.050 684 932	-1.045 295 039	0	0	0	74	0.087 990 488	-0.493 694 985
	5~10	189 663	0.244 862 311	295	0.202 054 795	-0.192 157 136	29	0.046 849 758	-1.653 750 22	266	0.316 290 131	0.255 963 871
	10~15	153 113	0.197 674 839	221	0.151 369 863	-0.266 897 188	118	0.190 630 048	-0.036 288 823	103	0.122 473 246	-0.478 730 846
	15~20	119 080	0.153 736 912	206	0.141 095 89	-0.085 803 045	103	0.166 397 415	0.079 136 217	103	0.122 473 246	-0.227 350 171
	20~25	88 436	0.114 174 316	292	0.2	0.560 590 998	139	0.224 555 735	0.676 397 571	153	0.181 926 278	0.465 875 172
	25~30	58 742	0.075 838 207	203	0.139 041 096	0.606 167 328	102	0.164 781 906	0.776 020 604	101	0.120 095 125	0.459 681 92
	30~35	32 745	0.042 275 069	47	0.032 191 781	-0.272 486 361	31	0.050 080 775	0.169 439 684	16	0.019 024 97	-0.798 445 186
	35~40	14 598	0.018 846 586	59	0.040 410 959	0.762 769 225	59	0.095 315 024	1.620 855 667	0	0	0
	40~50	6103	0.007 879 21	45	0.030 821 918	1.363 998 409	31	0.050 080 775	1.849 409 566	14	0.016 646 849	0.747 993 304
	>50	428	0.000 552 565	18	0.012 328 767	3.105 119 528	7	0.011 308 562	3.018 744 361	11	0.013 079 667	3.164 243 097

续表

致灾因子	变量值范围	区间栅格数	区间占比	区间滑坡栅格数	区间滑坡占比	以全部滑坡为对象的 IV	自然滑坡栅格数	自然滑坡占比	以自然滑坡为对象的 IV	工程滑坡栅格数	工程滑坡占比	以工程滑坡为对象的 IV
坡向/°	0~30	84 083	0.108 554 424	251	0.171 917 808	0.459 764 853	148	0.239 095 315	0.789 610 629	103	0.122 473 246	0.120 640 956
	30~60	67 607	0.087 283 267	177	0.121 232 877	0.328 554 525	88	0.142 164 782	0.487 828 049	89	0.105 826 397	0.192 641 217
	60~90	55 558	0.071 727 539	133	0.091 095 89	0.239 037 932	74	0.119 547 658	0.510 840 339	59	0.070 154 578	-0.022 173 697
	90~120	51 097	0.065 968 215	59	0.040 410 959	-0.490 072 027	29	0.046 849 758	-0.342 227 199	30	0.035 671 819	-0.614 812 034
	120~150	61 304	0.079 145 849	56	0.038 356 164	-0.724 377 085	28	0.045 234 249	-0.559 437 824	28	0.033 293 698	-0.865 924 211
	150~180	70 043	0.090 428 238	15	0.010 273 973	-2.174 942 82	0	0	0	15	0.017 835 91	-1.623 342 766
	180~210	68 894	0.088 944 834	31	0.021 232 877	-1.432 465 566	0	0	0	31	0.036 860 88	-0.880 865 511
	210~240	62 530	0.080 728 662	72	0.049 315 068	-0.492 863 996	29	0.046 849 758	-0.544 147 843	43	0.051 129 608	-0.456 729 945
	240~270	53 540	0.069 122 223	103	0.070 547 945	0.020 416 267	44	0.071 082 391	0.027 963 355	59	0.070 154 578	0.014 824 777
	270~300	50 960	0.065 791 342	190	0.130 136 986	0.682 099 387	29	0.046 849 758	-0.339 542 413	161	0.191 438 763	1.068 079 735
	300~330	68 197	0.088 044 98	93	0.063 698 63	-0.323 684 763	62	0.100 161 551	0.128 936 571	31	0.036 860 88	-0.870 696 997
	330~360	80 757	0.104 260 428	280	0.191 780 822	0.609 461 283	88	0.142 164 782	0.310 094 936	192	0.228 299 643	0.783 767 107
剖面曲率	<-3	3474	0.004 485 069	15	0.010 273 973	0.828 859 885	15	0.024 232 633	1.686 946 327	0	0	0
	-3~-2	14 151	0.018 269 491	44	0.030 136 986	0.500 520 688	15	0.024 232 633	0.282 467 697	29	0.034 482 759	0.635 226 939
	-2~-1	72 096	0.093 078 74	191	0.130 821 918	0.340 391 191	59	0.095 315 024	0.023 741 649	132	0.156 956 005	0.522 519 74
	-1~-0.5	105 402	0.136 078 082	133	0.091 095 89	-0.401 316 161	15	0.024 232 633	-1.725 528 646	118	0.140 309 156	0.030 619 39
	-0.5~0	185 317	0.239 251 456	186	0.127 397 26	-0.630 204 878	43	0.069 466 882	-1.236 664 994	143	0.170 035 672	-0.341 506 867
	0~0.5	186 300	0.240 520 547	266	0.182 191 781	-0.277 745 647	161	0.260 096 931	0.078 248 851	105	0.124 851 367	-0.655 681 551
	0.5~1	115 727	0.149 408 059	297	0.203 424 658	0.308 614 489	119	0.192 245 557	0.252 092 286	178	0.211 652 794	0.348 265 956
	1~2	74 895	0.096 692 358	280	0.191 780 822	0.684 818 796	160	0.258 481 422	0.983 289 45	120	0.142 687 277	0.389 120 99
	2~3	13 811	0.017 830 538	31	0.021 232 877	0.174 638 163	15	0.024 232 633	0.306 787 602	16	0.019 024 97	0.064 839 736
	>3	3397	0.004 385 659	17	0.011 643 836	0.976 437 009	17	0.027 463 651	1.834 523 451	0	0	0

第8章 基于滑坡分类和改进卷积神经网络的滑坡敏感性区划

续表

致灾因子	变量值范围	区间栅格数	区间占比	区间滑坡栅格数	区间滑坡占比	以全部滑坡为对象的 IV	自然滑坡栅格数	自然滑坡占比	以自然滑坡为对象的 IV	工程滑坡栅格数	工程滑坡占比	以工程滑坡为对象的 IV
平面曲率	<-2	7861	0.010 148 857	16	0.010 958 904	0.076 791 198	0	0	0	16	0.019 024 97	0.628 391 253
	-2~-1	59 074	0.076 266 832	136	0.093 150 685	0.199 980 311	76	0.122 778 675	0.476 145 208	60	0.071 343 639	-0.066 729 957
	-1~-0.5	107 845	0.139 232 09	262	0.179 452 055	0.253 765 815	157	0.253 634 895	0.599 753 559	105	0.124 851 367	-0.109 018 284
	-0.5~0	220 842	0.285 115 613	413	0.282 876 712	-0.007 883 6	161	0.260 096 931	-0.091 840 386	252	0.299 643 282	0.049 697 949
	0~0.5	196 760	0.254 024 814	221	0.151 369 863	-0.517 705 689	29	0.046 849 758	-1.690 486 119	192	0.228 299 643	-0.106 772 964
	0.5~1	108 115	0.139 580 671	207	0.141 780 822	0.015 639 637	74	0.119 547 658	-0.154 927 621	133	0.158 145 065	0.124 870 026
	1~2	64 834	0.083 703 216	121	0.082 876 712	-0.009 923 29	60	0.096 930 533	0.146 717 169	61	0.072 532 699	-0.143 239 917
	2~4	8924	0.011 521 231	59	0.040 410 959	1.254 909 501	17	0.027 463 651	0.868 671 843	12	0.014 268 728	0.213 878 762
	4~6	210	0.000 271 118	13	0.008 904 11	3.491 714 05	10	0.016 155 089	4.087 436 228	3	0.003 567 182	2.576 977 036
	>6	105	0.000 135 559	12	0.008 219 178	4.104 818 523	5	0.008 077 544	4.087 436 228	7	0.008 323 424	4.117 422 077
距河流距离/m	0~200	169 809	0.219 230 024	517	0.354 109 589	0.479 484 922	236	0.381 260 097	0.553 360 295	281	0.334 126 04	0.421 396 772
	200~400	138 170	0.178 382 845	723	0.495 205 479	1.021 040 731	325	0.525 040 388	1.079 543 133	398	0.473 246 136	0.975 683 569
	400~600	122 914	0.158 686 755	89	0.060 958 904	-0.956 732 231	30	0.048 465 267	-1.186 084 777	59	0.070 154 578	-0.816 231 102
	600~800	110 861	0.143 125 863	72	0.049 315 068	-1.065 494 721	16	0.025 848 142	-1.711 485 675	56	0.066 587 396	-0.765 209 094
	800~1000	88 240	0.113 921 272	27	0.018 493 151	-1.818 107 183	12	0.019 386 107	-1.770 950 957	15	0.017 835 91	-1.854 293 793
	1000~1200	61 907	0.079 924 345	32	0.021 917 808	-1.293 781 033	0	0	0	32	0.038 049 941	-0.742 180 978
	1200~1500	51 911	0.067 019 12	0	0	0	0	0	0	0	0	0
	1500~1800	21 064	0.027 194 443	0	0	0	0	0	0	0	0	0
	1800~2400	8858	0.011 436 023	0	0	0	0	0	0	0	0	0
	2400~3600	836	0.001 079 309	0	0	0	0	0	0	0	0	0

续表

致灾因子	变量值范围	区间栅格数	区间占比	区间滑坡栅格数	区间滑坡占比	以全部滑坡对象的 IV	自然滑坡栅格数	自然滑坡占比	以自然滑坡为对象的 IV	工程滑坡栅格数	工程滑坡占比	以工程滑坡为对象的 IV
STI	0~1	75 628	0.097 638 69	15	0.010 273 973	-2.251 660 063	7	0.011 308 562	-2.155 713 673	8	0.009 512 485	-2.328 668 668
	1~2	70 253	0.090 699 356	29	0.019 863 014	-1.518 690 862	4	0.006 462 036	-2.641 605 889	25	0.029 726 516	-1.115 510 813
	2~5	157 920	0.203 880 863	162	0.110 958 904	-0.608 375 919	44	0.071 082 391	-1.053 696 178	118	0.140 309 156	-0.373 687 575
	5~10	162 261	0.209 485 263	369	0.252 739 726	0.187 706 815	170	0.274 636 511	0.270 795 05	199	0.236 623 068	0.121 815 051
	10~20	159 078	0.205 375 886	324	0.221 917 808	0.077 465 19	183	0.295 638 126	0.364 294 269	141	0.167 657 551	-0.202 918 381
	20~40	98 166	0.126 736 125	192	0.131 506 849	0.036 951 767	57	0.092 084 006	-0.319 405 895	135	0.160 523 187	0.236 331 228
	40~60	24 127	0.031 148 896	147	0.100 684 932	1.173 217 348	59	0.095 315 024	1.118 408 647	88	0.104 637 337	1.211 721 63
	60~80	9712	0.012 538 57	191	0.130 821 918	2.345 027 499	72	0.116 316 64	2.227 506 632	119	0.141 498 216	2.423 477 619
	80~100	5122	0.006 612 701	17	0.011 643 836	0.565 784 715	17	0.027 463 651	1.423 871 157	0	0	0
	>100	12 303	0.015 883 652	14	0.009 589 041	-0.504 669 51	6	0.009 693 053	-0.493 880 929	8	0.009 512 485	-0.512 685 244
TWI	0~4	9841	0.012 705 114	59	0.040 410 959	1.157 096 419	50	0.080 775 444	1.849 668 422	9	0.010 701 546	-0.171 616 393
	4~6	419 163	0.541 155 738	752	0.515 068 493	-0.049 407 22	279	0.450 726 979	-0.182 845 32	473	0.562 425 684	0.038 551 899
	6~8	221 192	0.285 567 476	428	0.293 150 685	0.026 208 415	236	0.381 260 097	0.289 003 467	192	0.228 299 643	-0.223 819 353
	8~10	60 074	0.077 557 871	87	0.059 589 041	-0.263 552 697	15	0.024 232 633	-1.163 324 173	72	0.085 612 366	0.098 805 358
	10~12	32 948	0.0425 3715	30	0.020 547 945	-0.727 616 866	14	0.022 617 124	-0.631 670 476	16	0.019 024 97	-0.804 625 471
	12~14	18 912	0.024 416 128	29	0.019 863 014	-0.206 384 503	0	0	0	29	0.034 482 759	0.345 215 551
	14~16	7094	0.009 158 63	31	0.021 232 877	0.840 854 165	0	0	0	31	0.036 860 88	1.392 454 219
	16~18	3004	0.003 878 281	16	0.010 958 904	1.038 760 272	7	0.011 308 562	1.070 168 141	9	0.010 701 546	1.014 996 182
	18~20	1565	0.002 020 476	15	0.010 273 973	1.626 280 638	8	0.012 924 071	1.855 758 421	7	0.008 323 424	1.415 740 641
	20~24	777	0.001 003 137	13	0.008 904 11	2.183 380 832	10	0.016 155 089	2.779 103 009	3	0.003 567 182	1.268 643 818

第8章 基于滑坡分类和改进卷积神经网络的滑坡敏感性区划

续表

致灾因子	变量值范围	区间栅格数	区间占比	区间滑坡栅格数	区间滑坡占比	以全部滑坡为对象的 IV	自然滑坡栅格数	自然滑坡占比	以自然滑坡为对象的 IV	工程滑坡栅格数	工程滑坡占比	以工程滑坡为对象的 IV
距道路距离/m	0~100	151 276	0.195 303 2	295	0.202 054 795	0.033 985 698	89	0.143 780 291	-0.306 266 847	206	0.244 946 492	0.226 486 565
	100~200	123 707	0.159 710 549	428	0.293 150 685	0.607 323 652	237	0.382 875 606	0.874 347 039	191	0.227 110 583	0.352 073 939
	200~400	119 270	0.153 982 209	457	0.313 013 699	0.709 409 885	235	0.379 644 588	0.902 398 451	222	0.263 971 463	0.539 003 931
	400~600	108 633	0.140 249 429	133	0.091 095 89	-0.431 509 781	44	0.071 082 391	-0.679 582 833	89	0.105 826 397	-0.281 622 484
	600~800	79 459	0.102 584 66	45	0.030 821 918	-1.202 462 355	0	0	0	45	0.053 507 729	-0.650 862 3
	800~1200	95 716	0.123 573 079	43	0.029 452 055	-1.434 069 034	14	0.022 617 124	-1.698 125 378	29	0.034 482 759	-1.276 373 265
	1200~2000	76 954	0.099 350 607	59	0.040 410 959	-0.899 554 071	0	0	0	59	0.070 154 578	-0.347 954 016
	2000~2400	11 642	0.015 030 275	0	0	0	0	0	0	0	0	0
	2400~3000	6493	0.008 382 716	0	0	0	0	0	0	0	0	0
	3000~4000	1420	0.001 833 275	0	0	0	0	0	0	0	0	0
距断层距离/m	0~200	40 176	0.051 868 779	103	0.070 547 945	0.307 575 504	44	0.071 082 391	0.315 122 592	59	0.070 154 578	0.301 984 014
	200~400	34 557	0.044 614 431	88	0.060 273 973	0.300 843 007	30	0.048 465 267	0.082 790 016	58	0.068 965 517	0.435 549 258
	400~800	65 884	0.085 058 807	73	0.05	-0.531 319 859	15	0.024 232 633	-1.255 642 657	58	0.068 965 517	-0.209 736 235
	800~2000	187 351	0.241 877 429	324	0.221 917 808	-0.086 124 026	74	0.119 547 658	-0.704 716 007	250	0.297 265 161	0.206 193 431
	2000~2800	114 662	0.148 033 102	354	0.242 465 753	0.493 424 566	206	0.332 794 83	0.810 090 264	148	0.175 980 975	0.172 939 982
	2800~3600	106 652	0.137 691 881	117	0.080 136 986	-0.541 280 943	44	0.071 082 391	-0.661 178 802	73	0.086 801 427	-0.461 395 382
	3600~4800	131 366	0.169 598 616	339	0.232 191 781	0.314 129 109	177	0.285 945 073	0.522 365 176	162	0.192 627 824	0.127 325 391
	4800~6000	68 832	0.088 864 789	29	0.019 863 014	-1.498 256 596	29	0.046 849 758	-0.640 170 154	0	0	0
	6000~7200	17 551	0.022 659 024	14	0.009 589 041	-0.859 937 289	0	0	0	14	0.016 646 849	-0.308 337 235
	7200~8400	7539	0.009 733 142	19	0.013 013 699	0.290 465 781	0	0	0	19	0.022 592 152	0.842 065 835

续表

致灾因子	变量值范围	区间栅格数	区间占比	区间滑坡栅格数	区间滑坡占比	以全部滑坡为对象的 IV	自然滑坡栅格数	自然滑坡占比	以自然滑坡为对象的 IV	工程滑坡栅格数	工程滑坡占比	以工程滑坡为对象的 IV
NDVI	−1～−0.3	2265	0.002 924 203	89	0.060 958 904	3.037 177 969	0	0	0	89	0.105 826 397	3.588 778 024
	−0.3～−0.2	13 729	0.017 724 673	56	0.038 356 164	0.771 957 631	0	0	0	56	0.066 587 396	1.323 557 686
	−0.2～−0.1	90 092	0.116 312 276	162	0.110 958 904	−0.047 118 709	30	0.048 465 267	−0.875 431 221	132	0.156 956 005	0.299 686 933
	−0.1～−0.05	141 860	0.183 146 778	236	0.161 643 836	−0.124 892 528	74	0.119 547 658	−0.426 572 797	162	0.192 627 824	0.050 472 057
	−0.05～0	220 161	0.284 236 415	457	0.313 013 699	0.096 440 616	280	0.452 342 488	0.464 633 27	177	0.210 463 734	−0.300 492 987
	0～0.05	160 746	0.207 529 339	313	0.214 383 562	0.032 494 032	174	0.281 098 546	0.303 432 583	139	0.165 279 429	−0.227 635 17
	0.05～0.1	81 651	0.105 414 617	70	0.047 945 205	−0.787 842 501	28	0.045 234 249	−0.846 046 791	42	0.049 940 547	−0.747 068 07
	0.1～0.2	55 431	0.071 563 577	30	0.020 547 945	−1.247 825 297	15	0.024 232 633	−1.082 886 036	15	0.017 835 91	−1.389 372 423
	0.2～0.3	8062	0.010 408 356	18	0.012 328 767	0.169 326 377	18	0.029 079 16	1.027 412 819	0	0	0
	0.3～1	573	0.000 739 765	29	0.019 863 014	3.290 282 105	0	0	0	29	0.034 482 759	3.841 882 16

第8章 基于滑坡分类和改进卷积神经网络的滑坡敏感性区划

表8.4 致灾因子分级结果

致灾因子编号	1	2	3	4	5	6	7
致灾因子	高程/m	坡度/°	坡向/°	剖面曲率	平面曲率	距河流距离/m	STI
分级结果（以全部滑坡为对象的致灾因子分级）	[0, 300) [300, 400) [400, 500) [500, 800) [800, 1100]	[0, 20) [20, 30) [30, 35) [35, 90]	[0, 90) [90, 240) [240, 300) [300, 330) [330, 360]	(-∞, -1) [-1, 0.5) [0.5, +∞)	[-∞, -2) [-2, -0.5) [-0.5, 0.5) [0.5, 1) [1, 2) [2, +∞)	[0, 200) [200, 400) [400, 1200) [1200, 3600]	[0, 5) [5, 100) [100, +∞)
致灾因子编号	8	9	10	11	12	13	
致灾因子	TWI	距道路距离/m	土地利用类型	距断层距离/m	工程岩组	NDVI	
分级结果	[0, 4) [4, 6) [6, 8) [8, 14) [14, 24]	[0, 400) [400, 4000]	耕地 草地 灌木林 林区 湿地 水域 建筑及道路用地 裸地（未开发）	[0, 400) [400, 2000) [2000, 2800) [2800, 3600) [3600, 4800) [4800, 7200) [7200, 8400]	棕壤 褐土类 潮土 石灰（岩） 粗骨土类 新积土 赤红壤	[-1, -0.2) [-0.2, -0.05) [-0.05, 0.05) [0.05, 0.3) [0.3, 1]	

续表

致灾因子编号	1	2	3	4	5	6	7
致灾因子	高程	坡度/°	坡向/°	剖面曲率	平面曲率	距河流距离	STI
分级结果	[0, 200) [200, 300) [300, 400) [400, 600) [600, 700) [700, 1100]	[0, 15) [15, 90]	[0, 90) [90, 240) [240, 270) [270, 300) [300, 360]	[−∞, −1) [−1, 0) [0, +∞)	[−∞, −2) [−2, −0.5) [−0.5, 1) [1, 4) [4, +∞)	[0, 200) [200, 400) [400, 1000) [1000, 3600]	[0, 5) [5, 20) [20, 40) [40, 100) [100, +∞)

致灾因子编号	8	9	10	11	12	13
致灾因子	TWI	距道路距离/m	土地利用类型	距断层距离/m	工程岩组	NDVI
分级结果	[0, 4) [4, 6) [6, 8) [8, 24]	[0, 100) [100, 400) [400, 4000]	耕地 草地 灌木林 林区 湿地 水域 建筑及道路用地 裸地（未开发）	[0, 400) [400, 2000) [2000, 2800) [2800, 3600) [3600, 4800) [4800, 8400]	棕壤 褐土类 潮土 石灰（岩） 粗骨土类 新积土 赤红壤	[−1, −0.05) [−0.05, 0.05) [0.05, 0.2) [0.2, 0.3) [0.3, 1]

以自然滑坡为对象的致灾因子分级

第8章 基于滑坡分类和改进卷积神经网络的滑坡敏感性区划

续表

	致灾因子编号	1	2	3	4	5	6	7
	致灾因子	高程	坡度/°	坡向/°	剖面曲率	平面曲率	距河流距离	STI
以工程滑坡为对象的致灾因子分级	分级结果	[0, 300) [300, 700) [700, 1100]	[0, 5) [5, 10) [10, 20) [20, 30) [30, 90]	[0, 60) [60, 240) [240, 300) [300, 330) [330, 360]	(−∞, −3) [−3, −0.5) [−0.5, 0.5) [0.5, 2) [2, +∞)	(−∞, −2) [−2, −1) [−1, 0) [0, 0.5) [0.5, 1) [1, 2) [2, 4) [4, +∞)	[0, 400) [400, 1200) [1200, 3600]	[0, 5) [5, 10) [10, 20) [20, 80) [80, +∞)
	致灾因子编号	8	9	10	11	12	13	
	致灾因子	TWI	距道路距离/m	土地利用类型	距断层距离/m	工程岩组	NDVI	
	分级结果	[0, 4) [4, 6) [6, 8) [8, 10) [10, 12) [12, 16) [16, 24]	[0, 400) [400, 600) [600, 4000]	耕地 草地 灌木林 林区 湿地 水域 建筑及道路用地 裸地（未开发）	[0, 400) [400, 800) [800, 2800) [2800, 3600) [3600, 4800) [4800, 7200) [7200, 8400]	棕壤 褐土类 潮土 石灰（岩） 粗骨土类 新积土 赤红壤	[−1, −0.05) [−0.05, 0.3) [0.3, 1]	

基于ArcGIS10.2绘制各致灾因子的分级图，研究单元均使用重采样功能处理为30 m×30 m的栅格。图8.2~图8.12分别为高程、坡度、坡向、剖面曲率、平面曲率、距河流距离、STI、TWI、距道路距离、距断层距离和NDVI的分级图。图8.13、图8.14为分别为土地利用和工程岩组分级图。

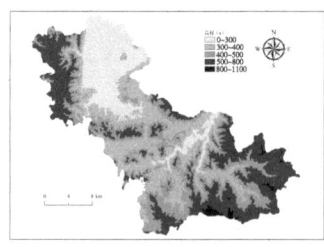 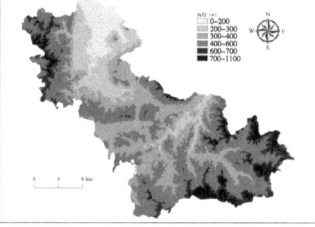 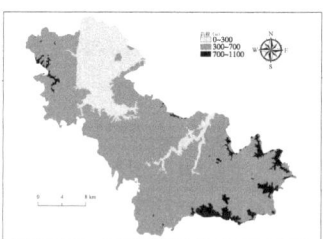

（a）研究对象为全部滑坡　　（b）研究对象为自然滑坡　　（c）研究对象为工程滑坡

图8.2　高程分级图（见彩插）

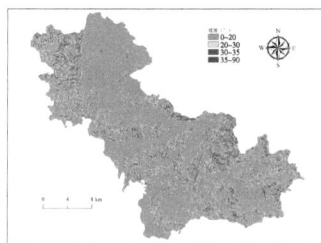 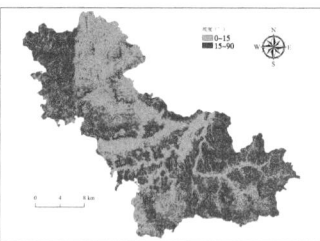 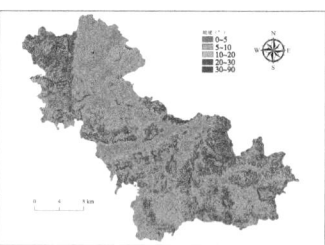

（a）研究对象为全部滑坡　　（b）研究对象为自然滑坡　　（c）研究对象为工程滑坡

图8.3　坡度分级图（见彩插）

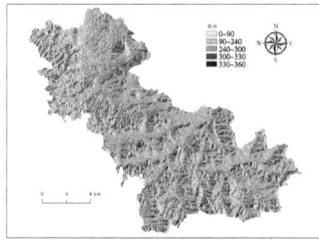 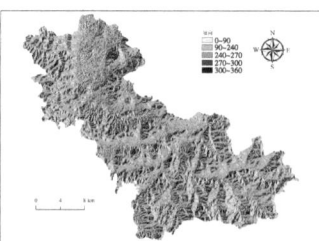 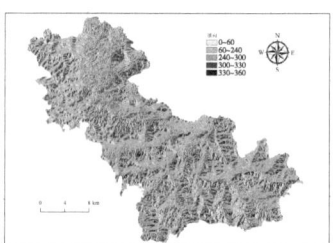

（a）研究对象为全部滑坡　　（b）研究对象为自然滑坡　　（c）研究对象为工程滑坡

图8.4　坡向分级图（见彩插）

第8章 基于滑坡分类和改进卷积神经网络的滑坡敏感性区划

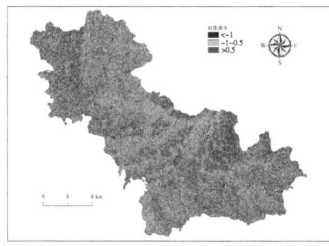
(a) 研究对象为全部滑坡

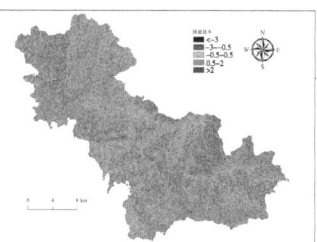
(b) 研究对象为自然滑坡

(c) 研究对象为工程滑坡

图 8.5 剖面曲率分级图（见彩插）

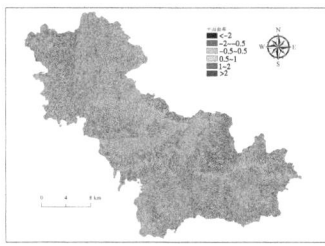
(a) 研究对象为全部滑坡

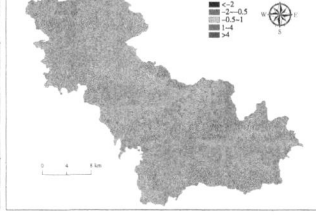
(b) 研究对象为自然滑坡

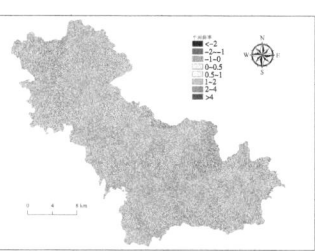
(c) 研究对象为工程滑坡

图 8.6 平面曲率分级图（见彩插）

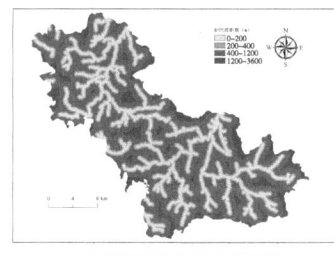
(a) 研究对象为全部滑坡

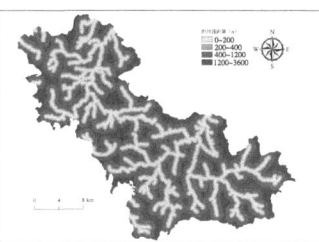
(b) 研究对象为自然滑坡

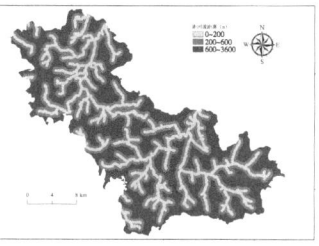
(c) 研究对象为工程滑坡

图 8.7 距河流距离分级图（见彩插）

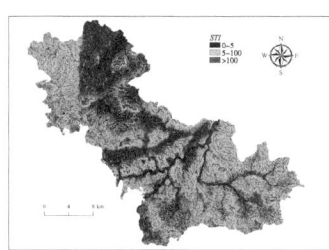
(a) 研究对象为全部滑坡

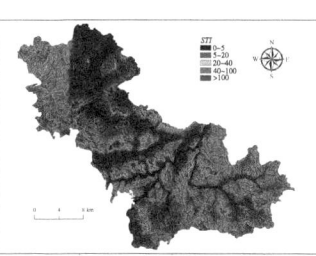
(b) 研究对象为自然滑坡

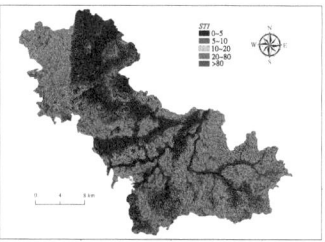
(c) 研究对象为工程滑坡

图 8.8 STI 分级图（见彩插）

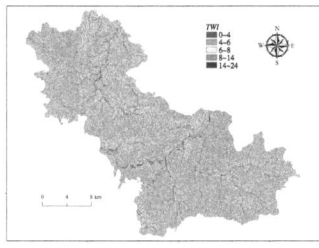 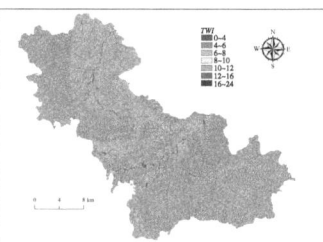

(a)研究对象为全部滑坡　　　（b)研究对象为自然滑坡　　　（c)研究对象为工程滑坡

图 8.9　*TWI* 分级图（见彩插）

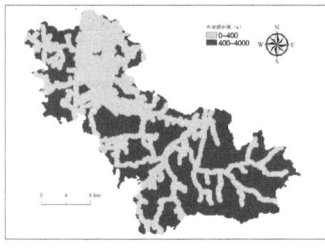 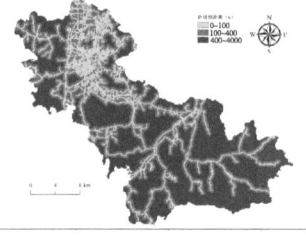 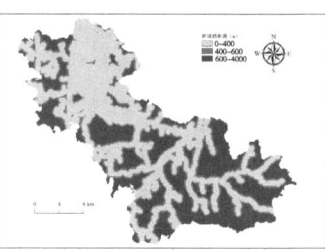

(a)研究对象为全部滑坡　　　（b)研究对象为自然滑坡　　　（c)研究对象为工程滑坡

图 8.10　距道路距离分级图（见彩插）

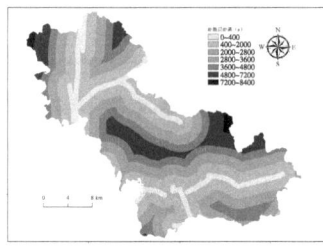 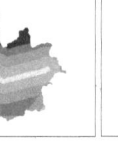 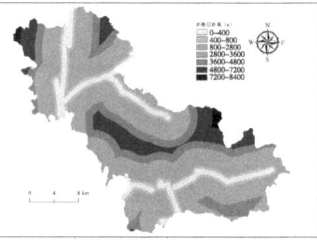

(a)研究对象为全部滑坡　　　（b)研究对象为自然滑坡　　　（c)研究对象为工程滑坡

图 8.11　距断层距离分级图（见彩插）

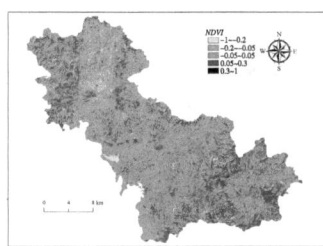  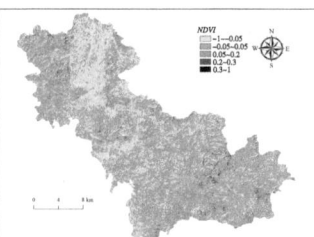 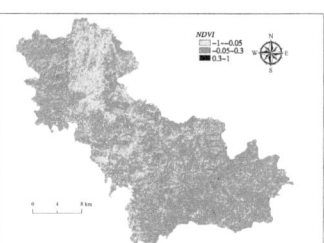

(a)研究对象为全部滑坡　　　（b)研究对象为自然滑坡　　　（c)研究对象为工程滑坡

图 8.12　*NDVI* 分级图（见彩插）

第8章 基于滑坡分类和改进卷积神经网络的滑坡敏感性区划

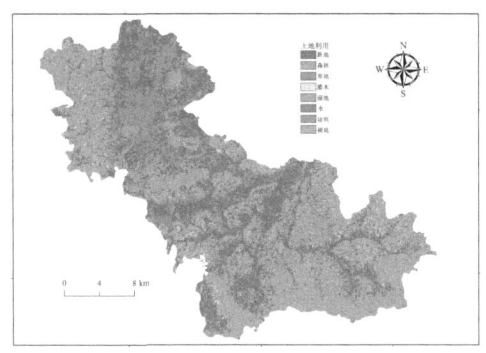

图 8.13 土地利用分级图（见彩插）

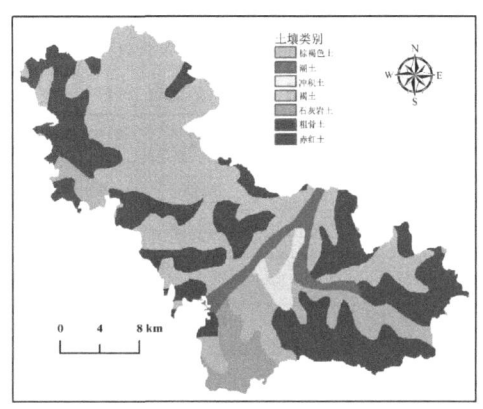

图 8.14 工程岩组分级图（见彩插）

8.4 基于改进 CNN 的博山区滑坡敏感性区划

8.4.1 CNN 简介

CNN 是一种包含卷积计算且具有深度结构的前馈神经网络，是深度学习的代表性算法之一，被广泛用于计算机视觉和语音识别等领域。经典 CNN 包含输入层、卷积层、池化层、全连接层和输出层，具有权值共享特征，即模型中每层的过滤器矩阵尺寸决定了当前层需要计算的权值数量，而与输入数据的尺寸无关，因此 CNN 在接收数据上具有很强的泛化性。CNN 的卷积层通过各类卷积核挖掘数据特征，具体操作为卷积核移动到二维数据的相应位置，并与该位置范围内的要素值做内积。池化层对挖掘到的特征进行降维，以提高模型鲁棒性并减小冗杂，一般分为最大值池化和平均值池化，其中最大值池化在数据边缘及整体结构上学习的优越性可以大幅提高模型的训练效率。全连接层将输入的二维特征矩阵转化为一维向量并通过 SoftMax 层输出分类结果，其中 SoftMax 层使用损失函数评估模型预测值与真实值的相似程度，主要包括交叉熵损失函数和均方差损失函数，其中交叉熵损失函数能解决均方差损失函数的学习速率随梯度下降逐渐降低的问题。

8.4.2 基于改进 CNN 的滑坡敏感性评价

经 ArcGIS10.2 的栅格计算器统计可知，博山区栅格总数为 774 570、滑坡栅格数为 1460，其中，自然滑坡栅格数为 619、工程滑坡栅格数为 841，此外，在以 99 处无明显滑坡迹象的普通边坡为圆心、以 500 m 为半径的圆内选取 1460 个栅格，分别构建全部滑坡、自然滑坡和工程滑坡敏感性建模所需的样本集，如表 8.5 所示。

表 8.5　样本集概况

样本类别	自然滑坡栅格数	工程滑坡栅格数	无明显滑坡迹象的普通边坡栅格数
全部滑坡	619	841	1460
自然滑坡	619	0	619
工程滑坡	0	841	841

在 CNN 训练过程中，输入样本的结构形式会极大影响模型的训练效率。本章借鉴 Li J 和 Wang W 的研究成果，将输入样本转换为二维方阵（行数、列数相等的矩阵）形式，具体步骤如下：

1）比较致灾因子数与各致灾因子分级数，选取大者为二维方阵的尺寸。本章选取 13 类滑坡致灾因子，且各类致灾因子的分级数均小于 13，因此二维方阵尺寸为 13×13。

2）二维方阵各列代表相应的致灾因子，如某栅格第 m 个致灾因子取值在第 n 个分级，则二维方阵第 m 列、第 n 行元素标定为 1，第 n 列其他元素标定为 0。

举例说明，某栅格的致灾因子取值如下：高程为 800 m、坡度为 32°、坡向为 80°、剖面曲率为 0.6、平面曲率为 1.3、距河流距离为 232 m、STI 为 23、TWI 为 21、距道路距离 455 m、土地利用为林区、距断层距离为 2813 m、工程岩组为石灰性褐土、$NDVI$ 为 0.18，则相应的二维方阵结构形式如图 8.15 所示。

本章构建的改进 CNN 由 7 层网络构成，包括 1 个输入层、2 个卷积层、2 个池化层、1 个全连接层和 1 个输出层，池化层选取最大值池化，损失函数选取交叉熵损失函数。改进 CNN 的结构参数如表 8.6 所示。

第 8 章　基于滑坡分类和改进卷积神经网络的滑坡敏感性区划

[0,300)	0	0	0	0	0	0	0	0	1	0	0	0	0
[300,400)	0	0	1	0	1	1	0	0	0	1	0	0	0
[400,500)	0	0	0	0	0	0	1	0	0	0	0	1	0
[500,800)	0	0	0	1	0	0	1	0	0	0	1	0	0
[800,1100)	1	1	0	0	0	0	0	0	0	0	0	0	1
	0	0	0	0	0	0	0	0	0	0	0	0	0
	0	0	0	0	0	0	0	0	0	0	0	0	0
	0	0	0	0	0	0	0	0	0	0	0	0	0
	0	0	0	0	0	0	0	0	0	0	0	0	0
	0	0	0	0	0	0	0	0	0	0	0	0	0
	0	0	0	0	0	0	0	0	0	0	0	0	0
	0	0	0	0	0	0	0	0	0	0	0	0	0
	0	0	0	0	0	0	0	0	0	0	0	0	0

（a）以全部滑坡为对象的二维方阵

[0,200)	0	0	0	0	0	0	0	0	1	0	0	0	0
[200,300)	0	0	0	0	1	0	0	1	0	1	0	0	0
[300,400)	0	0	1	1	0	1	0	0	0	0	0	1	0
[400,600)	0	1	0	0	0	0	1	0	0	0	1	0	1
[600,700)	0	0	0	0	0	0	0	0	0	0	0	0	0
[700,1100)	1	0	0	0	0	0	0	0	0	0	0	0	0
	0	0	0	0	0	0	0	0	0	0	0	0	0
	0	0	0	0	0	0	0	0	0	0	0	0	0
	0	0	0	0	0	0	0	0	0	0	0	0	0
	0	0	0	0	0	0	0	0	0	0	0	0	0
	0	0	0	0	0	0	0	0	0	0	0	0	0
	0	0	0	0	0	0	0	0	0	0	0	0	0
	0	0	0	0	0	0	0	0	0	0	0	0	0

（b）以自然滑坡为对象的二维方阵

[0,300)	0	0	0	0	1	0	0	0	0	0	0	0	0
[300,700)	0	0	0	1	0	1	0	0	1	1	0	0	0
[700,1100)	1	0	0	0	0	0	0	0	0	0	0	0	0
	0	0	1	0	0	0	1	0	0	0	1	1	0
	0	0	0	0	0	0	0	1	0	0	0	0	0
	0	0	0	0	0	0	0	0	0	0	0	0	1
	0	1	0	0	0	0	0	0	0	0	0	0	0
	0	0	0	0	0	0	0	0	0	0	0	0	0
	0	0	0	0	0	0	0	0	0	0	0	0	0
	0	0	0	0	0	0	0	0	0	0	0	0	0
	0	0	0	0	0	0	0	0	0	0	0	0	0
	0	0	0	0	0	0	0	0	0	0	0	0	0
	0	0	0	0	0	0	0	0	0	0	0	0	0

（c）以工程滑坡为对象的二维方阵

图 8.15　二维方阵结构形式

表 8.6　改进 CNN 的结构参数

层号	层名	层尺寸	过滤器尺寸	步长	零补方式
1	Input	13×13	0	0	NONE
2	Conv－1	13×13	$3 \times 3 \times 4$	1	SAME
3	Pool－1	$13 \times 13 \times 4$	2×2	2	VALID
4	Conv－2	$6 \times 6 \times 4$	$3 \times 3 \times 8$	1	SAME
5	Pool－2	$6 \times 6 \times 8$	2×2	2	VALID
6	F－layer	72	NONE	NONE	NONE
7	SoftMax	2	NONE	NONE	NONE

由表 8.6 可知，输入层尺寸为 13×13，第一次卷积过程采用的卷积层 Conv－1 尺寸也为 13×13，包括 4 个卷积核，每个卷积核尺寸为 3×3，零补方式为 SAME，池化层 Pool－1 为 4 层结构，尺寸仍为 13×13，池化层过滤器大小为 2×2，步长为 2，零补方式为 VALID；根据式（8.6）计算得第二次卷积过程采用的卷积层 Conv－2 尺寸为 6×6，为 4 层结构，包括 8 个卷积核，每个卷积核尺寸为 3×3，零补方式为 SAME，池化层 Pool－2 为 8 层结构，尺寸为 6×6，经过 2 次池化后得到全连接层长度为 72，输出层长度为 2，即各以一条神经元表达滑坡或非滑坡的二分类。

$$n_{\text{output}} = \frac{n_{\text{input}} - f + 1}{s} \text{。} \tag{8.6}$$

式中：n_{input} 为当前层尺寸；f 为当前层过滤器尺寸；s 为当前层步长；n_{output} 为下层尺寸。

在 CNN 训练过程中，各层权重、偏置项等参数的更新极其重要，本章采用 Adam 算法作为优化器进行参数训练。Adam 算法与随机梯度下降法不同，随机梯度下降法的学习率在训练过程中保持不变，而 Adam 算法通过计算梯度的一阶矩估计和二阶矩估计为不同参数设计独立的自适应学习率，再反向传播更新权值，从而达到全局最优。

基于已建立的改进 CNN 和栅格样本集，分以下 3 种情况进行模型训练和验证：

1）全部滑坡的计算：不区分自然滑坡和工程滑坡，将全部滑坡样本集的 2920 个栅格数据全部转换为二维方阵形式，选取 70%（2044 个）作为训练样本、30%（876 个）作为验证样本，其中，模型训练耗时 7155 s，模型验证耗时 1365 s。

2）自然滑坡的计算：在自然滑坡数据集的 1238 个二维方阵中选取 70%（867 个）作为训练样本、30%（371 个）作为验证样本，其中，模型训练耗时 3651 s，

第8章　基于滑坡分类和改进卷积神经网络的滑坡敏感性区划

模型验证耗时 729 s。

3）工程滑坡的计算：在工程滑坡数据集的 1682 个二维方阵中选取 70%（1177个）作为训练样本、30%（505 个）作为验证样本，其中，模型训练耗时 5264 s，模型验证耗时 1057 s。

计算平台的软、硬件环境如表 8.7 所示。

表 8.7　计算平台的软、硬件环境

计算平台环境	配置
处理器（CPU）	Intel（R）Core（TM）i7－8550U@1.80GHz
显卡（GPU）	Nvidia GeForce GTX1070
RAM	8.00GB DDR4
内存（ROM）	Western Digital HC320 HUS728T8TALE6L4
操作系统	Windows10
开发环境	Python3.8.1＋TensorFlow2.3.0＋Keras2.4.0

受试者工作特征（Receiver Operating Characteristic，简称 ROC）曲线是以真阳性率（TPR）为纵坐标，假阳性率（FPR）为横坐标绘制的曲线，其中，TPR 是实际为滑坡且模型判断为滑坡的概率，FPR 是实际为非滑坡但模型判断为滑坡的概率。本章利用 ROC 曲线下面积（Area Under Curve，简称 AUC）法分别开展全部滑坡和基于滑坡分类的改进 CNN 模型验证，其中，基于滑坡分类的 TPR、FPR 计算方法如式（8.7）、式（8.8）所示。

$$TPR = \frac{TPR_1 + TPR_2}{2}。 \quad (8.7)$$

$$FPR = \frac{FPR_1 + FPR_2}{2}。 \quad (8.8)$$

式中：TPR_1、TPR_2 分别为实际为自然滑坡和工程滑坡，且被预测为自然滑坡和工程滑坡的比例；FPR_1、FPR_2 分别为实际为非滑坡，但预测为自然滑坡和工程滑坡的比例。

全部滑坡和基于滑坡分类的改进 CNN 模型的 AUC 值如图 8.16 所示。

由图 8.16 可知，全部滑坡和基于滑坡分类的改进 CNN 的 AUC 值均大于 0.8，且基于滑坡分类的改进 CNN 的 AUC 值达到 0.901，说明基于滑坡分类的 CNN 能更全面地考虑不同类型滑坡的发生机制和孕灾环境差异，可以显著提高滑坡敏感性评

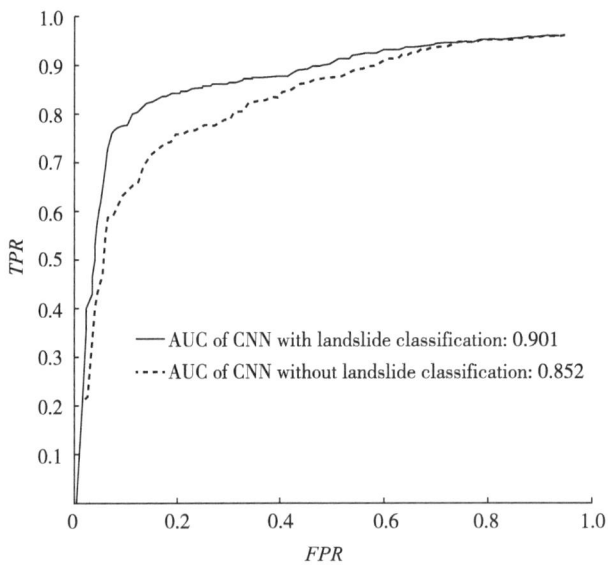

图 8.16　ROC 曲线及 AUC 值

价结果的准确率。

8.4.3　博山区滑坡敏感性区划

基于训练好的博山区自然滑坡和工程滑坡敏感性评价模型计算每个栅格单元的滑坡发生概率,得到博山区自然滑坡和工程滑坡敏感性概率分布,如图8.17、图8.18所示。

由图8.17、图8.18可知,博山区西北部自然滑坡发生概率较高,而东北部工程滑坡发生概率较高,这与博山区西北部放射状水系对地形强烈切割、降水西多东少、东北部主城区人类工程活动强烈等规律相符。本章采用自然滑坡敏感性概率和工程滑坡敏感性概率的平均值作为最终滑坡敏感性概率,计算方法如式(8.9)所示。

$$N = \frac{N_1 + N_2}{2}。 \tag{8.9}$$

式中:N 为某栅格最终滑坡敏感性概率;N_1 为该栅格自然滑坡敏感性概率;N_2 为该栅格工程滑坡敏感性概率。

基于 ArcGIS12.0 计算得博山区滑坡敏感性概率最小为 0.136、最大为 0.841。采用等距划分法将博山区滑坡敏感性概率分为5个等级:极低敏感区[0,0.2)、

第8章 基于滑坡分类和改进卷积神经网络的滑坡敏感性区划

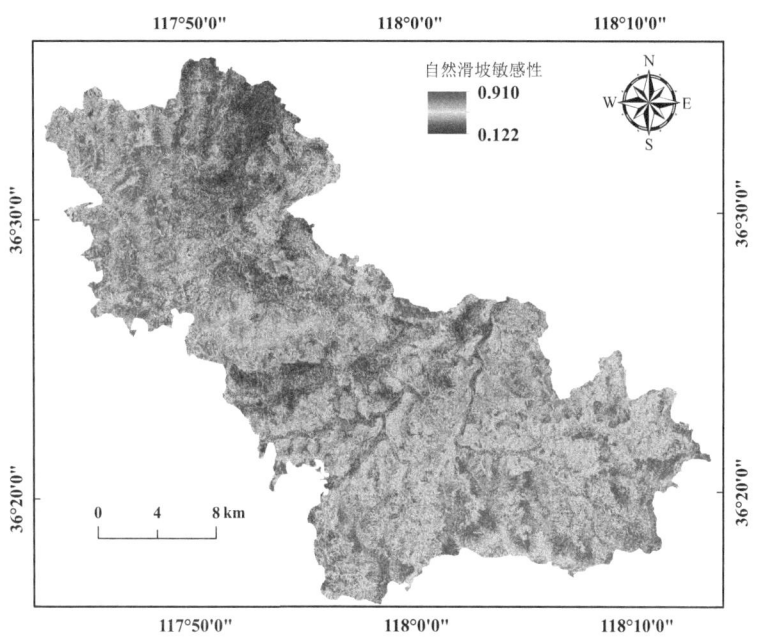

图 8.17 博山区自然滑坡敏感性概率分布（见彩插）

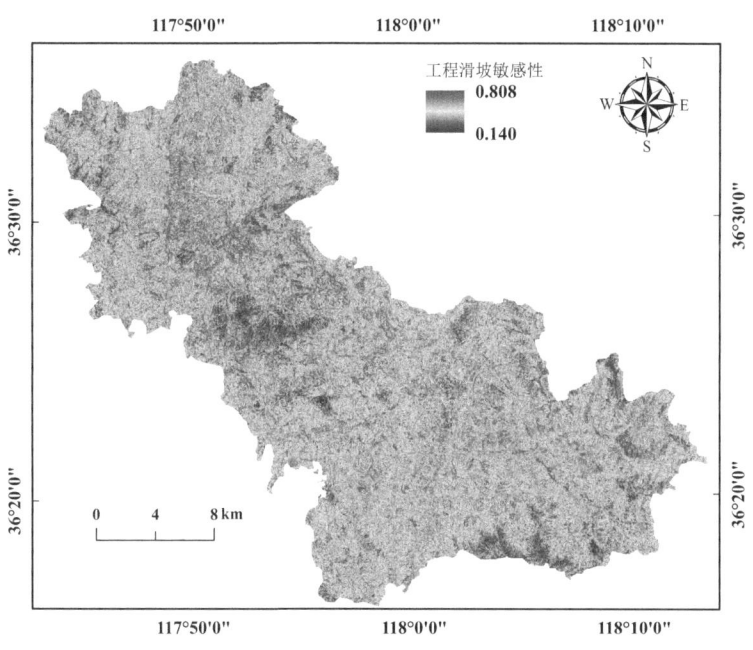

图 8.18 博山区工程滑坡敏感性概率分布（见彩插）

低敏感区 [0.2, 0.4)、中敏感区 [0.4, 0.6)、高敏感区 [0.6, 0.8)、极高敏感区 [0.8, 1]，则博山区滑坡敏感性区划图如图 8.19 所示。

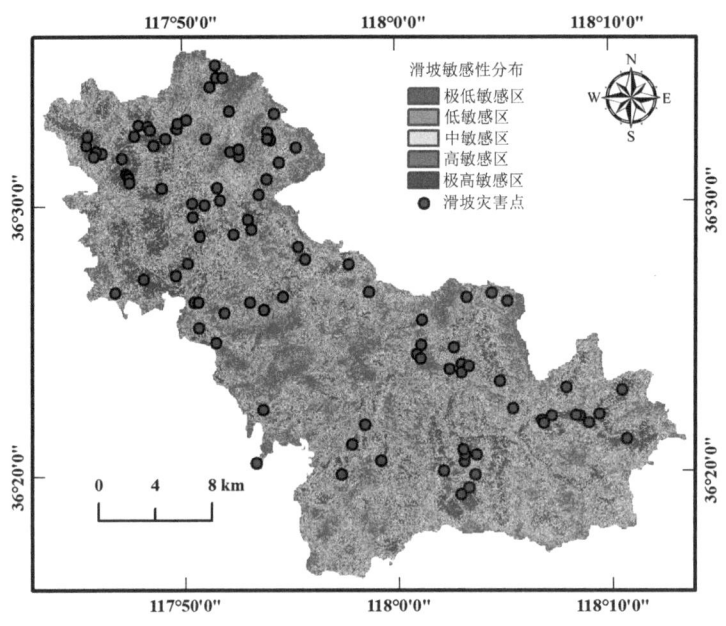

图 8.19 博山区滑坡敏感性区划图（见彩插）

由图 8.19 可知，极高敏感区主要分布在博山区西北部、南部、东北部及其他地区。西北部极高敏感区为域城镇西南部、山头街道大部，其中，山头街道地貌奇特，溶洞发育、岭断成沟，部分边坡、土岭常年受洪水冲击和工程挖掘。南部极高敏感区为博山镇东部、池上镇西部，其中，博山镇水资源丰富，东部河堰、河坝、水库等工程建设活动频繁；池上镇西部为丘陵山区，位于淄河上游，海拔高差较大，多条公路贯穿东西。东北部极高敏感区主要为城西街道，区内道路改扩建等工程活动形成大量未经处治的边坡。

博山区工程岩组和地质灾害调查中确定的 99 处滑坡中有 69 处位于极高敏感区，共涉及 1003 个栅格，如表 8.8 所示。

表 8.8 极高敏感区内滑坡及栅格分布

极高敏感区	自然滑坡数	自然滑坡栅格数	自然滑坡栅格数占比/%	工程滑坡数	工程滑坡栅格数	工程滑坡栅格数占比/%
西北部极高敏感区	16	223	52.35	5	79	13.69
南部极高敏感区	12	141	33.10	14	202	35.01
东北部极高敏感区	1	32	7.51	18	277	48.01
其他极高敏感区	2	30	7.04	1	19	3.29

第8章 基于滑坡分类和改进卷积神经网络的滑坡敏感性区划

由表 8.7 可知，西北部极高敏感区自然滑坡栅格数占总数的 52.35%（223 个），东北部极高敏感区工程滑坡栅格数占总数的 48.01%（277 个），南部极高敏感区自然滑坡和工程滑坡栅格数均超过总数的 30%（分别为 141 个、202 个），这与博山区工程岩组和地质灾害调查揭示的滑坡分布规律一致。博山区滑坡敏感性分区统计结果如表 8.9 所示。

表 8.9 博山区滑坡敏感性分区统计结果

敏感区	滑坡栅格数	滑坡栅格数占比/%	总栅格数	总栅格数（面积）占比/%
极低敏感区	15	1.03	124 676	16.10
低敏感区	44	3.01	254 596	32.87
中敏感区	133	9.11	196 163	25.33
高敏感区	265	18.15	136 500	17.62
极高敏感区	1003	68.70	62 635	8.08

由表 8.8 可知，极高敏感区、高敏感区、中敏感区、低敏感区和极低敏感区分别占博山区总面积的 8.08%（56.4 km^2）、17.62%（123.0 km^2）、25.33%（176.8 km^2）、32.87%（229.4 km^2）和 16.10%（112.4 km^2），而博山区 1460 个滑坡栅格中分别有 68.70%（1003 个）、18.15%（265 个）、9.11%（133 个）、3.01%（44 个）和 1.03%（15 个）位于上述区域。

8.5 本章小结

1）对山东省淄博市博山区开展了工程岩组和地质灾害调查，结合多种数据源和地质调查资料建立了博山区滑坡数据库；将博山区 99 处滑坡分为 42 处自然滑坡和 57 处工程滑坡，基于 K 均值聚类分析验证了分类的准确性；采用 Pearson 相关系数法筛选了滑坡致灾因子，基于信息量法分别对全部滑坡、自然滑坡和工程滑坡的致灾因子进行分级；将栅格数据转换为二维方阵结构形式，建立了包含 2 轮卷积和池化的 7 层改进 CNN，分别针对全部滑坡、自然滑坡和工程滑坡进行了敏感性评价模型的训练和验证，采用 AUC 法验证了模型的准确性；基于 ArcGIS12.0 计算了博山区所有栅格的滑坡敏感性概率，绘制了博山区滑坡敏感性区划图。

2）滑坡致灾因子包括高程、坡度、坡向、剖面曲率、平面曲率、距河流距离、STI、TWI、距道路距离、土地利用类型、距断层距离、工程岩组和 $NDVI$；博山区滑坡敏感性概率最小为 0.136、最大为 0.841；极高敏感区、高敏感区、中敏感区、低敏感区和极低敏感区分别占博山区总面积的 8.08%（56.4 km^2）、17.62%（123.0 km^2）、25.33%（176.8 km^2）、32.87%（229.4 km^2）和 16.10%（112.4 km^2），而博山区 1460 个滑坡栅格中分别有 68.70%（1003 个）、18.15%（265 个）、9.11%（133 个）、3.01%（44 个）和 1.03%（15 个）位于上述区域；极高敏感区主要分布在博山区西北部、南部、东北部及其他地区其中，其中，自然滑坡主要分布于西北部极高敏感区，工程滑坡主要分布于东北部极高敏感区。

第 9 章 GIS 支持下基于卷积神经网络的公路边坡灾害空间预测

为明确博山区公路边坡灾害的空间分异状况，在 GIS 支持下基于卷积神经网络开展了博山区公路边坡灾害空间预测。选取了公路边坡灾害空间预测因子，基于三维激光扫描开展了公路边坡灾害调查，采用云模型改进的层次分析法明确了 147 处公路边坡的稳定状况；通过 ECG-CNN 模型建立了公路边坡灾害空间预测模型，基于 GIS 绘制了博山区公路边坡灾害空间易发性图；验证了预测因子数量和训练样本数量对预测成功率的影响。结果显示：低易发、中易发和高易发区分别占博山区总面积的 56.92%、28.46% 和 14.62%，滨莱高速、G205、G309、S210 和 S307 均有部分路段穿越高易发区；地表切割深度对预测成功率影响较小，坡高和坡度对预测成功率影响较大；训练样本较少时，网络训练的成熟程度对预测成功率影响较大，训练样本较多时，模型自身逻辑结构对预测成功率影响较大。

9.1 概述

公路边坡灾害是发生于公路沿线的天然或人工边坡，并损毁路基、路面及桥梁、隧道等构造物的崩塌、滑坡、泥石流和边坡冲蚀等灾害。开展公路边坡灾害防治对提高公路网抗灾能力和加快"交通强国"建设具有重要意义。灾害空间预测是灾害监测与预警的前提，它以多元异构地理、地质和水文信息融合为基础，依据孕灾环境各要素的空间分布和组合特征判断灾害发生的难易程度，对降低灾害经济损失和减少人员伤亡具有重要意义。灾害空间预测有 2 种模式：一是基于灾害孕育、演化和工程地质条件对灾害的定量研究，这种确定性模式以大量地质构造和动力学监测为前提；二是基于统计学原理，根据特定区域的孕灾环境建立数学模型，从概率分析的角度实现灾害易发程度的定量研究。常用的公路边坡灾害空间预测模型包括统计预测模型（信息量法、Logistic 回归法）和模式识别模型（人工神经网络、支持向量机）等，其中，人工神经网络（ANN）应用较为广泛，例如，Cui 等基于 ANN

建立了公路沿线泥石流灾害风险评价模型，李朋丽采用 ANN 建立了公路滑坡灾害危险性评价模型。传统的浅层神经网络存在局部最优、过拟合、学习效率低和梯度扩散等问题，一定程度上影响了预测结果的准确性。卷积神经网络（CNN）是应用最广的深度学习模型之一，突破了传统浅层网络的弊端，目前已广泛用于图像和人脸识别、音频检索、心血管病诊断（ECG-CNN）等领域，例如，束景晓等基于 CNN 实现了公路边坡灾害自动识别，沙爱民等采用 CNN 开展了路面病害测量，但采用 CNN 开展灾害空间预测的研究还未见报道。

山东省淄博市博山区位于鲁中山区北部，地表切割强烈，沟谷发育，公路建设的迅猛发展产生了大量未经防护的公路边坡，加之灾害性气象天气和人类工程活动加剧，使公路边坡灾害频发，造成了严重的人身伤害和经济损失，例如，2015 年 8 月 3 日，S236 某边坡发生落石灾害，造成 2 人被砸中；2016 年 8 月 23 日，谢家店至石泉村公路因连续降雨发生滑坡灾害，造成断道 40 余天。鉴于此，本章开展博山区公路边坡灾害空间预测研究，通过三维激光扫描获取灾害数据，基于 ECG-CNN 构建预测模型，采用曲线下面积法明确预测成功率最高的网络结构，基于 GIS 绘制灾害易发性图，验证预测因子数量和训练样本数量对预测成功率的影响，为提高公路抗灾能力和区域防减灾能力提供理论基础。

9.2　博山区公路边坡灾害调查

9.2.1　灾害概况

截至 2019 年底，博山区公路通车里程达到 978.54 km，包括 1 条高速公路（滨莱高速）、2 条国道（G205、G309）和 4 条省道（S101、S105、S210、S307），全区公路密度为 140.15 km/（×10^2 km^2）。博山区公路边坡灾害表现为落石、坡面侵蚀和边坡失稳等，其中，落石常发生于风化程度较高的反倾层状和松散破碎状边坡，灾害规模不一，具有突发性，易造成路面、结构物和安保设施砸毁；路堑边坡易在降水作用下发生侵蚀破坏，破坏模式包括坡面水土流失、边坡冲沟、坡脚冲刷和路肩冲蚀缺口等；公路边坡的不合理开挖会破坏自然环境的原始稳定状态，造成边坡失稳，如崩塌、滑坡和坍塌等，其中坍塌最为普遍。

9.2.2　灾害调查

公路边坡灾害的发生是孕灾环境诸要素超过一定阈值的结果，灾害空间预测的

第9章 GIS 支持下基于卷积神经网络的公路边坡灾害空间预测

基本任务是分析不同地区灾害的活动强度、频度和密度,即分析预测因子的组合特征对灾害发生可能性和灾害规模的影响。根据博山区已发公路边坡灾害在孕育、演化和爆发过程中与孕灾环境的相互作用机制,本章选取 4 类、7 种灾害预测因子。

① 地形地貌因子:坡高、坡度、地表切割深度和地表切割密度。

② 植被因子:植被覆盖度。

③ 水文因子:距河网距离。

④ 岩土因子:岩土类型。

需要指出的是,虽然年均降水量、年均暴雨天数等降水因子对灾害发生影响显著,但该类因子在博山区分布均匀,对揭示灾害空间分异状况作用不大,因此本章在博山区公路边坡灾害空间预测时不考虑降水因子。由于各预测因子量纲不同,数据范围差异较大,在灾害预测前应按式(9.1)进行归一化:

$$x_i^* = \frac{x_i - x_{\min}}{x_{\max} - x_{\min}}。 \tag{9.1}$$

式中:i 为预测因子编号;x_i^* 为预测因子归一化后的取值;x_i 为该因子的原始取值;$x_{\max}$ 为该因子的最大取值;$x_{\min}$ 为该因子的最小取值。对于定量因子,x_i、$x_{\max}$ 和 $x_{\min}$ 直接取调查值,对于岩土类型,采用分类赋值法处理,即对极硬岩赋值 1,次硬岩赋值 2,极软岩赋值 3,砾类土赋值 4,黏性土赋值 5,砂类土赋值 6,粉性土赋值 7,黄土类土赋值 8。

基于三维激光扫描对博山区 147 处公路边坡进行 2 期扫描监测,对点云数据进行预处理并基于改进的点云比较法计算各公路边坡特征点的变形量,通过云模型改进层次分析法确定特征点变形量与边坡稳定状况的映射关系,基于 PolyWorks 软件明确各公路边坡的预测因子取值,结果显示:147 处公路边坡中,目前处于稳定状态的 64 处,处于不稳定状态的 83 处。

9.3 博山区公路边坡灾害空间预测模型

9.3.1 预测模型构建

(1)预测模型结构设计

ECG-CNN 是 CNN 在心血管病诊断领域的应用网络,由输入层、卷积层、池化层、全连接层和输出层构成,卷积层和池化层一般成对出现且可取若干对。由于 ECG-CNN 的理论框架与公路边坡灾害空间预测类似,本章基于 ECG-CNN 构建博山区公路边坡灾害空间预测模型。对 ECG-CNN 预测精度影响较大的因素包括网络结构深度（卷积层＋池化层数量）、卷积核数量和全连接层数量 3 类，为验证不同网络结构的预测精度，对上述 3 类特征选取 4 种水平进行正交试验设计，生成 16 组 ECG-CNN 网络结构，基于 147 处公路边坡数据对各网络结构进行分析计算，各因素选取的 4 种水平如下。

① 网络结构深度：[第一水平,第二水平,第三水平,第四水平] = [1,2,3,4]。
② 卷积核数量：[第一水平,第二水平,第三水平,第四水平] = [2,4,6,8]。
③ 全连接层数量：[第一水平,第二水平,第三水平,第四水平] = [1,2,3,4]。

ECG-CNN 网络结构正交试验设计方案如表 9.1 所示。

表 9.1 正交试验设计方案

编号	网络结构深度	卷积核数量	全连接层数量	编号	网络结构深度	卷积核数量	全连接层数量
1	1	8	4	9	3	8	2
2	1	6	3	10	3	6	1
3	1	4	2	11	3	4	4
4	1	2	1	12	3	2	3
5	2	8	3	13	4	8	1
6	2	6	4	14	4	6	2
7	2	4	1	15	4	4	3
8	2	2	2	16	4	2	4

（2）模型输入格式转换

传统的 ECG-CNN 模型输入是经预处理的多导联心电信号，公路边坡灾害预测因子与多导联心电信号差异较大，为解决数据格式的转换问题，本章以各预测因子序号为横坐标，以归一化取值为纵坐标绘制折线图，以折线图作为模型输入。图 9.1 为 3 处公路边坡的预测因子折线图，实验表明，以图 9.1 所示的预测因子折线图为模型输入可以满足预测精度要求。此外，将 147 处公路边坡编码为 0 或 1，其中，稳定边坡编码为 0，不稳定边坡编码为 1。

第9章 GIS 支持下基于卷积神经网络的公路边坡灾害空间预测

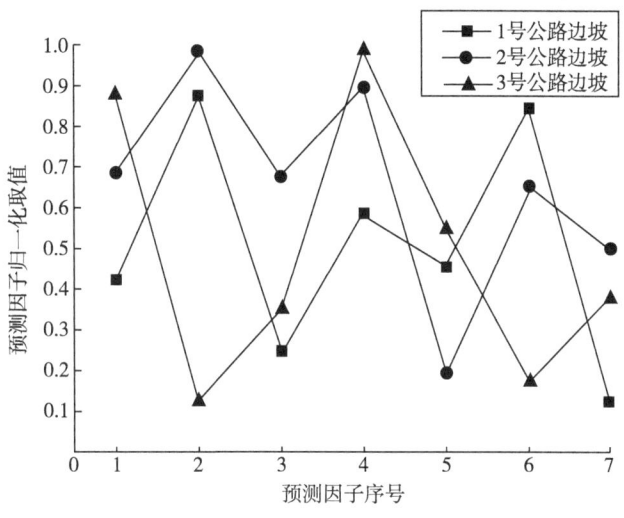

图 9.1 预测因子折线图

9.3.2 预测模型验证

（1）计算过程

以 64 处稳定边坡和 21 处不稳定边坡为模型训练样本，其余 62 处不稳定边坡为模型验证样本，对 16 组 ECG-CNN 网络结构进行分析计算，计算环境如下：中央处理器为 CPU i7-6700，内存为 8G，图形处理器为 GTX1050 Ti-4G，CNN 在 Caffe 开源框架下实现。下面以第一组网络结构为例说明计算过程，该网络结构包括 1 个卷积层 C1、1 个池化层 C2，4 个全连接层 F1、F2、F3 和 F4，其中，卷积层 C1 包含 8 个卷积核，如图 9.2 所示。

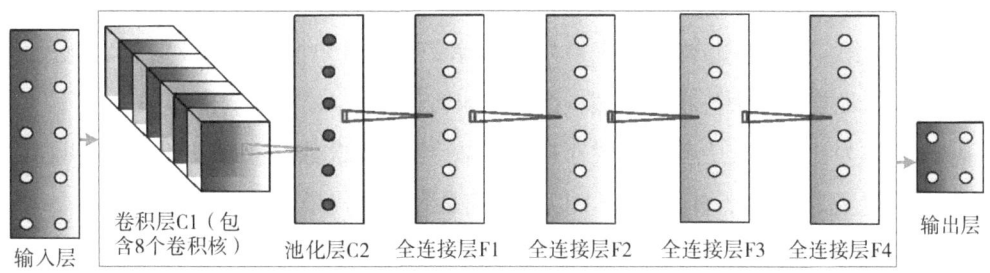

图 9.2 第一组 ECG-CNN 网络结构（见彩插）

将训练样本的 85 张预测因子折线图输入网络进行训练，在卷积层中进行卷积处理，通过激活函数 Sigmoid 得到输出特征矩阵，8 个卷积核有不同的权值和阈值，得到的输出特征矩阵也各不相同,单个卷积核的操作如式(9.2)所示。

$$x_j^l = f(\sum x_j^{l-1} W_i^l + b_i^l)。 \quad (9.2)$$

式中:l 为网络结构层数;i 为卷积核编号;j 为公路边坡编号;x_j^l 为该网络结构第 j 个边坡的输入折线图;W_i^l 和 b_i^l 为该网络结构第 l 层第 i 个卷积核的权值矩阵和阈值矩阵;$f(x)$ 为激活函数,如式(9.3)所示。

$$f(x) = \frac{1}{1+e^{-x}}。 \quad (9.3)$$

C1 有 8 个卷积核,能获取 8 种灾害特征,池化层 C2 的作用是对上述特征进行聚合统计,避免出现过拟合,池化操作如式(9.4)所示。

$$x_j^{l+1} = \beta_j^l D(x_j^l)。 \quad (9.4)$$

式中:β_j^l 为池化操作的乘性阈值矩阵;$D()$ 为下采样函数,它使池化后的特征矩阵在 2 个维度上都缩小 50%。

全连接层的作用是建立池化后的聚合特征与公路边坡稳定状况的映射关系,使稳定边坡输出为 0,不稳定边坡输出为 1。完成以上训练后,将验证样本的 62 张预测因子折线图输入训练好的网络,经迭代计算后输出灾害易发性概率,其取值界于 0~1,其中,0 表示灾害一定不发生,1 表示灾害一定发生。设定 62 处公路边坡预测结果的均方差为 M_0,$M_0 \leq 0.1$ 时说明模型具有较好的预测能力,M_0 的计算方法如式(9.5)所示。

$$M_0 = \frac{\sum_{j=1}^{62}(O_j - T_j)^2}{62}。 \quad (9.5)$$

式中:O_j 为第 j 个公路边坡的灾害易发性概率;T_j 为第 j 个公路边坡的稳定状况编码,由于验证样本均为不稳定边坡,因此 $T_j = 1$。

图 9.3 为计算过程中各次迭代对应的 M_0,当迭代次数 <40 时,M_0 存在明显波动,当迭代至 84 次时,M_0 降至 0.1 以下,满足终止迭代条件,计算结束。

(2)网络结构选取

采用曲线下面积法验证各网络结构的预测成功率,即将灾害易发性概率归一化后 100 等分并按降序排列,计算每一等分内 62 处公路边坡的累积灾害发生频率并连接成曲线,曲线下面积越大,评价结果越准确,当曲线下面积为 1 时,评价结果完全正确。各网络结构的预测成功率曲线如图 9.4 所示。

第 9 章 GIS 支持下基于卷积神经网络的公路边坡灾害空间预测

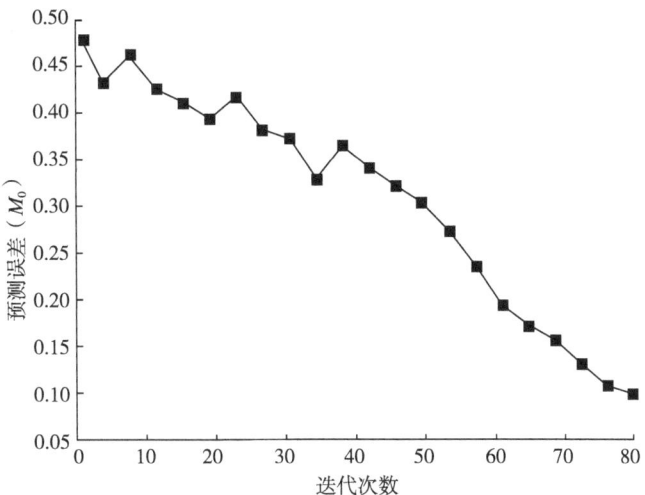

图 9.3 迭代次数与预测误差的关系

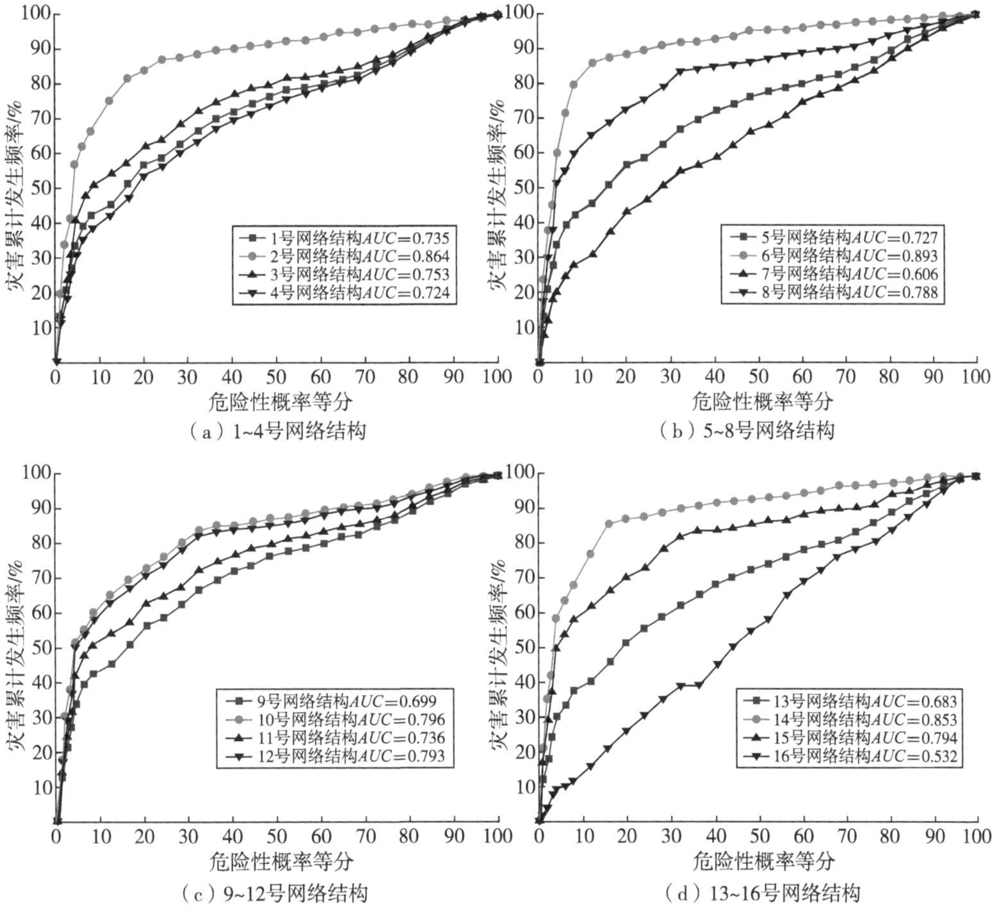

图 9.4 各网络结构的预测成功率曲线

（a）1~4号网络结构：1号网络结构AUC=0.735；2号网络结构AUC=0.864；3号网络结构AUC=0.753；4号网络结构AUC=0.724

（b）5~8号网络结构：5号网络结构AUC=0.727；6号网络结构AUC=0.893；7号网络结构AUC=0.606；8号网络结构AUC=0.788

（c）9~12号网络结构：9号网络结构AUC=0.699；10号网络结构AUC=0.796；11号网络结构AUC=0.736；12号网络结构AUC=0.793

（d）13~16号网络结构：13号网络结构AUC=0.683；14号网络结构AUC=0.853；15号网络结构AUC=0.794；16号网络结构AUC=0.532

采用直观分析法计算网络结构深度、卷积核数量和全连接层数量的不同水平对预测成功率的影响及相应的极差,如表9.2所示。

表9.2 正交试验分析结果

项目	网络结构深度	卷积核数量	全连接层数量
第一水平	0.76900	0.70925	0.70225
第二水平	0.75350	0.72225	0.77325
第三水平	0.75600	0.85150	0.79450
第四水平	0.71550	0.71100	0.72400
极差	0.05350	0.14225	0.09225

由表9.2可知,卷积核数量对预测成功率影响最大,其次为全连接层数量,网络结构深度影响最小。预测成功率最高的ECG-CNN网络结构组成为:网络结构深度为1,卷积核数量为6,全连接层数量为3。采用该网络结构建立博山区公路边坡灾害空间预测模型,对83处不稳定边坡进行预测并绘制成功率曲线,计算得曲线下面积为0.912,如图9.5所示。

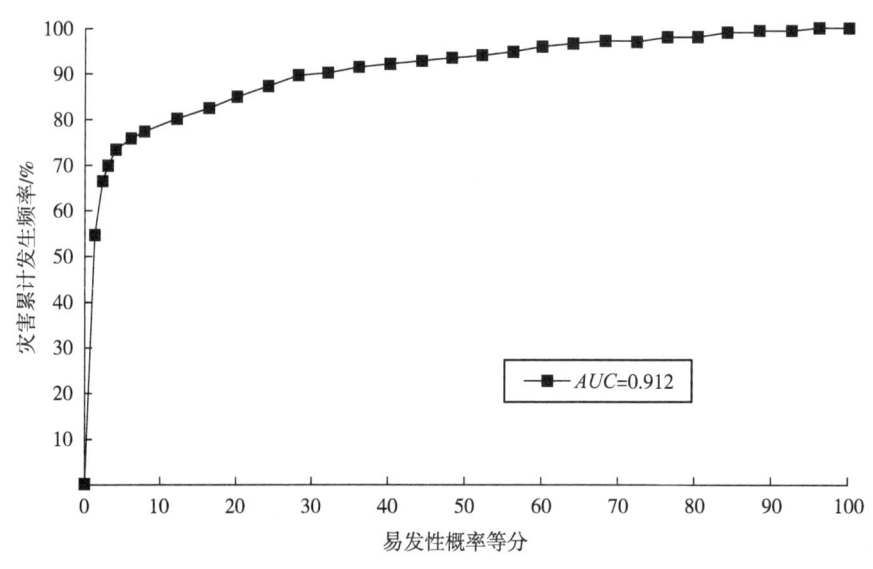

图9.5 预测成功率曲线

9.4 灾害空间预测结果

本章基于GIS开展博山区公路边坡灾害空间预测并绘制灾害易发性图,已具备

第9章 GIS 支持下基于卷积神经网络的公路边坡灾害空间预测

的矢量数据包括：

① 博山区数字高程模型 DEM；

② 博山区植被矢量化数据；

③ 博山区及周边地区各水文观测站点降水资料；

④ 山东省工程地质数字化矢量图。

依托 GIS 开展灾害空间预测时主要采用边坡单元和栅格单元 2 类图层，其中栅格单元图层比例尺小，对计算机硬件要求低且计算耗时少，因此，本章选用栅格单元绘制博山区公路边坡灾害易发性图。在 GIS 上设定栅格单元尺寸为 10 m × 10 m 并绘制各预测因子归一化取值分布图，根据各预测因子的基础图件，在 ArcGIS Engine 上搭载面向对象的 C#语言，对已建立的预测模型进行二次编程开发，连续运行 144 h 后完成了超过 6.982×10^6 个网格的计算，得到所有网格的灾害易发性概率，结果显示，灾害易发性概率最大为 0.96，最小为 0.08。

根据博山区自然地貌的地带性差异特点，参照各单因子对灾害发生的控制性作用和其他灾害区划界限，将博山区公路边坡灾害易发性概率分为低易发、中易发和高易发 3 级，分级界限为：

① 低易发：[0.08，0.35)。

② 中易发：[0.35，0.69)。

③ 高易发：[0.69，0.96]。

根据以上分级方法，基于 GIS 绘制博山区公路边坡灾害易发性图，如图 9.6 所示。

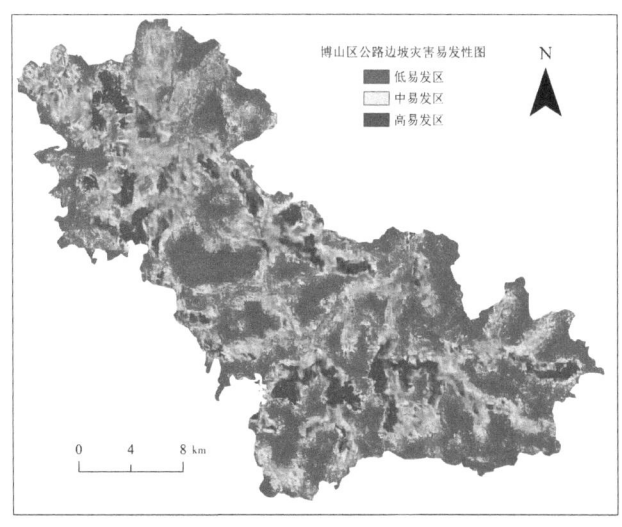

图 9.6 博山区公路边坡灾害易发性图（见彩插）

由图 9.6 可得以下结论：

1) 低易发、中易发和高易发区分别占博山区总面积的 56.92%、28.46% 和 14.62%，灾害调查确定的 83 处不稳定边坡中，位于低易发、中易发和高易发区的为 3 处、29 处和 51 处，分别占总数的 3.61%、34.94% 和 61.45%，说明博山区公路边坡灾害空间预测结果是合理、正确的。

2) 博山区公路边坡灾害易发性从北向南呈逐渐降低的趋势，究其原因，除灾害预测因子的组合特征具有明显的区域分异规律外，另一个重要原因是博山区的工程建设和人口、经济密度，亦即人类工程活动强度及对自然环境的破坏程度也从北向南逐渐降低。

3) 滨莱高速、G205、G309、S210 和 S307 均有部分路段穿越高易发区，这些路段应在加强日常养护、编制应急预案和储备应急物资的基础上，切实做好灾害防治工作，主要措施包括：①开展公路边坡灾害隐患点的全面调查，建立灾害空间数据库和属性数据库；②建立基于物联网和降雨预报信息的灾害监测、评价、预测和预警系统，在 GIS 平台上实时动态显示灾害信息；③开展灾害隐患点风险评价，基于评价结果对风险不可接受的隐患点开展工程防护。

9.5 灾害空间预测结果分析

9.5.1 预测因子数量对预测成功率的影响

合理选取预测因子是提高灾害空间预测成功率的前提，预测因子过少会导致灾害信息缺失造成预测结果不准确，预测因子过多时，由于各因子并非完全独立，存在多重共线性而易陷入"维数灾难"。本章拟定 5 种预测因子组合，分别验证不同组合对预测成功率的影响，如表 9.3 所示。

表 9.3 预测因子组合

序号	预测因子数量	预测因子组合	预测成功率
1	7	坡高、坡度、地表切割深度、地表切割密度、植被覆盖度、距河网距离、岩土类型	0.912
2	6	坡高、坡度、地表切割密度、植被覆盖度、距河网距离、岩土类型	0.907

第9章 GIS 支持下基于卷积神经网络的公路边坡灾害空间预测

续表

序号	预测因子数量	预测因子组合	预测成功率
3	6	坡度、地表切割深度、地表切割密度、植被覆盖度、距河网距离、岩土类型	0.601
4	6	坡高、地表切割深度、地表切割密度、植被覆盖度、距河网距离、岩土类型	0.596
5	5	坡高、坡度、地表切割密度、植被覆盖度、岩土类型	0.701

以 64 处稳定边坡和 21 处不稳定边坡为模型训练样本，绘制 2～5 号预测因子组合的折线图，对已选定的 ECG-CNN 网络结构进行训练，并对 62 处不稳定边坡进行预测，得到各边坡的灾害易发性概率，采用曲线下面积法验证预测结果，得到各预测因子组合的预测成功率曲线，如图 9.7 所示。

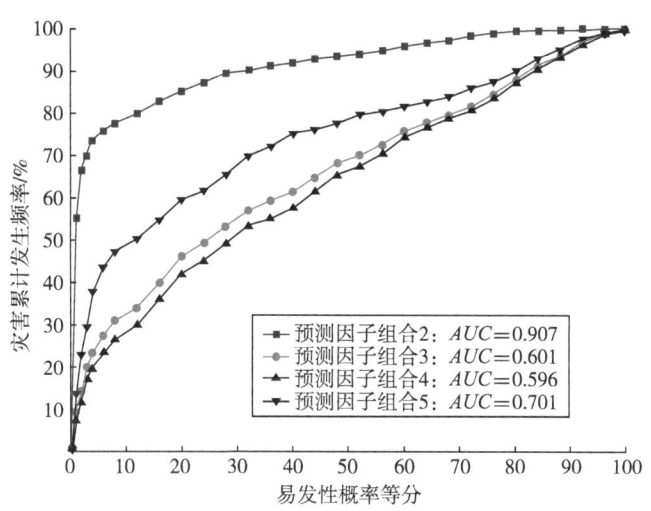

图 9.7　各预测因子组合的预测成功率曲线

综合表 9.3、图 9.7 可得以下结论：

1）预测因子数量并非越多越好，如 3 号和 4 号因子组合（6 个因子）的预测成功率低于 5 号因子组合（6 个因子）；

2）2 号预测因子组合的预测成功率仅略低于 1 号组合，说明地表切割深度对预测成功率影响较小；

3）3 号和 4 号因子组合的预测成功率偏低，说明坡高和坡度因子对预测成功率影响较大。

9.5.2 训练样本数量对预测成功率的影响

训练样本数量对 ECG-CNN 学习能力的影响较大，本章拟定 4 组训练样本和验证样本组合，分别验证其预测成功率，如表 9.4 所示。

表 9.4 训练样本和验证样本组合

序号	训练样本	验证样本	成功率
1	64 处稳定边坡、21 处不稳定边坡	62 处不稳定边坡	0.912
2	64 处稳定边坡、35 处不稳定边坡	48 处不稳定边坡	0.915
3	50 处稳定边坡、15 处不稳定边坡	68 处不稳定边坡	0.804
4	40 处稳定边坡、8 处不稳定边坡	75 处不稳定边坡	0.535

绘制各组训练样本的预测因子折线图，对已选定的 ECG-CNN 网络结构进行训练，对相应的验证样本进行预测，得到各边坡的灾害易发性概率，采用曲线下面积法验证预测结果，得到预测成功率，如图 9.8 所示。

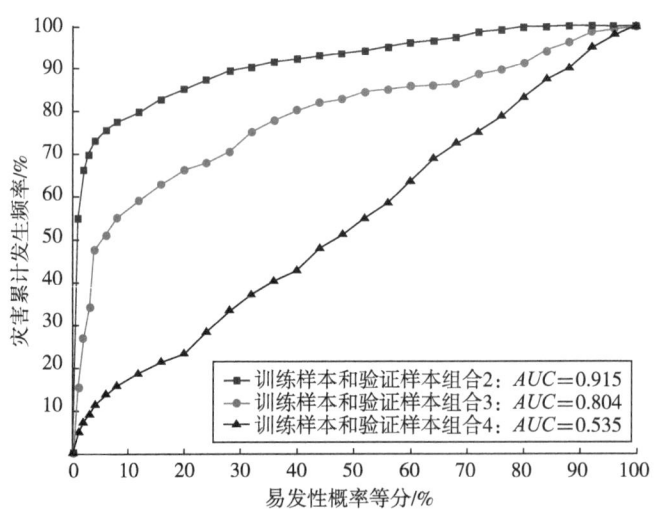

图 9.8 各训练样本和验证样本组合的预测成功率曲线

综合表 9.4、图 9.8 可得以下结论：

1) 训练样本增加时，预测成功率虽有提高，但幅度不大，说明此时网络训练已经成熟，预测误差是模型自身逻辑结构的限制引起的；

第 9 章 GIS 支持下基于卷积神经网络的公路边坡灾害空间预测

2）训练样本减少时，预测成功率明显下降，说明网络训练的成熟程度对预测成功率影响较大。

9.6　结论

1）选取了公路边坡灾害空间预测因子，基于三维激光扫描进行了博山区公路边坡灾害调查，采用云模型改进层次分析法明确了博山区 147 处公路边坡的稳定状况。

2）基于 ECG-CNN 建立了公路边坡灾害空间预测模型，基于 GIS 绘制了博山区公路边坡灾害易发性图，结果显示：低易发、中易发和高易发区分别占博山区总面积的 56.92%、28.46% 和 14.62%，滨莱高速、G205、G309、S210 和 S307 均有部分路段穿越高易发区。

3）验证了预测因子数量和训练样本数量对预测成功率的影响，结果显示：地表切割深度对预测成功率影响较小，坡高和坡度对预测成功率影响较大；训练样本较少时，网络训练的成熟程度对预测成功率影响较大，训练样本较多时，模型自身逻辑结构对预测成功率影响较大。

参考文献

[1] ADITIAN A, KUBOTA T, SHINOHARA Y. Comparison of GIS-based landslide susceptibility models using frequency ratio, logistic regression, and artificial neural network in a tertiary region of Ambon, Indonesia [J]. Geomorphology, 2018 (318): 101 - 111.

[2] ANGILLIERI MYE. Debris flow susceptibility mapping using frequency ratio and seed cells, in a portion of a mountain international route, Dry Central Andes of Argentina [J]. CATENA, 2020 (189): 104504.

[3] ANSELMO F, GILSON G. Convolutional Neural Network approaches to granite tiles classification [J]. Expert systems with applications, 2017 (84): 1 - 11.

[4] BASZ N I, KIREMIDJIAN A S, KING S A. Statistical analysis of bridge damage data from the 1994 Northridge Earthquake [J]. Earthquake spectra, 1999, 15 (1): 25 - 36.

[5] BERHANE G, KEBEDE M, ALFARAH N, et al. Landslide susceptibility zonation mapping using GIS-based frequency ratio model with multi-class spatial data-sets in the Adwa-Adigrat mountain chains, northern Ethiopia [J]. Journal of African earth sciences, 2020 (164): 103795.

[6] BOURENANE H, MEZIANI A A, BENAMAR D A. Application of GIS-based statistical modeling for landslide susceptibility mapping in the city of Azazga, Northern Algeria [J]. Bulletin of engineering geology and the environment, 2021, 80 (10): 7333 - 7359.

[7] BRAGAGNOLO L, SILVA R V, GRZYBOWSK J M V. Artificial neural network ensembles applied to the mapping of landslide susceptibility [J]. CATENA, 2020 (184): 104240.

[8] BUI D T, PRADHAN B, LOFMAN O, et al. Landslide susceptibility assessment in the

参考文献

Hoa Binh province of Vietnam: a comparison of the Levenberg-Marquardt and Bayesian regularized neural networks [J]. Geomorphology, 2012 (171-172): 12-29.

[9] CAPRARIO J, FINOTTI A R. Socio-technological tool for mapping susceptibility to urban flooding [J]. Journal of hydrology, 2019 (574): 1152-1163.

[10] CHEN W, XIE X S, PENG J B, et al. GIS-based landslide susceptibility evaluation using a novel hybrid integration approach of bivariate statistical based random forest method [J]. CATENA, 2018 (164): 135-149.

[11] CHEN XQ, CUI P, YOU Y, et al. Engineering measures for debris flow hazard mitigation in the Wenchuan earthquake area [J]. Engineering geology, 2015 (194): 73-85.

[12] CIURLEO M, FERLISI S, FORESTA V, et al. Landslide susceptibility analysis by applying TRIGRS to a reliable geotechnical slope model [J]. Geosciences, 2021, 12 (1): 18.

[13] COLKESEN I, SAHIN E K, KAVZOGLU T, et al. Susceptibility mapping of shallow landslides using kernel-based Gaussian process, support vector machines and logistic regression [J]. Journal of African earth sciences, 2016 (118): 53-64.

[14] CORNELL C A. Engineering seismic risk analysis [J]. Bulletin of the seismological society of America, 1968 (58): 1583-1606.

[15] COSTACHE R, BUI D T. Identification of areas prone to flash-flood phenomena using multiple-criteria decision-making, bivariate statistics, machine learning and their ensembles [J]. Science of the total environment, 2020 (712): 136492.

[16] CUI P, XIANG L Z, ZOU Q, et al. Risk assessment of highways affected by debris flows in Wenchuan earthquake area [J]. Journal of mountain science, 2013, 10 (2): 173-189.

[17] DAS I, STEIN A, KERLE N, et al. Landslide susceptibility mapping along road corridors in the Indian Himalayas using Bayesian logistic regression models [J]. Geomorphology, 2012 (179): 116-125.

[18] DUBI A. Monte Carlo Applications in Systems Engineering [M]. Xi'an: Xi'an Jiaotong University Press, 2007.

[19] DU J, GLADE T, WOLDAI T, et al. Landslide susceptibility assessment based on an incomplete landslide inventory in the Jilong Valley, Tibet, Chinese Himalayas [J]. Engineering geology, 2020 (270): 105572.

[20] FADHILLAH M F, HAKIM W L, PANAHI M, et al. Mapping of landslide potential in Pyeongchang-gun, South Korea, using machine learning meta-based optimization algorithms [J]. The Egyptian Journal of Remote Sensing and Space Science, 2022, 25 (2): 463 –472.

[21] FANG Z, WANG Y, PENG L, et al. Integration of convolutional neural network and conventional machine learning classifiers for landslide susceptibility mapping [J]. Computers & geosciences, 2020 (139): 104470.

[22] GARAMBOISA P A, ROUXB H, LARNIER K, et al. Parameter regionalization for a process-oriented distributed model dedicated to flash floods [J]. Journal of hydrology, 2015 (525): 83 –399.

[23] GUO A, ZHAO Q J, LI H. Experimental study of a highway bridge with shape memory alloy restrainers focusing on the mitigation of unseating and pounding [J]. Earthquake engineering and engineering vibration, 2012 (11): 195 –204.

[24] HEMASINGHE H, RANGALI R S S, DESHAPRIYA N L, et al. Landslide susceptibility mapping using logistic regression model (a case study in Badulla District, Sri Lanka) [J]. Procedia engineering, 2018 (212): 1046 –1053.

[25] HIRATA K, KOIZUMI K, HESPANHA J P. Probabilistic management of slope disaster detection systems for reduced energy consumption and its convergence property [J]. IFAC proceedings volumes, 2013, 46 (27): 253 –260.

[26] HUANG F, CAO Z, JIANG S H, et al. Landslide susceptibility prediction based on a semi-supervised multiple-layer perceptron model [J]. Landslides, 2020, 17 (12): 2919 –2930.

[27] HUANG Y, ZHAO L. Review on landslide susceptibility mapping using support vector machines [J]. Catena, 2018 (165): 520 –529.

[28] ICHISUGI Y. Integration of sparse-coding model and bayesian network model of cerebral cortex [J]. Neuroscience research, 2010, 68 (1): e210.

[29] JIA L Z, LI H, DUAN Z D. Convex set theory-based seismic hazard analysis of low seismicity area [J]. Soil dynamics and earthquake engineering, 2011 (31): 463 –469.

[30] KARIM K R, YAMAZAK F. Effect of earthquake ground motions on fragility curves of highway bridge piers based on numerical simulation [J]. Earthquake engineering and structural dynamics, 2001, 30 (12): 1839 –1856.

[31] KARTHIK R, JAMIE P, REGINALD D R. Temporal evolution of seismic fragility

curves for concrete box-girder bridges in California Engineering [J]. Structures, 2015 (97): 29-46.

[32] KIM H, LEE J H, PARK H J, et al. Assessment of temporal probability for rainfall-induced landslides based on nonstationary extreme value analysis [J]. Engineering geology, 2021 (294): 106372.

[33] KUMAR D, THAKUR M, DUBEY C S, et al. Landslide susceptibility mapping & prediction using Support Vector Machine for Mandakini River Basin, Garhwal Himalaya, India [J]. Geomorphology, 2017 (295): 115-125.

[34] KUNG H Y, CHEN C H, KU H H. Designing intelligent disaster prediction models and systems for debris-flow disasters in Taiwan [J]. Expert system with application, 2012, 39 (5): 5838-5856.

[35] LEE S, RYU J H, WON J S, et al. Determination and application of the weights for landslide susceptibility mapping using an artificial neural network [J]. Engineering geology, 2004, 71 (3): 289-302.

[36] LI J, WANG W, CHEN G, et al. Spatiotemporal evaluation of landslide susceptibility in Southern Sichuan, China using SA-DBN, PSO-DBN and SSA-DBN models compared with DBN model [J]. Advances in space study, 2022, 69 (8): 3071-3087.

[37] LIN J W, CHEN C W, PENG C Y. Kalman filter decision systems for debris flow hazard assessment [J]. Nat hazards, 2012, 60 (3): 1255-1266.

[38] LIN Q G, LIMA P, STEGER S, et al. National-scale data-driven rainfall induced landslide susceptibility mapping for China by accounting for incomplete landslide data [J]. Geoscience frontiers, 2021 (12): 101248.

[39] LI X, JIE Z Q, FENG J S, et al. Learning with rethinking: recurrently improving Convolutional neural networks through feedback [J]. Pattern recognition, 2018 (79): 183-194.

[40] LI Z X, LI Y, LI N. Vector-intensity measure based seismic vulnerability analysis of bridge structures [J]. Earthquake engineering and engineering vibration, 2014 (13): 695-705.

[41] MANDAL B, MANDAL S. Analytical Hierarchy Process (AHP) based landslide susceptibility mapping of Lish river basin of eastern Darjeeling Himalaya, India [J]. Advances in space pesearch, 2018, 2 (111): 3114-3132.

[42] MANDAL K, SAHA S, MANDAL S. Applying deep learning and benchmark ma-

chine learning algorithms for landslide susceptibility modelling in Rorachu river basin of Sikkim Himalaya, India [J]. Geoscience frontiers, 2021, 12 (5): 101203.

[43] MARLèNE I, URSZULA S. Disaster risk and preference shifts in a New Keynesian model [J]. Journal of economic dynamics & control, 2017 (79): 97 – 125.

[44] MASAHIKO H, UPMANU L. Flood risks and impacts: a case study of Thailand's floods in 2011 and research questions for supply chain decision making [J]. International journal of disaster risk reduction, 2015 (14): 256 – 272.

[45] MICHALOWSKI R L, PARK D. Stability assessment of slopes in rock governed by the Hoek-Brown strength criterion [J]. International journal of rock mechanics and mining sciences, 2020 (127): 104217.

[46] MISHRA M, CHATTERJEE S. Application of Analytical Hierarchy Process (AHP) algorithm to income insecurity susceptibility mapping-A study in the district of Purulia, India [J]. Socio-economic planning sciences, 2018 (62): 56 – 74.

[47] PAN H, JIN Y, HU Y X. Discussion about the relationship between seismic belt and seismic statistical zone [J]. ACTA seismic sinica, 2003, 16 (3): 323 – 329.

[48] PHAM V D, NGUYEN Q H, NGUYEN H D, et al. Convolutional neural network-optimized moth flame algorithm for shallow landslide susceptible analysis [J]. IEEE access, 2020 (8): 32727 – 32736.

[49] PRADHAN S P, SIDDIQUE T. Stability assessment of landslide-prone road cut rock slopes in Himalayan terrain: a finite element method based approach [J]. Journal of rock mechanics and geotechnical engineering, 2020, 12 (1): 59 – 73.

[50] ROSHAN A D, BASU P C. Application of PSHA in low seismic region: a case study on NPP site in peninsular India [J]. Nuclear engineering and design, 2010, 240 (10): 3443 – 3454.

[51] SAMEEN M I, PRADHAN B, LEE S. Application of convolutional neural networks featuring Bayesian optimization for landslide susceptibility assessment [J]. CATENA, 2020 (186): 104249.

[52] SHAO W Y, XIAN S Y, LIN N, et al. Understanding the effects of past flood events and perceived and estimated flood risks on individuals' voluntary flood insurance purchase behavior [J]. Water research, 2017 (108): 391 – 400.

[53] SHINOZUKA M, FENG M Q, KIM H, et al. Nonlinear static procedure for fragility curve development [J]. Journal of engineering mechanics, 2000, 126 (12):

128-129.

[54] SUJATHA E R, SRIDHAR V. Landslide susceptibility analysis: a logistic regression model case study in Coonoor, India [J]. Hydrology, 2021, 8 (1): 41.

[55] SUN D L, WEN H J, WANG D Z, et al. A random forest model of landslide susceptibility mapping based on hyperparameter optimization using bayes algorithm [J]. Geomorphology, 2020 (362): 107201.

[56] SUN Z G, WANG D S, DU X L, et al. Rapid repair of severely earthquake damaged bridge piers with flexural shear failure mode [J]. Earthquake engineering and engineering vibration, 2011 (10): 553-567.

[57] TONJE G, LARS N. Assessment of pluvial flood exposure and vulnerability of residential areas [J]. International journal of disaster risk reduction, 2017 (21): 367-375.

[58] UMAR Z, PRADHAN B, AHMAD A, et al. Earthquake induced landslide susceptibility mapping using an integrated ensemble frequency ratio and logistic regression models in West Sumatera Province, Indonesia [J]. CATENA, 2014 (118): 124-135.

[59] WANG M, QIAO J P, HE S. GIS-based earthquake-triggered landslide hazard zoning using contributing weight model [J]. Journal of mountain science, 2010 (2): 339-352.

[60] WANG S J, XIONG L, ZHANG C, et al. An optimization model of a highway route scheme in permafrost regions [J]. Cold regions science and technology, 2017 (138): 84-90.

[61] WANG X, HUANG F, FAN X, et al. Landslide susceptibility modeling based on remote sensing data and data mining techniques [J]. Environmental earth sciences, 2022, 81 (2): 1-19.

[62] WANG Y M, FENG L W, LI S J, et al. A hybrid model considering spatial heterogeneity for landslide susceptibility mapping in Zhejiang Province, China [J]. CATENA, 2020 (188): 104425.

[63] WILLIAM R T, BAHRAM G. Highway runoff quality models for the protection of environmentally sensitive areas [J]. Journal of hydrology, 2016 (542): 143-155.

[64] WU Z N, SHEN Y X, WANG H L, et al. Urban flood disaster risk evaluation based on ontology and Bayesian Network [J]. Journal of hydrology, 2020 (583): 124596.

[65] XUE W T, XU Z S, WANG H, et al. Hazard assessment of landslide dams using the evidential reasoning algorithm with multi-scale hesitant fuzzy linguistic information [J]. Applied soft computing, 2019 (79): 74-86.

[66] YAN F, XU K L. Methodology and case study of quantitative preliminary hazard analysis based on cloud model [J]. Journal of loss prevention in the process industries, 2019 (60): 116-124.

[67] YE C M, WEI R L, GE Y G, et al. GIS-based spatial prediction of landslide using road factors and random forest for Sichuan-Tibet Highway [J]. Journal of mountain science, 2022, 19 (2): 461-476.

[68] YIN C. Hazard evaluation and regionalization of highway flood disasters in China [J]. Natural hazards, 2020 (200): 535-550.

[69] YIN C, LI H R, HU Z N, et al. Application of the terrestrial laser scanning in slope deformation monitoring: taking a highway slope as an example [J]. Applied sciences, 2020, 10 (8): 2808.

[70] YU F, QI J L, LAI Y M, et al. Typical embankment settlement/heave patterns of the Qinghai-Tibet highway in permafrost regions: Formation and evolution [J]. Engineering geology, 2016 (214): 147-156.

[71] YU F, QI J L, YAO X L, et al. Comparison of permafrost degradation under natural ground surfaces and embankments of the Qinghai-Tibet Highway [J]. Cold regions science and technology, 2015 (114): 1-8.

[72] ZHANG Q, GU X H, SHI P J, et al. Impact of tropical cyclones on flood risk in southeastern China: spatial patterns, causes and implications [J]. Global and planetary change, 2017 (150): 81-93.

[73] ZHANG T, MAO Z, WANG T. GIS-based evaluation of landslide susceptibility using a novel hybrid computational intelligence model on different mapping units [J]. Journal of mountain science, 2020, 17 (12): 2929-2941.

[74] ZHENG H, CHENG G, LI Y, et al. A new fault diagnosis method for planetary gear based on image feature extraction and bag-of-words model [J]. Measurement, 2019 (145): 1-13.

[75] ZHENG Q, YANG M, YANG J, et al. Improvement of generalization ability of deep CNN via implicit regularization in two-stage training process [J]. IEEE access, 2018 (6): 15844-15869.

[76] ZHOU Y S, LI X, FAI YUEN K. Holistic risk assessment of container shipping service based on bayesian network modelling [J]. Reliability engineering & system safety, 2022 (220): 108305.

[77] 工程场地地震安全性评价（GB17741-2005）[S]. 北京：人民交通出版社，2005.

[78] 中国科学院地震工作委员会. 中国地震资料年表 [M]. 北京：科学出版社，1956.

[79] 中国地震动参数区划图（GB18306-2001）[S]. 北京：人民交通出版社，2001.

[80] 中央地震工作小组. 中国地震目录 [M]. 北京：科学出版社，1971.

[81] 公路工程抗震设计规范（JTG B02-2013）[S]. 北京：人民交通出版社，2013.

[82] 孔庆军，谢茂林，孙德泉，等. 核燃料循环设施洪水设防标准研究 [J]. 核动力工程，2016，37（S1）：135-138.

[83] 毛伊敏，张茂省，程秀娟，等. 基于不确定贝叶斯分类技术的滑坡危险性评价 [J]. 中国矿业大学学报，2015，44（4）：769-774.

[84] 王笃波，刘汉龙，于陶，等. 基于变形的土石坝地震易损性分析 [J]. 岩土工程学报，2013，35（5）：814-819.

[85] 王凤艳，赵明宇，王明常，等. 无人机摄影测量在矿山地质环境调查中的应用 [J]. 吉林大学学报（地球科学版），2020，50（3）：866-874.

[86] 王海龙，柳林，林民，等. 基于信息检索及k均值聚类的音乐个性化推荐算法 [J]. 吉林大学学报（工学版），2021，51（5）：1845-1850.

[87] 王惠琴，侯文斌，彭清斌，等. 基于K均值聚类的SPPM分步分类检测算法 [J]. 通信学报，2022，43（1）：161-171.

[88] 王建. 地震作用下路基工程破坏机理及抗震技术研究 [D]. 成都：西南交通大学，2010.

[89] 王建，姚令侃，陈强. 汶川地震路堤成灾模式及土工格栅加筋变形控制研究 [J]. 岩石力学与工程学报，2010，29（1）：3387-3394.

[90] 王建民，王国亮，聂建国，等. 基于概率的桥梁结构地震危害性分析 [J]. 土木工程学报，2010，43（11）：86-93.

[91] 王克海，李茜. 基于模态分析的Push-over方法在桥梁抗震分析中的应用 [J]. 铁道学报，2006，28（2）：79-84.

[92] 王克海,李茜,韦韩. 汶川地震对我国地震区划图与桥梁抗震设计的启示[J]. 工程力学,2010,27(6):120-126.

[93] 王克海,李冲,李茜,等. 考虑支座摩擦滑移的中小跨径桥梁抗震设计方法[J]. 工程力学,2014,31(6):85-91.

[94] 王克海,韦韩,李茜. 中小跨径公路桥梁抗震设计理念[J]. 土木工程学报,2012,45(9):115-121.

[95] 王卫东,刘攀,龚陆. 基于支持向量机模型的四川省滑坡灾害易发性区划[J]. 铁道科学与工程学报,2019,16(5):1194-1200.

[96] 王维铭,孙锐,曹振中,等. 国内外地震液化场地特征对比研究[J]. 岩土力学,2010,31(12):3913-3918.

[97] 王英杰,王磊,荣起国,等. 基于通径分析与可拓学的公路泥石流危险性评价[J]. 吉林大学学报(工学版),2014,44(3):895-900.

[98] 王自法,SANGJOON P,SELINA L,等. 提高地震灾害损失估计精度的几点研究[J]. 地震工程与工程振动,2014,34(4):110-114.

[99] 尹超. 公路地质灾害危险性评价与区划研究[D]. 西安:长安大学,2013.

[100] 尹超. 平原区路堤地震灾害风险评价研究[D]. 西安:长安大学,2015.

[101] 尹超,王晓原,张敬磊,等. 基于遗传算法和云模型的公路沿线泥石流灾害危险性区划[J]. 岩石力学与工程学报,2016,35(11):2266-2275.

[102] 宁超列. 基于概率密度演化理论的地震概率安全评估[J]. 同济大学学报(自然科学版),2015,43(3):325-331.

[103] 生命线工程地震破坏等级划分(GB/T24336-2009)[S]. 北京:人民交通出版社,2009.

[104] 史培军. 综合风险防范长江三角洲地区综合自然灾害风险评估与制图[M]. 北京:科学出版社,2014.

[105] 刘杰,陈颙,陈凌,等. 全球地震危险性评估的简化方法[J]. 科学通报,1999,44(1):92-96.

[106] 刘君,刘博,孔宪京. 地震作用下土石坝坝顶沉降估算[J]. 水力发电学报,2012,31(2):183-191.

[107] 刘莉. 基于GIS的设计地震动查询系统[D]. 哈尔滨:中国地震局工程力学研究所,2005.

[108] 刘文连,张家明,王志强,等. 基于三维激光扫描技术的岩质边坡泥化夹层空间分布和几何形态[J]. 吉林大学学报(地球科学版),2021,51(4):

1139-1151.

[109] 刘希林. 沟谷泥石流危险度计算公式的由来及其应用实例 [J]. 防灾减灾工程学报, 2010, 30 (3): 241-245.

[110] 刘彦辉, 谭平, 周福霖, 等. 高墩隔震连续梁桥地震模拟振动台试验 [J]. 中国公路学报, 2015, 28 (2): 60-68.

[111] 刘钊. 果洛州乡镇级公路雪灾风险探讨 [D]. 西宁: 青海师范大学, 2016.

[112] 刘志强. 浅析桥梁抗震设计的重要性 [J]. 城市建筑, 2014 (2): 280-281.

[113] 刘中港, 刘晓丽, 王恩志, 等. 含水量对泥石流物源流变特性影响试验研究 [J]. 岩石力学与工程学报, 2015, 34 (S2): 3830-3836.

[114] 吕大刚, 于晓辉. 基于地震易损性解析函数的概率地震风险理论研究 [J]. 建筑结构学报, 2013, 34 (10): 41-48.

[115] 吕红山. 基于地震动参数的灾害风险分析 [D]. 北京: 中国地震局地震物理研究所, 2005.

[116] 吕悦军, 彭艳菊, 施春花, 等. 北京地区中硬场地地震动效应研究 [J]. 防灾减灾工程学报, 2011, 31 (5): 523-528.

[117] 齐洪亮. 公路自然灾害评价系统的研究 [D]. 西安: 长安大学, 2011.

[118] 齐洪亮, 田伟平, 李家春. 公路崩塌灾害承灾体易损性评价 [J]. 自然灾害学报, 2013, 11 (4): 160-166.

[119] 齐洪亮, 尹超, 田伟平, 等. 基于ArcGIS的中国公路地质灾害危险性区划 [J]. 长安大学学报 (自然科学版), 2015, 35 (4): 22-27.

[120] 曲宁, 刘德东, 齐文浩, 等. 西安市阎良区工程场地土层地震反应分析 [J]. 防灾科技学院学报, 2007, 9 (4): 24-28.

[121] 孙发权. 公路填方路基结构的振动台模拟试验研究 [J]. 重庆: 重庆交通大学, 2010.

[122] 许冲, 徐锡伟. 2008年汶川地震导致的斜坡物质响应率及其空间分布规律分析 [J]. 岩石力学与工程学报, 2013, 32 (增2): 3888-3908.

[123] 许强. 四川省"8·13"特大泥石流灾害特点、成因与启示 [J]. 工程地质学报, 2010, 18 (5): 596-608.

[124] 朱健. 结构动力学原理与地震易损性分析 [M]. 北京: 科学出版社, 2013.

[125] 朱庆, 吴波, 钟正. 三维GIS与公路CAD的集成 [J]. 中国公路学报, 2006, 19 (4): 1-6.

[126] 朱晞, 江辉. 桥梁墩柱基于性能的抗震设计方法 [J]. 土木工程学报,

2009, 42 (4): 85-92.

[127] 朱亚林, 孔宪京, 邹德高, 等. 高土石坝地震反应和破坏机理分析 [J]. 岩土工程学报, 2010, 32 (9): 1362-1367.

[128] 陈洪凯, 唐红梅, 马永泰. 公路泥石流研究及治理 [M]. 北京: 人民交通出版社, 2004.

[129] 陈鲲, 高孟潭. 中国大陆地区一般建设工程抗地震倒塌风险研究 [J]. 建筑结构学报, 2015, 36 (1): 23-29.

[130] 陈晓利, 冉洪流, 王明明. 潜在地震滑坡危险区区划方法 [J]. 地球物理学报, 2012, 55 (4): 1269-1277.

[131] 陈颙, 陈凌. 地震危险性分析中最大地震震级的确定 [J]. 地球物理学报, 1999, 42 (3): 351-357.

[132] 陈远川, 陈洪凯, 唐红梅. 基于地貌演化阶段的公路泥石流危险性评价 [J]. 长安大学学报 (自然科学版), 2013, 33 (5): 45-51.

[133] 杜鹏. 钢筋混凝土梁式桥的地震易损性分析 [D]. 北京: 北京工业大学, 2004.

[134] 谷音, 郑文婷, 卓卫东. 基于LHS-MC方法的矮塔斜拉桥地震风险概率分析 [J]. 工程力学, 2013, 30 (8): 96-102.

[135] 谷玉, 刘喜停, 吴晓, 等. 山东半岛全新世近岸泥质区沉积过程与沉积记录 [J]. 古地理学报, 2022, 24 (1): 164-179.

[136] 何君毅, 张社荣, 王超, 等. UAV航摄图像融合激光扫描边坡表面位移监测法 [J]. 中国安全科学学报, 2020, 30 (5): 156-162.

[137] 李朝安, 王良玮, 廖凯, 等. 山区铁路沿线泥石流灾害预警研究 [J]. 岩石力学与工程学报, 2014, 33 (增2): 3810-3815.

[138] 李浩瑾, 李俊杰, 康飞. 基于LSSVM的重力坝地震稳定易损性分析 [J]. 振动与冲击, 2013, 32 (4): 146-152.

[139] 李家春, 黄丽珍, 田伟平. 公路自然灾害类型划分 [J]. 长安大学学报 (自然科学版), 2011, 31 (2): 33-37.

[140] 李家春, 尹超, 田伟平, 等. 中国公路自然灾害易损性评价 [J]. 北京工业大学学报, 2015, 41 (7): 1067-1072.

[141] 李家春, 张留俊, 田伟平, 等. 基于风险分析的路基设计洪水频率标准研究 [J]. 中国公路学报, 2014, 27 (3): 32-38.

[142] 李建军. 基于智能算法的RC隔震连续梁桥地震易损性分析 [D]. 武汉: 华

中科技大学，2013.

[143] 李杰，李国强．地震工程学导论［M］．北京：地震出版社，1992.

[144] 李金贝．公路填方路基抗震性能研究［D］．北京：北京交通大学，2012.

[145] 李立峰，黄佳梅，吴文朋．基于IDA的高墩大跨桥梁抗震性能评估［J］．地震工程与工程振动，2012，32（1）：68－77.

[146] 李倩．基于G212线陇南段公路泥石流灾害易损性及风险性分析［D］．西安：长安大学，2009.

[147] 李善邦．中国地震目录［M］．北京：科学出版社，1960.

[148] 李善邦．中国地震［M］．北京：地震出版社，1981.

[149] 李慎，苏明周．基于性能的偏心支撑钢框架抗震设计方法研究［J］．工程力学，2014，31（10）：195－204.

[150] 李燕杰，丁海平，杨朝辉．一种城市地震动区划方法［J］．世界地震工程，2011，27（3）：60－65.

[151] 李颖，胥广银，陈鲲，等．湖南省中南部地区地震区划研究［J］．中国地震，2007，23（1）：17－24.

[152] 李永强，景立平，梁海安，等．汶川地震中土石坝地震灾变过程三维再现．水力发电学报，2011，30（6）：98－103.

[153] 李云珠．基于地震动小区划的重庆市主城区设计地震动参数确定［J］．重庆：重庆大学，2007.

[154] 李忠生．地震危险区黄土滑坡稳定型研究［M］．北京：科学出版社，2004.

[155] 陆本燕，刘伯权，刘鸣，等．钢筋混凝土桥墩性能指标量化研究［J］．中国公路学报，2010，23（6）：49－57.

[156] 陆本燕，刘伯权，邢国华，等．桥梁结构基于性能的抗震设防目标与性能指标研究［J］．工程力学，2011，28（11）：96－103.

[157] 沙爱民，童峥，高杰．基于卷积神经网络的路表病害识别与测量［J］．中国公路学报，2018，31（1）：1－10.

[158] 宋波，黄世敏．图说地震灾害与减灾对策［J］．北京：中国建筑工业出版社，2008.

[159] 宋立胜．陕西省志：地震志［M］北京：地震出版社，1989.

[160] 宋盛渊，吴峰，白皓，等．基于区间数－集对分析理论的库岸滑坡易发性评价［J］．东北大学学报（自然科学版），2022，43（2）：251－257.

[161] 吴文朋，李立峰，邵旭东，等．桥梁抗震设计实用建模方法比较分析［J］.

湖南大学学报（自然科学版），2013，40（9）：19－24.

[162] 吴文朋，李立峰，邵旭东，等．基于性能的中等跨径混凝土斜拉桥抗震风险分析［J］．中国公路学报，2015，28（3）：52－59.

[163] 吴兆营．土石坝地震稳定性分析及其应用［D］．哈尔滨：中国地震局工程力学研究所，2002.

[164] 肖明洋．高墩混凝土连续刚构桥地震易损性分析［D］．成都：西南交通大学，2013.

[165] 杨城，林广发，张明锋，等．基于DEM的福建省土质滑坡敏感性评价［J］．地球信息科学学报，2016，18（12）：1624－1633.

[166] 杨光，徐佩华，曹琛，等．基于确定性系数组合模型的区域滑坡敏感性评价［J］．工程地质学报，2019，27（5）：1153－1163.

[167] 杨海清，杨秀明，周小平．地震作用下挡土墙主动土压力及转动位移分析［J］．岩土力学，2012，33（增2）：139－144.

[168] 杨挺．城市局部地震灾害危害性指数及其在上海市的应用［J］．国际地震动态，2002（2）：4－7.

[169] 杨武圣．陕西省志气象志［M］．北京：气象出版社，2001.

[170] 张俊，殷坤龙，王佳佳，等．三峡库区万州区滑坡灾害易发性评价研究［J］．岩石力学与工程学报，2016，35（2）：284－296.

[171] 张齐．中国西部强地震动衰减关系初步研究［D］．哈尔滨：中国地震局工程力学研究所，2012.

[172] 张玘恺，凌斯祥，李晓宁，等．九寨沟县滑坡灾害易发性快速评估模型对比研究［J］．岩石力学与工程学报，2020，39（8）：1595－1610.

[173] 张廷国．基于Flac3D的库岸路基边坡稳定性分析［J］．重庆：重庆交通大学，2013.

[174] 陕西省地质矿产局．陕西省区域地质志［J］．北京：地质出版社出版，1989.

[175] 武雪玲，任福，牛瑞卿，等．斜坡单元支持下的滑坡易发性评价支持向量机模型［J］．武汉大学学报（信息科学版），2013，38（12）：1499－1503.

[176] 郑凯锋，陈力波，庄卫林，等．基于概率性地震需求模型的桥梁易损性分析［J］．工程力学，2013，30（5）：165－171.

[177] 周健，高冰，张姣，等．初始含水量对砂土泥石流启动影响作用分析［J］．岩石力学与工程学报，2012，31（5）：1042－1048.

[178] 周健, 李业勋, 张姣, 等. 坡面型泥石流治理过程中土体变形机制宏细观研究 [J]. 岩石力学与工程学报, 2013, 32 (5): 1001-1008.

[179] 周颖, 吕西林, 卜一. 增量动力分析法在高层混合结构性能评估中的应用 [J]. 同济大学学报 (自然科学版), 2010, 38 (2): 183-187.

[180] 宗亮, 王元清, 杨赛霓, 等. 基于 HAZUS 平台的中国公路桥梁震害评估模型研究 [J]. 土木工程学报, 2014, 47 (supp1): 263-268.

[181] 宗周红, 夏坚, 徐绰然. 桥梁高墩抗震研究现状及展望 [J]. 东南大学学报 (自然科学版), 2013, 43 (2): 445-452.

[182] 胡聿贤. 地震安全性评价技术教程 [M]. 北京: 地震出版社, 1999.

[183] 胡聿贤. 地震工程学 [M]. 北京: 地震出版社, 2006.

[184] 姚令侃, 冯俊德, 杨明. 汶川地震路基震害分析及对抗震规范改进的启示 [J]. 西南交通大学学报, 2009, 44 (3): 301-311.

[185] 姚霄雯. 基于性能的高拱坝地震易损性分析与抗震安全评估 [D]. 杭州: 浙江大学, 2013.

[186] 赵晓燕, 于仁宝. 地震概论 [M]. 北京: 清华大学出版社, 2013.

[187] 钟剑, 庞于涛, 沈国煜, 等. 采用拉索减震支座的斜拉桥地震易损性分析 [J]. 同济大学学报 (自然科学版), 2014, 42 (2): 351-357.

[188] 顾功叙. 中国地震目录 [M]. 北京: 地震出版社, 1983.

[189] 栾茂田, 李湛, 范庆来. 土石坝拟静力抗震稳定性分析与坝坡地震滑移量估算 [J]. 岩土力学, 2007, 28 (2): 224-230.

[190] 唐洪祥, 邵龙潭. 地震动力作用下有限元土石坝边坡稳定性分析 [J]. 岩石力学与工程学报, 2004, 23 (8): 1318-1324.

[191] 徐伟进, 高孟潭. 中国大陆及周缘地震目录完整性统计分析 [J]. 地球物理学报, 2014, 57 (9): 2802-2812.

[192] 袁一凡, 田启文. 工程地震学 [M]. 北京: 地震出版社, 2012.

[193] 黄明刚. 钢筋混凝土连续梁桥的地震易损性、危险性及风险分析 [D]. 哈尔滨: 哈尔滨工业大学, 2009.

[194] 温奇, 夏列钢, 李苓苓, 等. 面向灾害应急土地覆被分类的样本自动选择方法研究 [J]. 武汉大学学报 (信息科学版), 2013, 38 (7): 799-804.

[195] 谢毓寿. 中国地震历史资料汇编 [M]. 北京: 地震出版社, 1986.

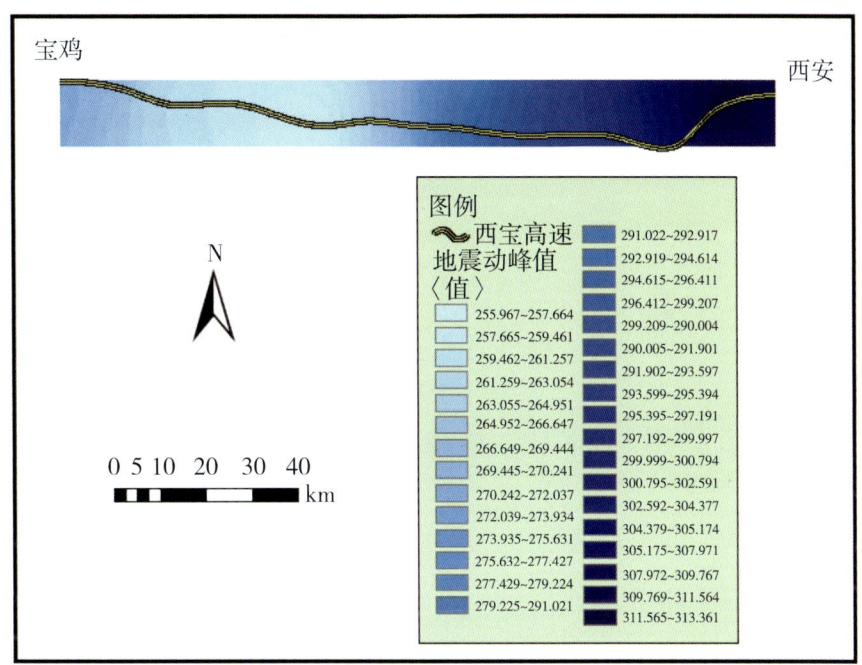

图 3.10　西宝高速公路未来 50 年内超越概率 2% 的 *PGA*

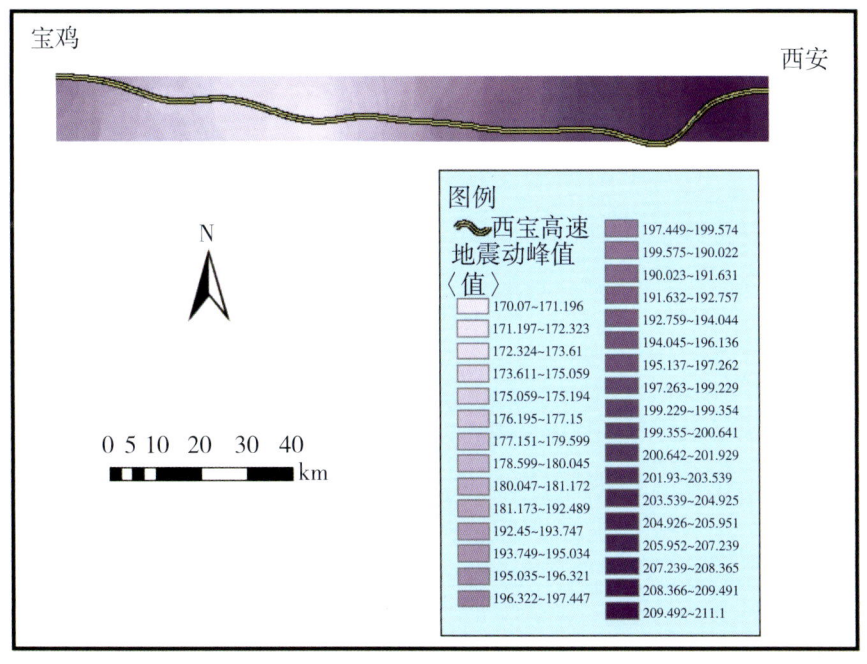

图 3.11　西宝高速公路未来 50 年内超越概率 10% 的 *PGA*

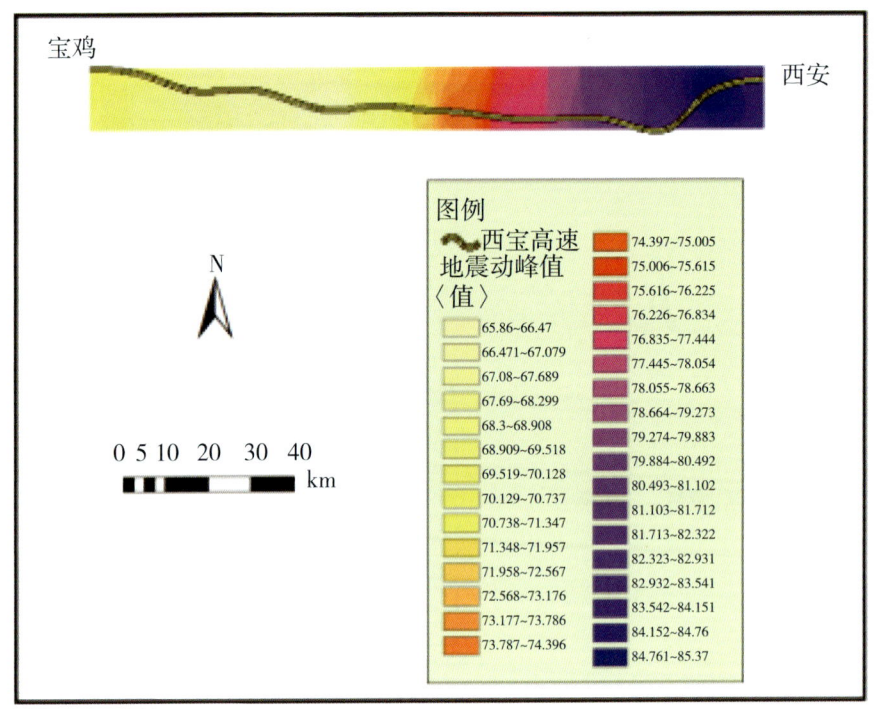

图 3.12 西宝高速公路未来 50 年内超越概率 63% 的 PGA

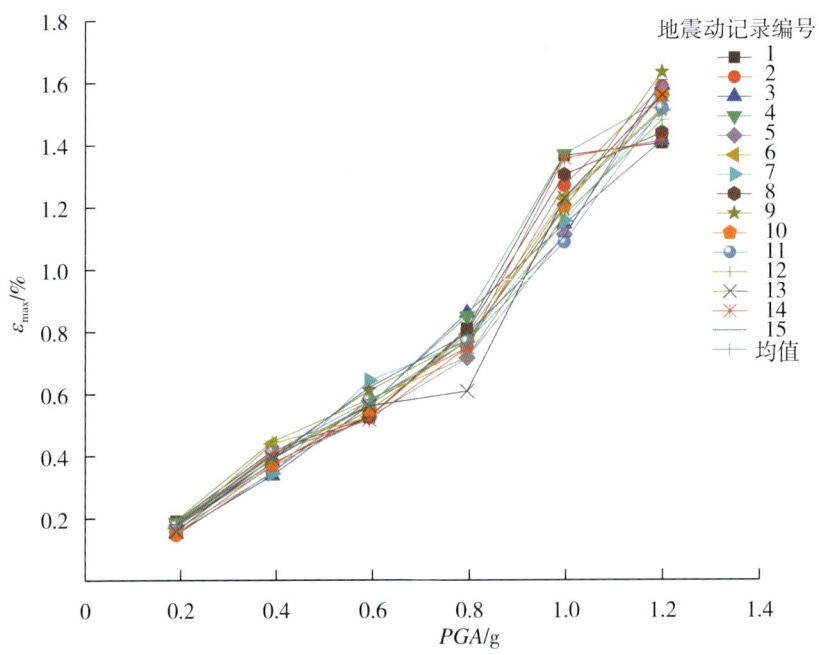

图 4.18 无支挡结构路堤的 ε_{max}

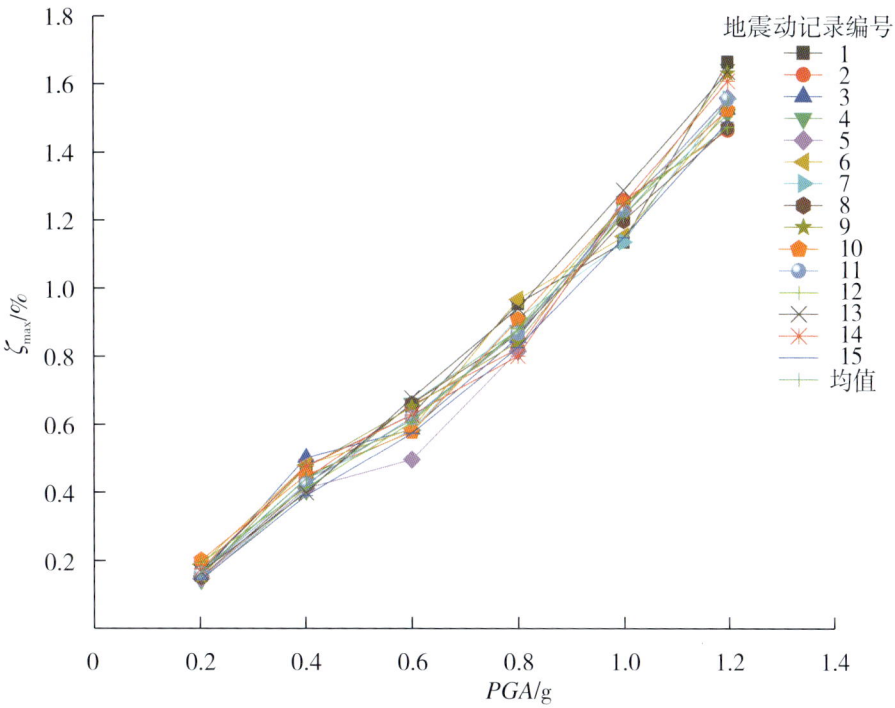

图 4.20 无支挡结构路堤的 ζ_{max}

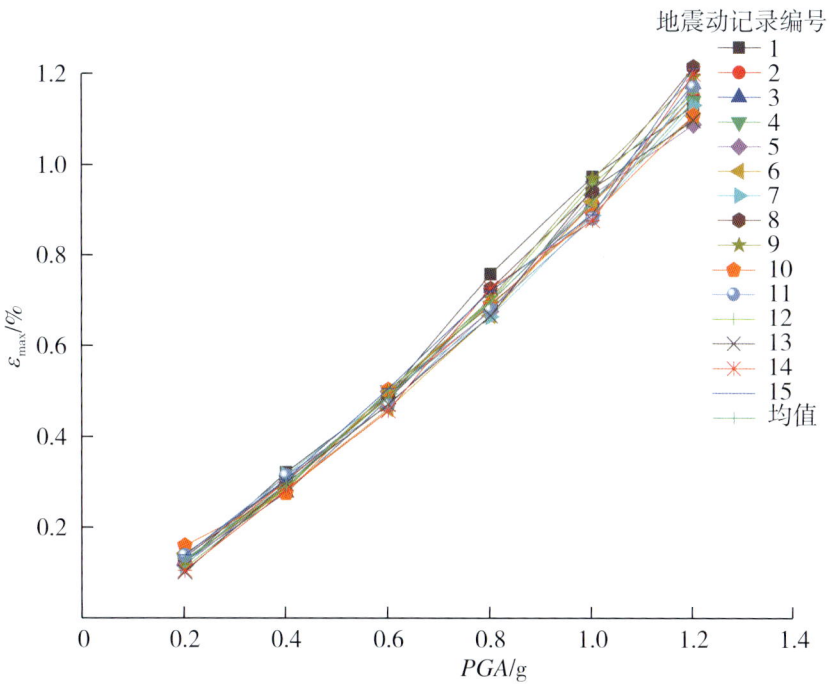

图 4.22 有支挡结构路堤的 ε_{max}

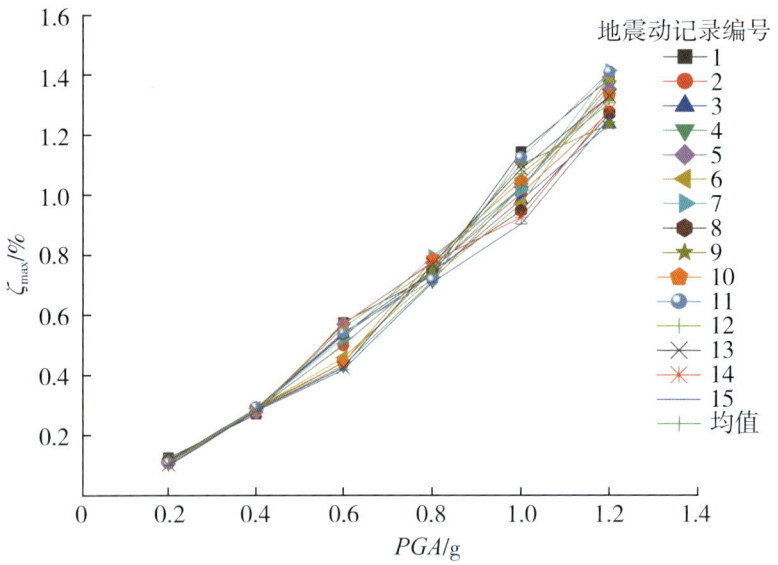

图 4.24 有支挡结构路堤的 ζ_{max}

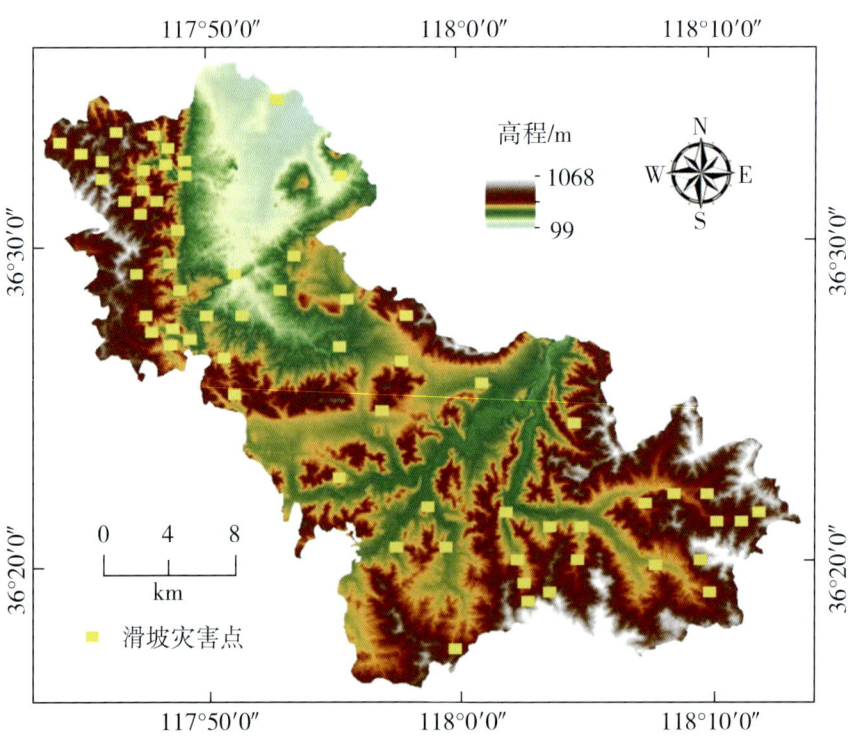

图 7.1 博山区滑坡分布图

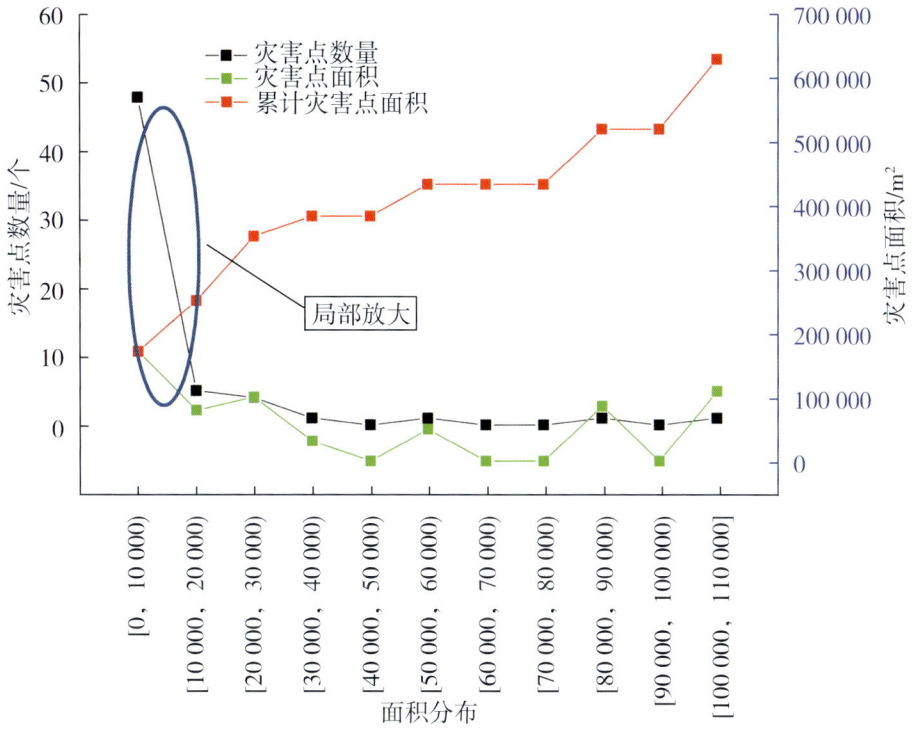

图 7.2 滑坡面积分布

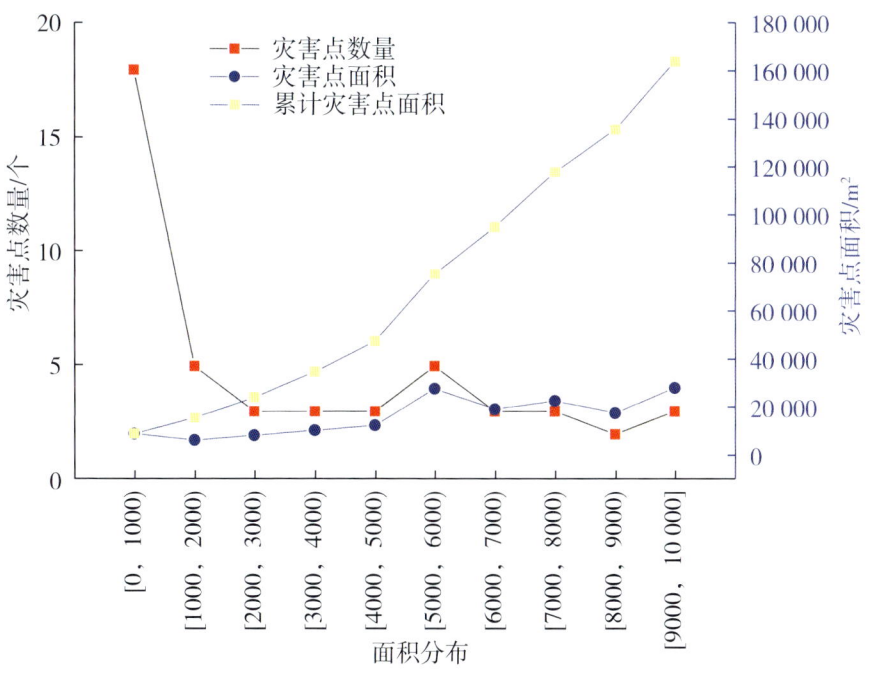

图 7.3 局部放大图

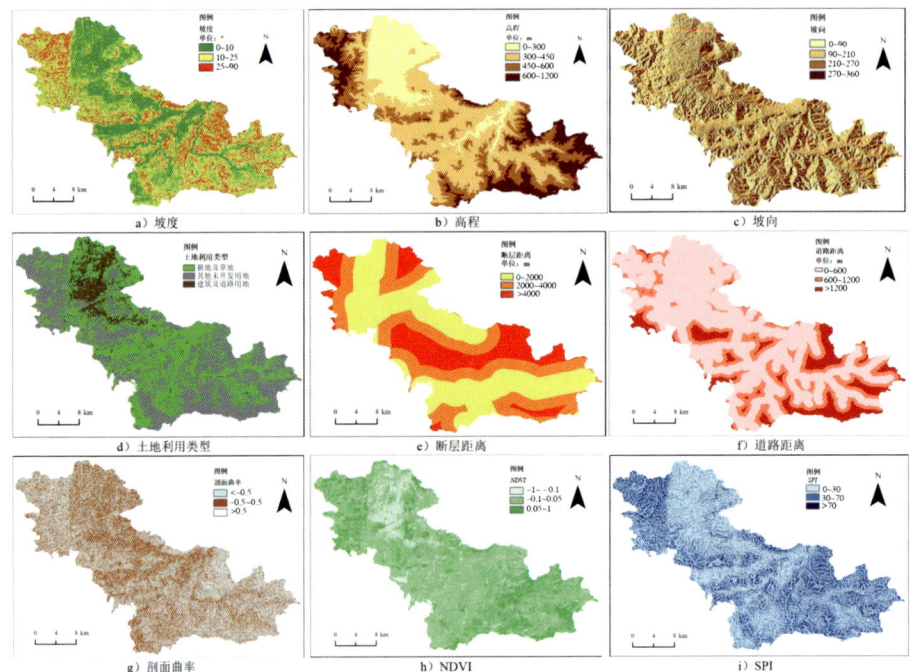

图 7.6 致灾因子分布图

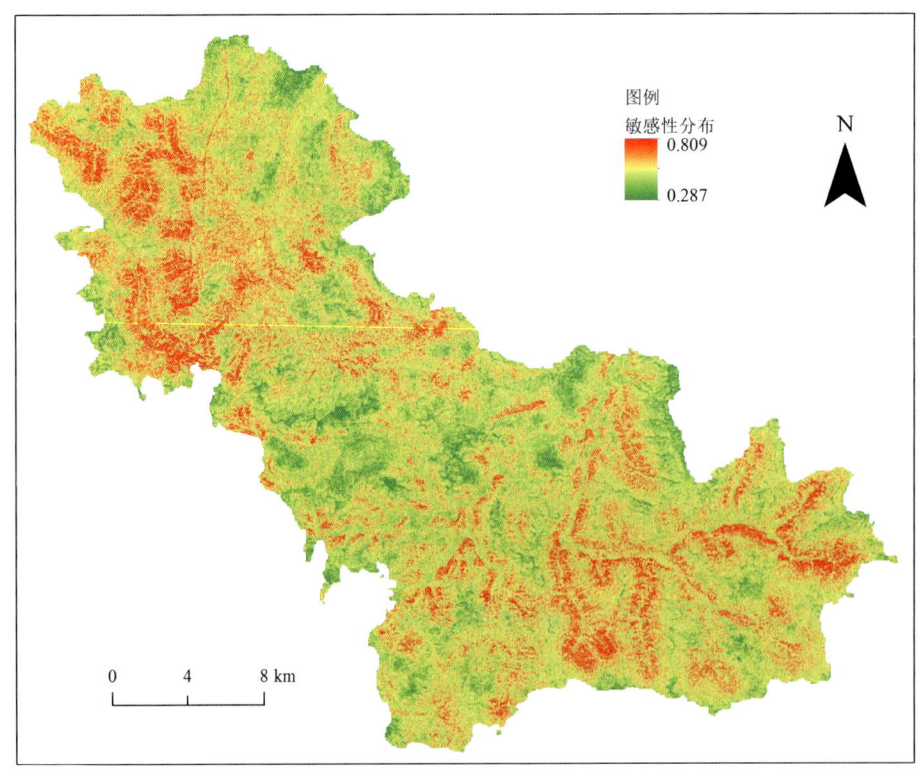

图 7.11 博山区滑坡敏感性概率分布图

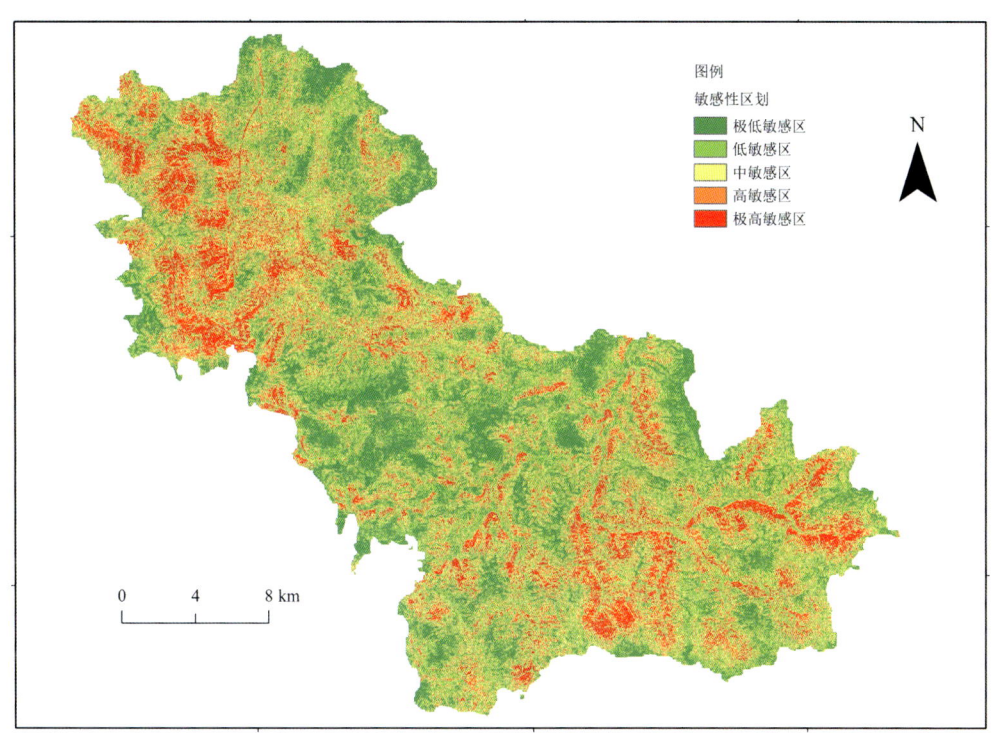

图 7.12 博山区滑坡敏感性区划图

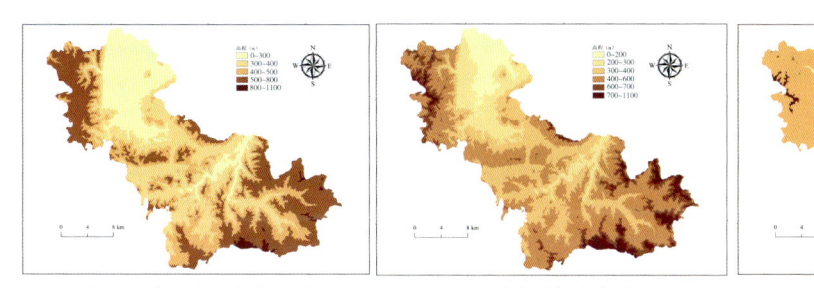

(a) 研究对象为全部滑坡　　　(b) 研究对象为自然滑坡　　　(c) 研究对象为工程滑坡

图 8.2 高程分级图

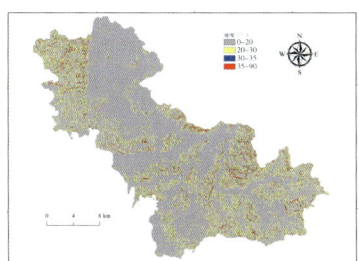 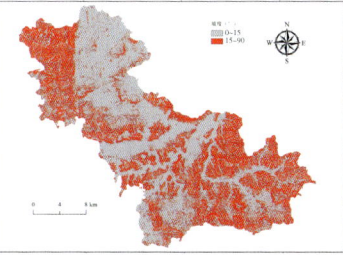 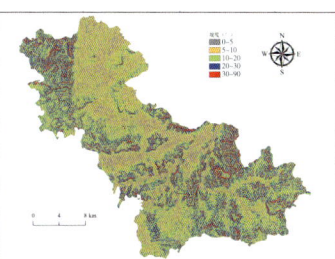

(a) 研究对象为全部滑坡　　　(b) 研究对象为自然滑坡　　　(c) 研究对象为工程滑坡

图 8.3 坡度分级图

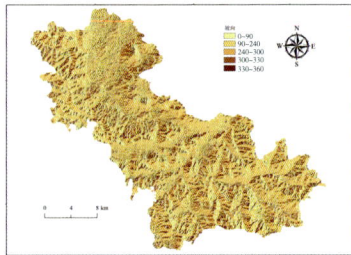 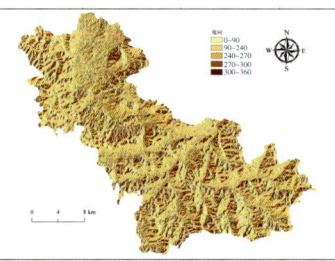 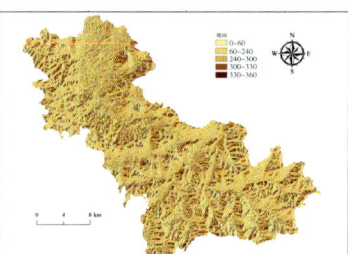

（a）研究对象为全部滑坡　　　（b）研究对象为自然滑坡　　　（c）研究对象为工程滑坡

图 8.4　坡向分级图

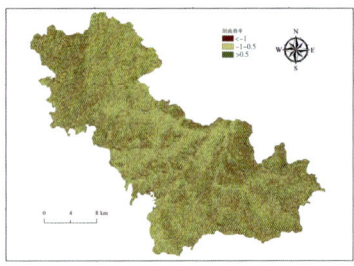 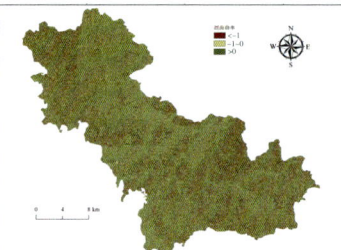 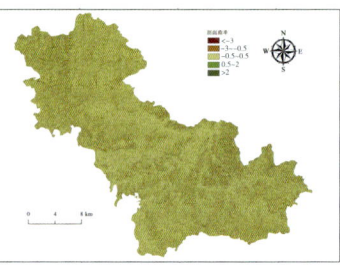

（a）研究对象为全部滑坡　　　（b）研究对象为自然滑坡　　　（c）研究对象为工程滑坡

图 8.5　剖面曲率分级图

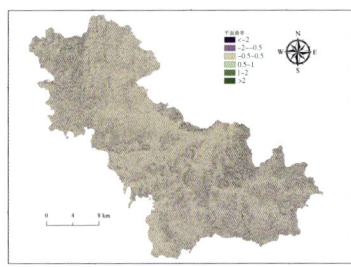 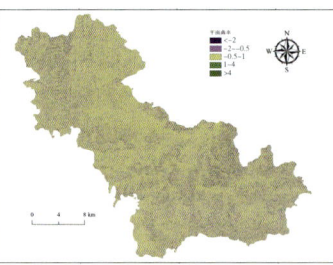 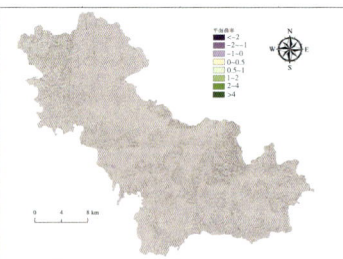

（a）研究对象为全部滑坡　　　（b）研究对象为自然滑坡　　　（c）研究对象为工程滑坡

图 8.6　平面曲率分级图

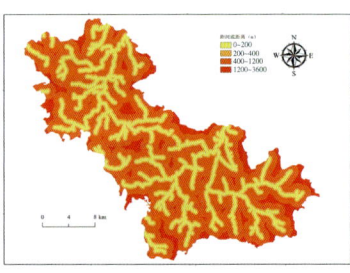 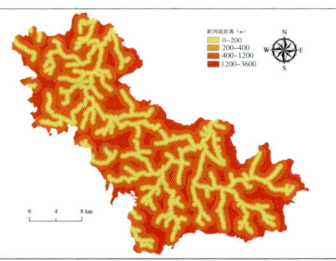 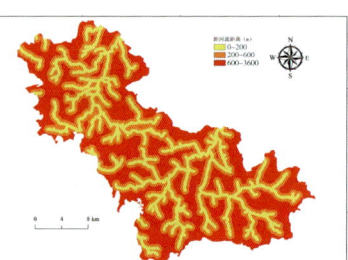

（a）研究对象为全部滑坡　　　（b）研究对象为自然滑坡　　　（c）研究对象为工程滑坡

图 8.7　距河流距离分级图

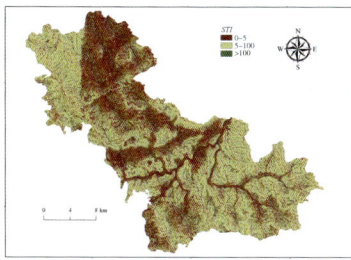 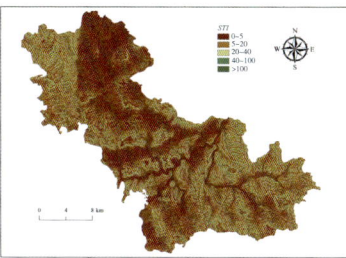 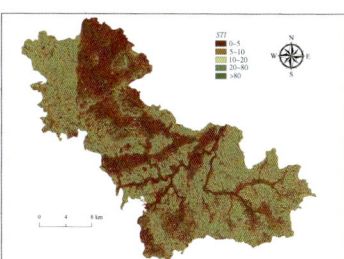

（a）研究对象为全部滑坡　　　　　（b）研究对象为自然滑坡　　　　　（c）研究对象为工程滑坡

图 8.8　STI 分级图

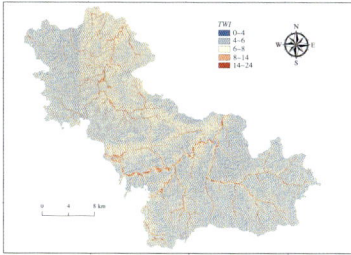 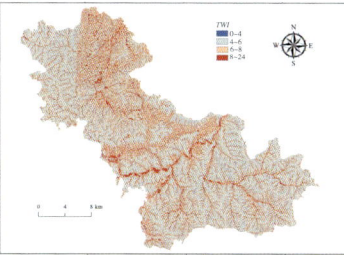 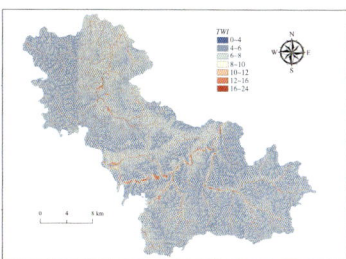

（a）研究对象为全部滑坡　　　　　（b）研究对象为自然滑坡　　　　　（c）研究对象为工程滑坡

图 8.9　TWI 分级图

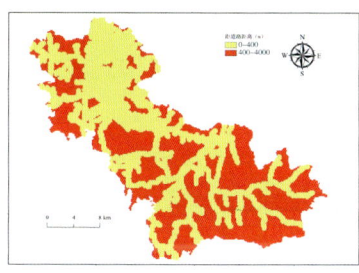 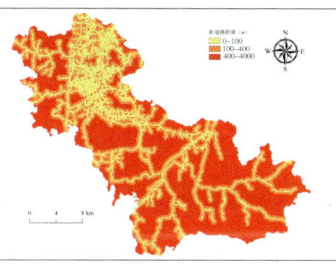 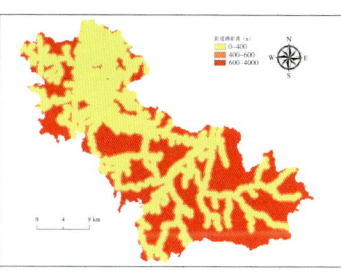

（a）研究对象为全部滑坡　　　　　（b）研究对象为自然滑坡　　　　　（c）研究对象为工程滑坡

图 8.10　距道路距离分级图

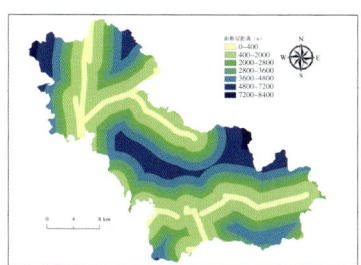 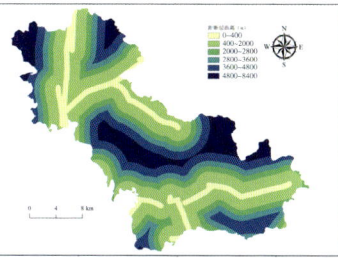 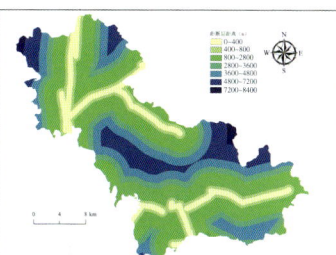

（a）研究对象为全部滑坡　　　　　（b）研究对象为自然滑坡　　　　　（c）研究对象为工程滑坡

图 8.11　距断层距离分级图

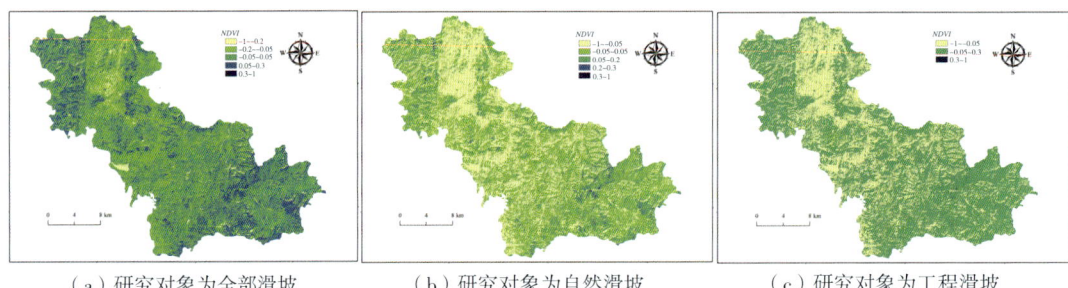

(a) 研究对象为全部滑坡　　　　(b) 研究对象为自然滑坡　　　　(c) 研究对象为工程滑坡

图 8.12　NDVI 分级图

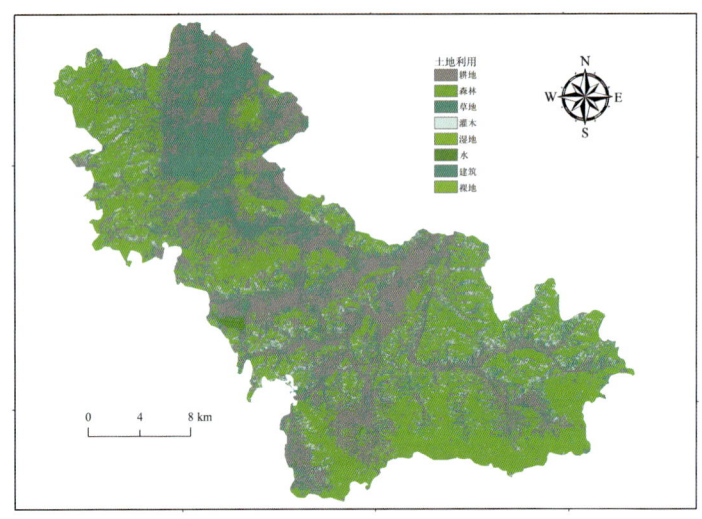

图 8.13　土地利用分级图

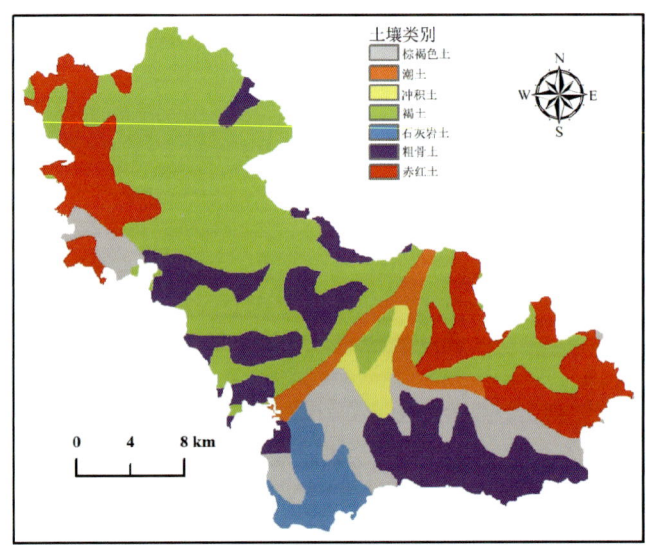

图 8.14　工程岩组分级图

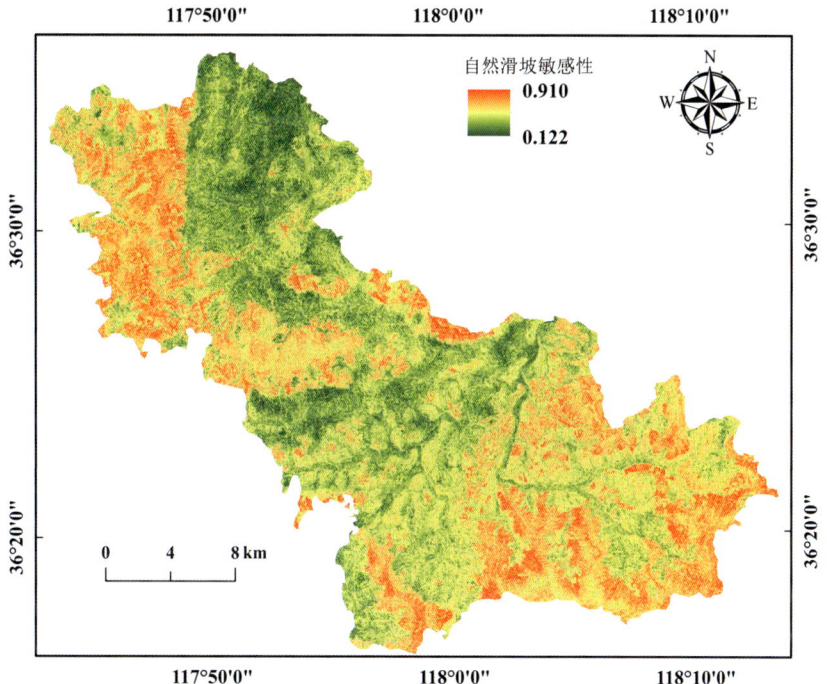

图 8.17　博山区自然滑坡敏感性概率分布

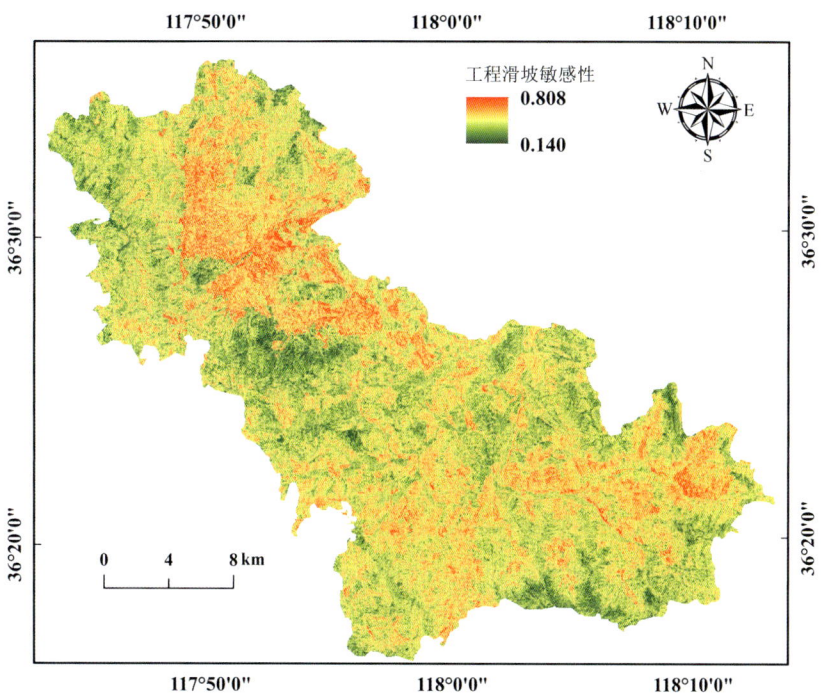

图 8.18　博山区工程滑坡敏感性概率分布

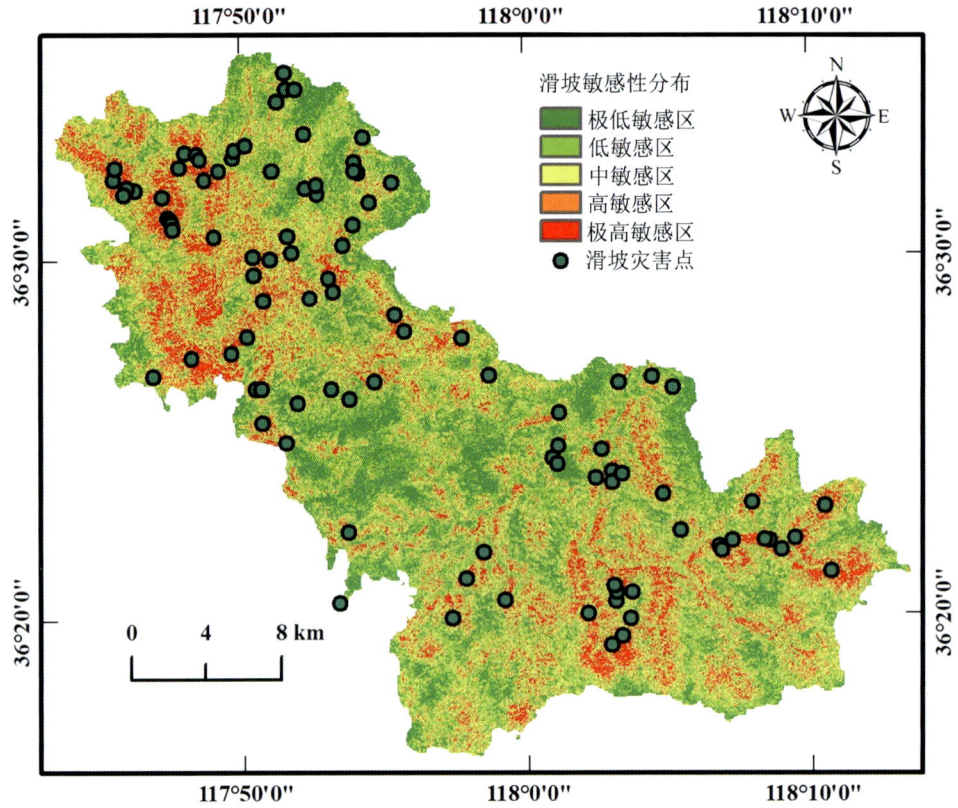

图 8.19 博山区滑坡敏感性区划图

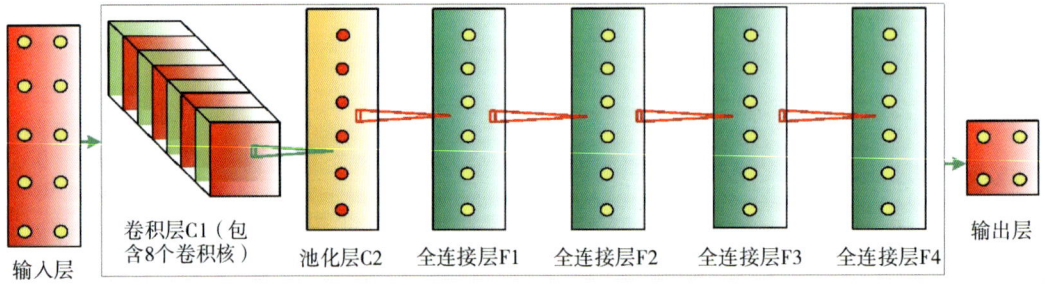

图 9.2 第一组 ECG-CNN 网络结构

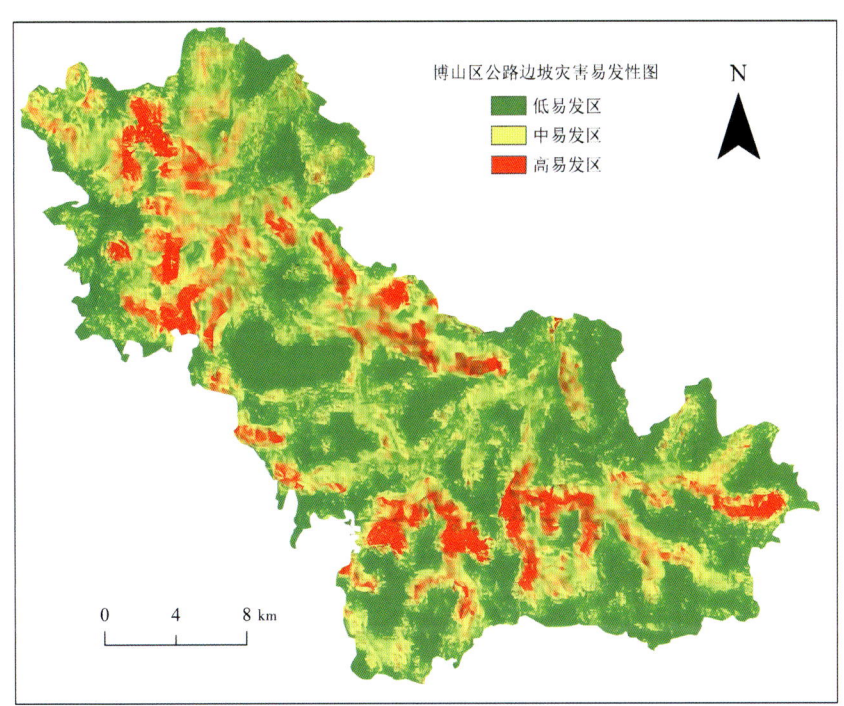

图9.6 博山区公路边坡灾害易发性图